一本职场与青少年历史教育的普及读物

国色天香福祸倚

说说历史上那些名妓们

姜若木◎编著

中国华侨出版社

图书在版编目（CIP）数据

国色天香福祸倚：说说历史上那些名妓们/姜若木 编著．—北京：中国华侨出版社，2012.9（2021.2重印）

ISBN 978-7-5113-2874-8

Ⅰ.①国… Ⅱ.①姜… Ⅲ.①娼妓-生平事迹-中国-古代-通俗读物 Ⅳ.①K828.5-49

中国版本图书馆CIP数据核字（2012）第205814号

● 国色天香福祸倚：说说历史上那些名妓们

编　　著	姜若木
责任编辑	崔卓力
责任校对	志　刚
版式设计	丽泰图文设计工作室/桃子
经　　销	全国新华书店
开　　本	710×1000毫米　1/16开　印张/15.25　字数/228千字
印　　刷	三河市嵩川印刷有限公司
版　　次	2012年10月第1版　2021年2月第2次印刷
书　　号	ISBN 978-7-5113-2874-8
定　　价	45.00元

中国华侨出版社　北京市朝阳区静安里26号通成达大厦3层　邮编：100028
法律顾问：陈鹰律师事务所
编辑部：(010)64443056　64443979
发行部：(010)64443051　传真：(010)64439708
网　　址：www.oveaschin.com
E-mail：oveaschin@sina.com

前 言

在历史的影集里，有这样一群人，她们美貌绝伦、她们国色天香、她们迷倒众生、她们色艺双绝……她们是百花园中的阆苑仙葩，香飘万里，引来蜂围蝶绕……美貌，对她们来说，是福还是祸呢？

如玉琼花苏小小：苏小小出身妓家，但她完全没有妓家的脂粉气，她生性孤傲，才貌双全。许多豪门大户都想纳她为妾，但是她一心想遇到一个情投意合的人。她一生酷爱山水，在西泠湖畔游玩时，遇到了阮郁，二人一见钟情，花下喁喁，月下依依。然而，阮郁最终难违父命，一去杳无音信。苏小小自此割断情丝，寄情于山水之间。小小虽然是一个妓女出身，但她为人慷慨、侠义，与众脂粉有所不同。她傲视权贵，不肯折腰，正如纤尘不染的琼花，圣洁、美丽……

国色牡丹李师师："唯有牡丹真国色，花开时节动京城"。是的，唯有牡丹有如此令人惊艳的美丽。君王后宫佳丽三千偏偏对李师师钟情，可见，李师师的确是国色天香的。然而，君王只知纵情声色，不理朝政，终于葬送了大宋江山。李师师从此垂老湘湖边，绝代风流也不过如绚烂的烟花一瞬……

质若兰花柳如是：兰花乃花中君子也。柳如是正如兰花一样，她美貌、有才学，常与饱学之士来往，而且为人慷慨侠义。只可惜她初恋却遇到一个薄情郎，为等这个薄情郎又受尽欺凌。绝望之下，为追寻真爱，又屡遭挫败。后来终于遇到自己如意的郎君钱谦益。夫妻二人都是侠肝义胆之人，结交许多有识之士，在乱世中也颇有一丝心灵

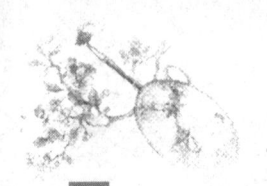

慰藉。然而，在夫君钱谦益死后，柳如是这样一个君子般的人物，遭到了"钱氏家难"，为留清芬在人间，她只有把坎坷的一生交给了三尺白绫……

出水芙蓉董小宛："清水出芙蓉，天然去雕饰"，莲花之美，在于它的高雅与圣洁。董小宛才貌双绝，恰又与冒辟疆这样的才子结合，真是天造一对，地设一双。可是，二人在结合之前可谓是九死一生、历尽磨难才走到一起的。二人婚后恩爱无比，患难与共，只可惜小宛青春早逝，却给后世人留下了美丽的红尘佳话……

花中宰相陈圆圆：芍药花有花中宰相之称，自古以来都被人们称颂。芍药花清丽淡雅，如诗如梦，正像美丽的陈圆圆一样。陈圆圆本出身良家，却不幸沦落风尘，一个弱女子生在乱世，只能任命运摆布。她命运坎坷，刚出樊笼，又入虎穴，幸好遇到了吴三桂，认为自己遇到了值得托付的人，二人演绎了一段"冲冠一怒为红颜"的佳话。然而，夫君吴三桂野心勃勃，陈圆圆发现他已经变了。于是，便看破红尘，削发为尼。最终还是以死作为解脱……

脱俗梅花顾横波：梅花不与百花争艳，在寒冷的冬日里独领风骚。正如顾横波一样，在桃叶渡口立眉楼，她的才貌与交际堪称一绝。顾横波最初认为自己是风月场上之人，根本不把爱情当一回事，导致三凤求凰上演闹剧之后，才恍然大悟：必须要觅得如意郎君了。觅得如意郎君后，正值朝代更迭之时，顾横波古道热肠，帮助过许多人。最终因为爱女之死、再加上病体，年轻早逝……

娇艳桃花李香君：以桃花之美来喻指李香君再合适不过了。李香君生活在乱世秦淮，纵然是一派畸形繁荣的景象，她却红颜铮骨，不与奸佞同流合污。觅得心爱之人后，为了为心爱之人守节，面对强暴，不惧生死，血溅桃花扇。然而，刚烈女子却难逃命运悲剧……

傲霜菊花小凤仙：梅、兰、竹、菊乃花中四君子。既是君子，非小凤仙莫属，小凤仙虽然流落风尘，却与众妓家不同，她清净、高洁。遇到英雄蔡锷后，小凤仙与其演绎了一段护国将军与名妓的人间佳话。小凤仙为了帮蔡锷成就大事，深明大义，侠骨柔情，与只知求生求财的众脂粉大不相同。只可惜蔡锷不幸病逝，小凤仙自此感觉失去知音，悄然隐匿……

护国奇葩赛金花：赛金花是中国历史上的一位奇女子。她出身卑贱，可是才貌堪称一绝。曾经做过状元夫人，随行访英，出尽风头。而她生活却不检点，人们对她褒贬不一。为了国家的危亡，她又缓频出面，八国联军终于撤军。丫环突然悬梁自尽，又涉嫌命案入监狱，后又被人救出。年近古稀后，又再度成名……

她们是乱世的悲歌，更是乱世的一泓清流。她们是社会的最底层，她们生活于社会的泥淖之中，然而，却依然保持着人性中的光辉一面。一朵朵阆苑仙葩没有一朵是花开花谢随自然飘落，不是被碾碎，就是被人活活掐断。生逢乱世，一个柔弱的女子，她们做的，只能是这些，但历史已经把她们铭记。

本书历数了乱世中的九位风流名妓，对她们的才华、美貌、重要的事迹都做了详尽的描述，包括史学家的评论及重要的文献论证。本书语言通俗易懂、故事生动有趣，将历史上那些倾国倾城并可怜可悲的名妓们如电影般地重现在读者面前。

第一章
如玉琼花苏小小

　　她生于妓家，花容月貌，但她虽然沦落风尘，却不似别人那样浓妆艳抹、奴颜婢膝地讨人欢心。她生性孤傲，多少豪门贵族想娶她为妾，她都不答应。一心想找一个与自己情投意合的人。在西泠湖畔游玩时，遇到了阮郁，二人自此难舍难分。然而，阮郁自收到家书后，一去不返。绝望之下，小小只好将对爱情的痴缠化作对山水的热爱。遇到落难之人，她又慷慨解囊，慧眼识英才，被她解救之人终于功成名就。小小的美貌与才情还是引来了祸患，然而，她一身傲骨不屈权贵，凭着聪明才智终于化险为夷。可惜却应了红颜薄命的谶语，青春早逝……

西泠湖畔，难舍阮郎 …………………………………… 003
慷慨解囊，千秋侠义 …………………………………… 008
纤尘不染，圣洁如玉 …………………………………… 013
血性奇女，千古美名 …………………………………… 017

第二章
国色牡丹李师师

　　一个妓女的美貌能够惊动君王，可见非同一般。李师师可谓是国色天香，又不同于一般的脂粉娇娃，更不似宫中的佳丽浓妆艳抹以媚惑君王。宋徽宗正是看中李师师这一点。李师师的曼妙歌喉、优美舞姿，令君王如痴如醉，自此，李师师便成了宋徽宗的专宠。然而，宋徽宗只知道吟诗作赋、醉生梦死，国家治理得一团糟。后来，堂堂的

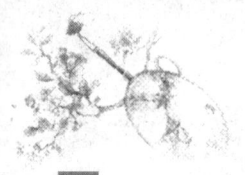

大宋皇帝宋徽宗被金国俘虏，李师师也不知去向。有人传言她垂老湘湖边……

清歌妙舞，艳惊君王 ································· 023
徽宗荒淫，宋江招安 ································· 042
国破之下，垂老湘湖 ································· 046

第三章

质若兰花柳如是

兰花生于深山幽谷，清丽淡雅，超凡脱俗。正如蕙心兰质的柳如是。柳如是命途多舛，初恋情郎却是一个薄情之人，可怜她为等夫君，受尽欺凌。绝望之下，离家出走去寻找真爱，可惜屡遭挫败。在风雨飘摇的乱世，她坚持做大明朝的臣民，愿以身殉国，尽显傲骨。可是，她的夫君钱谦益不舍，才得以存留性命。在夫君死后，她傲骨一生，从没有受过屈辱，竟然遭到"钱氏家难"，为了留下清芳在人间，她悬梁自尽……

初恋误逢，薄情郎君 ································· 051
为等郎君，受尽欺凌 ································· 054
追寻真爱，屡遭挫败 ································· 057
水击风搏，女中豪杰 ································· 060
兰花飘香，流芳百世 ································· 063

第四章

出水芙蓉董小宛

董小宛生活在明王朝的风雨飘摇时期。国内义军揭竿而起，关外

清兵屡犯。在这样一个战火连绵，民不聊生的时期，秦淮河畔的人们却是过着醉生梦死般的生活。在这样复杂的社会情势下，董小宛从朋友口中得知冒辟疆，并且心仪此人，冒辟疆也对董小宛心仪已久。可是，这一对才子佳人，彼此心仪对方，却屡屡不能相见。二人相见之后，一见钟情。董小宛为了追随情郎，九死一生。历尽磨难后，这对有情人终成眷属。婚后，二人感情甚笃，可惜董小宛这位风流奇女却青春早逝。

才子佳人，期待相逢 …………………………………… 071

九死一生，为随情郎 …………………………………… 076

历尽磨难，终成眷属 …………………………………… 084

风流奇女，青春早逝 …………………………………… 090

第五章
花中魁首陈圆圆

"恸哭六军俱缟素，冲冠一怒为红颜。"这句诗句正是描写陈圆圆与吴三桂的，关于他们二人的故事一直被人们传诵。百善孝为先，吴三桂可以不顾自己的家产，但不能不顾自己的父母。但是，自古英雄又难过美人关，吴三桂偏偏就是这样的一个人，为了美人可以什么都不要。可见，陈圆圆的美貌非同一般。然而，这样一位乱世美女，却不贪图锦衣玉食，而是看破了红尘，皈依佛门，最终还是将自己交给了莲花池……

雏妓圆圆，出自良家 …………………………………… 095

刚出樊笼，又入虎穴 …………………………………… 100

冲冠一怒，却为红颜 …………………………………… 103

看破红尘，了却孽债 …………………………………… 106

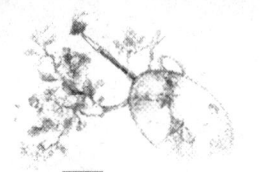

第六章
脱俗梅花顾横波

梅花能傲雪，铮铮铁骨可见一斑，顾横波就是这种女子。她不仅貌美得超凡脱俗，而且为人行事皆是超凡脱俗。她在桃叶渡口立眉楼，门庭若市，生意兴隆，被人们赞誉为"迷楼"；她令众生倾倒，有痴情者三位，非死即受窘，最后令她彻悟感情；她再不敢看淡感情，自拔污泥觅知心人；她嫁得如意郎君，夫妇琴瑟和谐；她看透尘世朝代更迭，冷眼观浮沉；她古道热肠，为朋友慷慨解囊。最终，这位侠女却因爱女早殇而暗结心病，病上加病，未能逃脱宿命……

桃叶渡口，艳帜高张 ………………………………………… 113
三凤求凰，求之不得 ………………………………………… 115
自拔污泥，芳心有属 ………………………………………… 120
终身有托，琴瑟和谐 ………………………………………… 123
朝代易帜，冷观浮沉 ………………………………………… 126
古道热肠，侠女病逝 ………………………………………… 131

第七章
娇艳桃花李香君

桃花，媚而不妖，芳华鲜美。正如美貌的李香君，她生活在乱世，目睹大明政权风雨飘摇、岌岌可危；同时又目睹金陵的畸形繁荣。在这样的情形之下，她不是那种"商女不知亡国恨，隔江犹唱后庭花"的人；她不愿奴颜婢膝去侍奉权贵，看淡钱财。并且，为了为心爱之人守节，她血溅香扇，誓死不从，上演了一曲可歌可泣可赞可叹的爱情佳话……
 乱世秦淮，畸形繁荣 …………………………………… 137
 红颜铮骨，李香却奁 …………………………………… 143
 血溅香扇，桃花遗恨 …………………………………… 152

第八章
傲霜菊花小凤仙

  她生在乱世，又沦落风尘，却像那傲霜的菊花，孤标傲世。她得遇英雄蔡锷，演绎了一段美女与英雄的爱情佳话；她深爱蔡锷，可又以大义为重，义送壮士赴沙场；她见壮士一去不返，不禁又柔肠寸断，魂牵梦萦；她在英雄去世后，又悄然隐匿。是的，她正像那花中隐士，有松树般的风格，梅花似的品行。当百花凋零，她却能散发出沁人的香气，给肃杀的大自然以无限的生机与美感。傲霜菊花，再没有比小凤仙更合适的人了。

 南帮翘楚，得遇英雄 …………………………………… 161
 深明大义，侠骨柔情 …………………………………… 172
 壮士不返，魂牵沙场 …………………………………… 176
 痛失知音，悄然隐匿 …………………………………… 180

第九章
护国奇葩赛金花

  赛金花是中国最后一位"红倌人"，是一个充满传奇色彩的女性。她曾经沦落风尘，红极一时；她曾经成为状元夫人，随夫访英，得到很高的待遇；她曾经生活不检点，对丈夫不忠贞；她曾经是庚子勋臣，

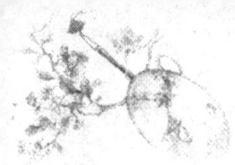

利用美色媚惑八国联军统帅，令其撤军，使国人免于涂炭；她曾经涉嫌命案，被捕入狱；她曾经屡次改嫁，身为贵妇人；她曾经穷困潦倒，付不起房租，生活靠来访者救济。就是这样的一位女性，使我们无法盖棺而定。她毕竟是来自社会的最底层，她仅仅是一个妓女，无法去用功过来评论她。但历史会铭记下她的名字：赛金花。

文卿苦读，彩云投石 …………………………………… 187
状元夫人，随行访英 …………………………………… 193
彩云偷欢，孕育男婴 …………………………………… 199
缓颊出面，联军撤军 …………………………………… 203
丫环悬梁，涉嫌入狱 …………………………………… 210
美人迟暮，再度成名 …………………………………… 216

第一章

如玉琼花苏小小

　　她生于妓家，花容月貌，但她虽然沦落风尘，却不似别人那样浓妆艳抹、奴颜婢膝地讨人欢心。她生性孤傲，多少豪门贵族想娶她为妾，她都不答应。一心想找一个与自己情投意合的人。在西泠湖畔游玩时，遇到了阮郁，二人自此难舍难分。然而，阮郁自收到家书后，一去不返。绝望之下，只好将对爱情的痴缠化作对山水的热爱。遇到落难之人，她又慷慨解囊，慧眼识英才，被她解救之人终于功成名就。小小的美貌与才情还是引来了祸患，然而，她一身傲骨不屈权贵，凭着聪明才智终于化险为夷。可惜却应了红颜薄命的谶语，青春早逝……

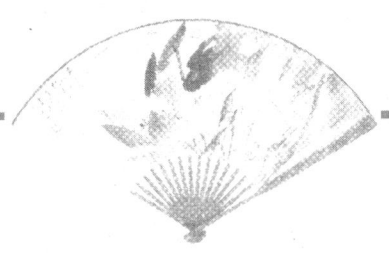

西泠湖畔，难舍阮郎

　　苏小小生于妓家。母亲早先落入风尘，历经了妓女生涯中的风霜刀剑，她暗中积攒些私房，凭着青春容貌，在西泠湖畔撑起一个妓院门户。偶然间相交上一位性情温和、家道富足的子弟，可那子弟家法森严，不许入门，两人欢聚半载，迫不得已分手。可小小母亲腹中躁动，不多久分娩生下小小。

　　自古红颜多薄命，又加上数年风尘之苦，尤其是从良愿望不能实现，小小母亲精神上受到莫大打击。当时，南齐官吏借整理户籍之机，鱼肉百姓，闯到妓院，诬指坊中户籍不实，勒索去了小小母亲不少钱财，真好比雪上加霜，她从此一病不起，临终时把小小托付给妓院姊妹，拉着小小的双手含怨逝去。

　　小小的年龄渐渐长大，幼时沉默、执拗的性格中又增添了些豪爽侠义之气。像她这般花容月貌，一些豪华公子，官吏乡绅，纷纷登门，有的想谋为歌姬，有的想娶为侍妾，不惜抛费千金，但小小不为所动。她自幼在贾姨娘跟前长大，贾姨娘也是妓院姊妹，如今徐娘半老，韵色退去不少，见小小这般固执，深感不安。一天，她把小小叫到面前，好言劝说：

　　"姑娘，你不要错了主意。一个妓家女子，嫁到富贵人家去，即使是做姬做妾，也还强似在门中朝迎夕送，勉强为欢。像姑娘这般才貌，还怕人家不把你贮之金屋？"

　　"我最爱的是这武林山水，如果跳进樊笼，只能坐井观天，怎比得上自由自在？再说富贵贫贱，是命中注定，我真有藏之金屋的福气，便决不会出生在娼家。"

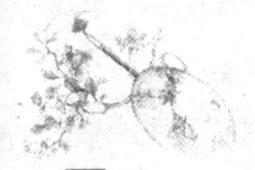

"甥女，此话差矣！你母亲和我的身世不使人感到百倍凄惨吗？"

贾姨娘脸上肌肉抽搐着，泪珠在眼眶里滚动不已。

"姨娘，我既生在娼家，就不可能有金屋之命。再说豪华也不是耐久之物，富贵也没有一定情感，我进去容易，出头就难了。"

姨娘掏出手绢，拭干眼泪，望着小小，满腹话语想吐痛快，但又无从说起。

"姑娘，你还是三思而行，如果你主意定了，等我去寻一个有才有貌的郎君来，与姑娘梳栊就是了。"

阳春三月。人们纷纷到郊外踏青，王孙公子，雕鞍骏马，佳人才子，香车暖轿，在湖边来来往往，如织如梭。小小的香车夹杂在人群之中，她猛然看见前方有一少年，生得眉清目秀，齿白唇红，洋溢着青春丰采，看年龄大约十八九岁，胯下一匹青骢马，毛色纯净，特别耀人眼目。小小不觉心动。正思忖之间，她的目光同那人目光相聚一处，自感羞涩，忙催着童子赶快推车前行，右手撩下车帷，两人相错而过。

这男儿名叫阮郁，是朝中显宦阮道之子，久慕钱塘明圣湖景致，征得父亲同意，独自从京城奔赴钱塘，不期在这湖堤边遇见小小，心中感慨油然而生：

"湖光景致，令人陶醉，这少女更令人一见钟情！想她必定是湖边岸上人。"

待错过油壁香车，他勒马回首，一直看到那小车消失在柳绿花红之中。他翻身下马，在人丛中打听小小来历。众人见他装束打扮，听他方言口音，不便作答。他再三探询，才有人告诉：

"她是妓家之女苏小小，年才十五，声名却不小，城中贵公子哪个不想慕她，但她年妙风流，性情执拗，一时恐怕不许人攀折。"

阮郁突然记起刚才从香车里传出的声音，轻柔悦耳，那是一首乐府诗句：

妾乘油壁车，郎乘青骢马。

何处结同心，西泠松柏下。

第一章 如玉琼花苏小小

他问明路径,第二天一大早就来到妓院门前。这是位于西泠渡口的一所小院落,花遮柳护,十分清幽雅致。阮郁拴好马,轻叩门环,贾姨娘出门问道:

"官人有何事到此?"

阮郁连忙把昨日所遇之事告诉贾姨娘,贾姨娘看他一表人才,心中暗喜,忙领着他斜穿竹径,曲绕松廊,不一会工夫,转入一层堂内。那堂虽然不是雕梁画栋,却紧紧对着湖山,天然质朴,十分幽雅爽静。

苏小小闻见堂内声音,从绣帘中袅袅婷婷走出。只见她貌若名花,肩如削成,轮廓鲜明而又圆润,腰身纤细而柔软,像一束绢帛,美发如云,眼含秋水,眉画远山,姿态美容难以用工笔描绘。

阮郁见苏小小今日装束,与昨日模样大不相同,更显得艳而不俗,举止文静,体态娴雅,不禁心中大喜:

"昨日相见,天生有缘,今天又蒙你像故旧一样迎接我,我阮郁真是三生有幸啊。"

苏小小见他谦谦有礼,笑着说道:

"贱妾是青楼弱女,何足轻重,昨蒙郎君一见钟情,我有感于心,而微吟见意。"

贾姨娘端进茶来,两人对坐,愉悦品茗。小小呷了一口,说道:

"男女相互悦慕,自古而有,何况我辈?"

说着话,阮郁随小小来到镜阁。这阁造得十分幽雅,正当湖面开着一大圆窗,用洁白如冰的纱绸糊好,犹如一轮明月,正中贴着一副对联:

闭阁留新月,开窗放野云。

"草草一椽,绝无雕饰,不过借山水为色泽罢了。"小小脉脉含情地对阮郁说。

阮郁抬头一望,窗外檐端悬着一匾,上题"镜阁"二字;向下一望,桃花、杨柳、丹桂、芙蓉,把四周点缀得花团簇簇。在窗内浏览湖中景色,真个是分分明明,一览无余。湖上游人画舫经过镜阁,若想向内一望,却檐幕沉沉,隐约不能窥见。房中琴、棋、书、画无所

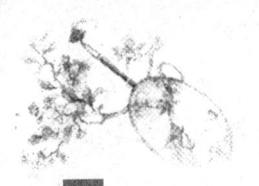

不具。房中当面有小小自题镜阁的诗，写的是真书，大有风韵。

阮郁连连称赞，说得小小面色羞赧，忙用衣袖遮面，那模样越发隽秀无比。这时，贾姨娘端进酒肴，给二人各斟上一杯酒，笑吟吟地说道：

"今日阮官人青骢白面，贤甥女皓齿蛾眉，这真是感谢上天成全人意。"

贾姨娘起身走出房外，二人欢然而饮，阮郁此时也喝得半醉，小小拿过酒壶，看着他那痴呆模样，笑靥，说："郎君，时候不早，我想回房歇息。"

阮郁听得明白，双手一恭：

"今日得蒙芳卿相陪，实乃小生大幸，我离去了。"

这阮郁一向豪放不羁。回住地后，他便加紧筹措，不几天，备了千金聘礼，来到西泠渡口，先拜见过贾姨娘，拿出百金，感谢她说媒之劳。

从此，阮郁与小小两人恩恩爱爱，如胶似漆，每日不是在画舫中饮酒共欢，浏览那湖心与柳岸的风光，就是一个乘油壁香车，一个骑着青骢骏马，同去观望南北两高峰的胜景；在家之时，两人吟诗唱和，奏乐对弈，时间自然是过得很快。

一日，随从递上一封家书，并

苏小小

叫走阮郁。小小观他脸色突变，心中一阵纳闷，便转到镜阁，对着那湖中碧波沉思，不觉已到夜晚。此时秋近江南，西风摇着堤上的柳枝，上弦月挂在柳梢上，寒星点点。一阵凉风袭来，小小浑身瑟缩着。

这时，贾姨娘从后面给她披上一件衣衫：

第一章

如玉琼花苏小小

"姑娘，时辰不早了，快歇息去吧……"

"姨娘，你先歇去吧，甥女一会儿就回房去。"

她走到桌旁，顺手拿起一本诗集，不知不觉吟出声来，这是陶渊明的一首杂诗：

"人生无根蒂，飘如陌上尘，分散逐风转，此已非常身……"

语调十分哀婉，她深深地叹了一口气，强打精神，眼睛牢牢盯在那字句上，脑海里就像那明圣湖水泛着清波，也不时扬起浊浪：出生娼门，真是自己极大的不幸。现在，阮郁一去整晚都没有回来，小小担心的事终于发生了。

第二天中午，阮郁才急急忙忙赶回来，满面焦虑的神色。小小迎上前去，见他无可奈何的样子，心中早明白了几分，忙斟上一杯茶，递给阮郁：

"郎君，怎么昨晚不见归来，想家中定有急事？"

"家父亲书，说朝中有急变之事，叫我赶快回去，芳卿，你看我如何是好？"

小小是知情达理之人，她明白世上像这样遭遗弃的不止一人，更何况一个出身娼家的女子，不管是不是托辞，看来阮郁离去是必然的，她不得不抑制住那颗跳动着的心。

"郎君，事已至此，你赶快打点行装，即刻赴京，免惹父亲生怒。可叹我俩半载同欢，情同梁鸿、孟光，恩爱之深，令人难以忘怀。"

两人缠缠绵绵，难舍难分，并肩来到镜阁窗前，望着那满含秋色的湖水，两人眼眶里充满了热泪。

"待我家事处理完后，一定速速归来，同芳卿欢聚。"阮郁深情款款，信誓旦旦。

小小自是难舍情郎，肝肠寸断。

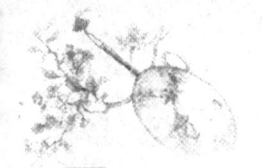

国色天香福祸倚
——说说历史上那些妓女们

慷慨解囊，千秋侠义

阮郁被他父亲遣人逼回去后，市中那些王孙公子听到消息，川流不息地来到贾姨娘面前。一时间西泠的车马朝夕填门，院落里外十分热闹。落入红尘，小小自知命中注定，然而她心中始终念着阮郁，却一直未见书信，那离别后的孤寂心情，使得她只能同落花啼莺为伴，又转念一想，自己也只不过是个卑俗之人，也只能服从个人俗事。

小小复又寄情山水，一有空闲，便乘着油壁香车，去找寻那些山水幽奇、人迹罕至的地方，独自纵情地凭吊，借以解除胸中的郁闷，她变得更加沉默寡语了。

不知不觉地又过了一年。暮秋天气，白云低压，红叶满山，小小来到石屋山中，走下油壁香车，细细赏玩那山中景色。

"姑娘，天气有点寒冷，还是回车上歇息吧，当心身子。"推车的童子轻声地劝小小。

"这样舒服些，你看这偌大的山水之间，只我两人，不倒也显得乐趣无穷吗？"

其实她此时的心情比任何时候都痛苦，触景生情，情随景发，一个娼家女子历尽风月之苦，却不能享受人世之情，等青春一过，就像那云间月、叶中花一样，虽有过一时之好，但都不能久长，云间月盈而复亏，叶中花盛而再衰。

她正要转身上车，突然看见前面寺庙门前有一书生。那人低头闲踱，满腹心事，老远看见有一美貌女子立在车前，便有上前来相问的意思，走不到三四步，忽然停住脚步。小小看到这情景，知道他此时进退两难，定有原因，连忙走上前去：

"妾是钱塘苏小小。我出身虽然微贱，但也识得英雄，先生为何看见我止步不前？"

那人听了，不胜惊喜：

"闻名久矣，只恨无由认识相见。又担心芳卿交往的是富贵之人，我一个穷酸书生，未必入眼，所以进而复退，没想到芳卿近前相问，这真是识面又胜过闻名了。"

"我只不过堕入青楼，徒有虚名。今天看见先生的风姿仪表，想必日后在天下大有作为。"

这书生便是鲍仁。他听小小这句话，不觉仰天大笑。

"芳卿见笑，我既没有管夷吾那样的奇才，又没有姜太公那样的机遇，孑然一身，饥寒都不能自主，哪能谈得上作为？芳卿莫不是失眼，或过分抬举？"

小小指着那山上的松柏：

"它们用之则为栋梁，弃之则为柴屑；一旦有人赏识，是会有好机遇的。"

书生点头称是。

"当今南北分疆，朝内互相倾轧、残杀，社会动荡不安，百姓朝思暮想有道明君。这功名即使存在，也得要人去取方可。先生隐居在荒山破庙中，难道功名会自己掉下来？这还需自己努力，才不负天地生才。"

鲍仁没想到一个风尘中女子，竟把人世间道理说得这样透彻，不觉一震。他想自己出身寒微，虽饱读诗书，但身逢乱世，无展才之途。如今已到而立之年，依然是一个穷困书生。颠沛到这南方的佳地后，更是潦倒不堪，只好寄身于寺庙檐下。

小小见他心动，接着说道：

"先生不要怪妾直言，据妾看来，不是上天不栽培你，只怕是先生自己不努力啊！"

"芳卿责怪鄙人，我深感内疚，欲报效众生，然而动则运行千里，如今身无分文，行李也无半肩，枵腹空囊，没法去啊！"鲍仁跌跌脚，

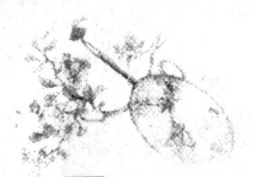

猛力拍了下脑袋，"这几月，寺庙藏身，习得一些字画，准备换取一些盘缠，只是眼下连去京都的钱都没有。"

小小见他说得真切，情挚感人，也不免心酸，可是一个流亡之人，虽困境迫身，还有高远志向，也难为他饥寒交迫，受尽风霜之苦。

"如果鲍先生不以妓迹为嫌，请屈到寒门，我在门前恭候。先生不要因为我们是萍水相逢而不来赴约。"

鲍仁即刻答道："知己一言，我哪敢失信。"

童子推起香车，送小小回坊。

不一会儿，鲍仁来到了小小住处。守门的小厮见他那副寒酸打扮，一阵吆喝，这却惊动了正在门口等候鲍仁的推车童子，他一看正是姑娘邀来的鲍仁，忙上前相迎，领他进入院门，引到镜阁门前。

已在门外恭候的小小，见鲍仁来到，深施一礼：

"鲍先生来了，山路崎岖，我使先生受步履劳累，心中感到非常不安。"

鲍仁慌忙答礼。他抬头看那小小，身着大袖过二尺衫子，加上曲领拥颈，头上双环髻，发顶抽环上耸，一身"飞天"打扮，容光焕发，有如秋菊春松。

"先生，请随我进镜阁之中。"

鲍仁忙说：

"芳卿的珠玉之堂，我一个穷书生，怎敢入内落座。"

小小闻言说：

"我一个娼门女子，好比过眼烟花，怎敢怠慢英雄，先生不必推却。"

鲍仁随着小小步入镜阁，在桌旁相对而坐。小小叫人安排些酒菜，捋袖给鲍仁斟了酒。

"鲍先生，轻薄酒菜，不成敬意，请见谅。"

"芳卿与我陌路一面，胜过知己，如此深情，我鲍仁终生不忘。"

"先生此言差矣。我若不是落入娼门，恐怕今生今世也难与先生相见。"

第一章
如玉琼花苏小小

小小说着，面色不好，眼帘湿润。未说上两句话，就引起小小悲痛之感，鲍仁深觉不安，用眼扫了一下房间四角，连忙搭讪：

"芳卿房中布置，诚可见主人雅好，真是闺帏才女。"

"闲时无聊，喜欢拨弄拨弄，也没弄出什么名堂，还请先生指教。"

鲍仁起身走到书几前，抽出一束书简，慢慢展开，一行行端整秀丽的字体展现在眼前：

泻水置平地，各自东西南北流。人生亦有命，安能行叹复坐愁！酌酒以自宽，举杯断绝歌《路难》。心非木石岂无感？吞声踯躅不敢言！

他情不自禁，走到窗前，望着窗外，吟诵起这首诗来。

"先生真好记忆，过目成诵，而且体会也这样深刻。"小小拢了拢鬓发。

"芳卿有所不知，此诗为我族祖鲍照所作，父亲在我儿时就教诵于我。"

"恕妾无知，不知是令族祖大作。前不久，我偶然得到此诗，诗中道出了我难言的痛苦，当今世上善人少恶人多，每读一遍，心内一阵抽搐，但我真不想在这痛苦之中消沉下去。"

"世路艰难千余载，追溯起来远矣。先祖对时世感愤不平，写下《拟行路难》十八首，此诗排列第四。芳卿，来！咱们饮酒吧，或许能斩断愁绪。"

共同的经历、共同的命运使这对陌生男女聚在一起。

夕阳西沉，湖面上泛起金光，沿湖的窗子，一半开着，送进来阵阵凉风，也送进湖上画舫中的取乐嬉笑声。小小取过琵琶，轻轻拨动了几下：

"先生，妾唱一曲替你解闷浇愁。"

小小坐定。她抽拨弄槽，弹抹复挑。随着她莺啭般的声音，整个湖面顿时静了下来。她唱的是当时流行的《神弦歌》。鲍仁静静听着，从那貌似神奇的旋律中，他听到的是一个娼门女子痛苦的哭诉，她想超脱出尘世。然而，残酷的现实逼迫她步步就范。只听砰地一声，琴弦挣断。

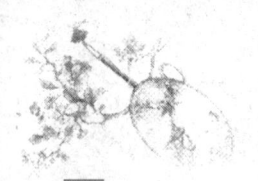

"芳卿，饮上这杯吧。你的心意我全领了，时候不早，我要告辞了。"

小小从座后取出两封用红纸扎好的银两递与鲍仁：

"区区百金，聊壮行色，我在家静听先生的佳音。"

鲍仁俯身上前一揖，小小慌忙说：

"先生不必如此，想我们同命之人，患难时应该相扶。"

"芳卿的侠义之情，深于潭水。不是我用片言只语能表达出来的，只能铭记在心。"

"先生一副英雄气概，非王孙公子所能相比，妾也不便久留。"小小含着珠泪，起身相送。

转回镜阁之中，小小趁着暮色向湖尽头眺望，湖面灯影摇曳，月光正好从湖面上反射过来，波光荡漾，和远处酒楼上的几盏明灯交相辉映，看到那水中的画舫，想到此时仍在任意游玩的红男绿女，她突然转身，俯在卧榻上，放声痛哭起来。

她在痛苦地思索，这些年到底干了些什么？到底得到了什么？强颜欢笑，忍辱负重，含歌揽涕，忧愁缠身，难言之事充满胸怀，但只能把痛苦深深埋在心底。她多么希望能过上一个正常人的生活啊，宁愿像那荒野中的野鸭，对对相伴，也不愿像空中那失偶的孤鹤，哀鸣啼叫。她看着那刚刚挣断弦的琵琶，又想着适才和鲍仁叙谈的愉快时刻，虽为自己的侠义举动感到由衷的快慰，可一想到眼前自己的处境，又失声嚎啕起来。

贾姨娘听见镜阁里的哭声，慌忙走了进来，见小小满面泪痕，连忙把她扶坐起来，为她拭干泪水，说：

"姑娘受了什么委屈，这般悲痛，快给姨娘说说。"

小小仍在抽噎，没有回答。

"甥女，这些年来，全靠你辛勤奔走，才慢慢有些积攒，好歹也成了一个家业，你却为何又伤心到这般田地？"

小小止住了抽泣，两眼直直地望着姨娘，她怎好将心里话向姨娘倾诉，见她这样关心，只得低声说：

"姨娘，没有大不了的事，我想哭个痛快。你歇息去吧！"

小小泪眼，瞥见墙上题镜阁的诗，那琴，那棋，还有前不久挂上去的"青莲"画，她又想起了往日的经历，想起了开初，想起了阮郁。阮郁的背弃而走，对当时刚刚接触异性的小小，真是一个不小的打击。从那时起，她便开始严肃地思考人生，时时想到自己的归宿，她把世间的无情慢慢积蓄起来，变成了一股无形的愤世嫉俗的力量。

纤尘不染，圣洁如玉

转眼到了严冬，瑞雪纷纷扬扬地飘舞，落在屋顶、落在枯萎的柳枝上，整个明圣湖被一片银色裹着。小小坐在桌前，铺开一幅白绢，打开石砚，轻轻地研了起来。

贾姨娘走进镜阁内，见小小衣着单薄，正准备习画，忙取过披风替她搭上。小小回过头来，见是姨娘，慌忙说道：

"天寒夜冷，姨娘怎么还不安睡？"小小一眼望去，见贾姨娘气色不对，"姨娘有什么紧要事吩咐，小小一定遵命就是了，何不叫人来传唤？"

姨娘深深地叹了一口气：

"甥女不要催问，待我歇息片刻，说给你听。"

小小急忙端过来一杯热茶，递给姨娘，然后和她相对而坐。

"姑娘有所不知，今天下午有一差人来过，说是什么巡行钱塘县的上江观察使孟大人，得知姑娘名声，点名要姑娘去陪酒。当时，我回答道：'我姑娘乃青楼佳女、名扬钱塘，怎能这样随便使唤，若要请我姑娘吃酒，可留下帖子，等她回来看了，好来赴席。'那差人悻悻而去，待到傍晚，那差人又来到坊间，口气也比先前强硬，我见这架势，

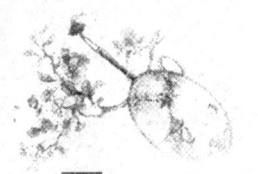

就推说姑娘出外一直未归,想明日那孟大人是不会甘休的。"

听姨娘这么一说,小小倒显得无事一样。她用手使劲研了几下墨,笑着说:

"我一青楼弱女,如同寒风冷雨中的花朵一样,几经吹打,几经飘零,现在也习惯多了,不过我要看看这孟大人是何模样,姨娘不必担心,我自会应付他的。"

第二天一大早,大雪方霁,阳光洒向地面。小小乘上油壁香车,一路上,她双眼凝眸,看着那雪光映照下的湖水仿佛一片圣洁的世界,喃喃自语道:

"你虽美妙无比,却引来多少遗恨。西施的美貌使吴国归于灭亡;我得益于你山水性灵,却惹起众多烦恼,湖水啊,我真是既爱怜你,又十分痛恨你。"

随童很能理解小小此时的心情,他推得很快。不一会儿,他们来到了灵隐寺前。随童将车停好,撩起车帘,小小举步下来,深深地吸了一口气,又扯了扯斗篷,径直朝寺内走去。门外一僧人正在扫雪,见远处走来一位女施主,忙放下扫帚,双手合揖:

"风雪严寒,有劳施主,请寺中安歇。阿弥陀佛。"

出寺庙后,小小在童子的搀扶下攀登北高峰,在一块平地上,俯首观赏雪景,一直捱到傍晚。

这天,上江观察使孟浪又差人守在妓院门口,一直等到日落西山,还不见回转,那差人耐着性子等到夜静更深,才见一小车缓缓而至,小童进去唤出几个侍儿,那小小酩酊大醉,被众人一齐搀扶着进了门。那差人无可奈何,回到孟浪船上回禀,添油加醋乱说一通,生怕大人降罪于他:

"小人去传唤,那娼妓酩酊大醉,不能起来,我看她全不把大人放在眼里。"

孟浪一听此话,勃然大怒:

"一个娼妓,居然屡唤不应,真是放肆!须拿她来羞辱一场,才解胸中之恨。"

第一章

如玉琼花苏小小

但他转念一想，此法不妥："我亲自去拿她，她认我是客官，一定不会害怕，若托府县立刻拿来，她才知道厉害。"

府县得知后，暗暗吃惊，想到苏小小在钱塘名气，于是派人暗中告诉妓院，劝小小快去找当地显宦求情、解释，随后自己穿青衣，蓬首赔罪，这样也许可避免横来之祸。

小小早想好主意，不顾姨娘的催促，来到镜前，梳云掠月，装饰得如画如描。这更急坏了贾姨娘。按府县差人意思，今日是陪罪，需青衣蓬首。小小却笑着说：

"装束表示恭敬，我这样前去，即使有罪也会自消，为何要蓬首垢面青衣，自己先轻薄自己？"

姨娘知道小小性格，也不再说。侍儿端上早点，小小吃了一些，就乘上油壁香车，来到湖边。

那孟浪在船上远远看见小车迎面而来，并无府县衙役，知是小小自行而来，忙叫手下将小小带到船上，一见小小那装束打扮，果然名不虚传，顿时眼也呆了，心也酥了，到嘴边的硬话也一下变软了：

"既然你来了也就算了，但你今日来，是求生、还是求死？"

小小连忙应道：

"爱之欲其生，恶之欲其死，一切都在大人意念之中，贱妾怎么能够自己定夺？"

孟浪听了，不禁大笑起来：

"风流聪慧，果然名下无虚。但这不过是口舌诡辩之才，不是真实学问。如果你能当面赋诗，我不但不加罪，反而赠给厚礼。"

小小请孟浪出题，孟浪于是指着几上一瓶红梅说："今日赏梅，就以此为题。"

小小听了，也不假思索，信口吟道：

梅花虽傲骨，怎敢敌春寒？
若得分红白，还须青眼看。

这诗中句句包含着眼前发生的事情，不卑不亢。那孟浪听了，喜得眉开眼笑，他死死地盯着小小，叫人摆下酒宴，边酌边想：我一个观察使，府下侍女、姬妾也有不少，可一个个呆板无味，见到我噤若寒蝉，全不像些有血有肉的活物。眼前这苏小小的一举一动、一颦一笑，竟同那湖水一样，自然、朴实，远望，皎洁似朝霞中升起的太阳，近看，似水中挺立的芙蓉。他见坐在他对面的小小，神态高傲，有着凛然不可犯的肃气，又想到府中那些姬妾们为了取悦自己，争妍斗艳，与眼前的小小相比显得是那么的虚伪。他一下子就被这纯洁无华的美征服了，被那傲然自尊的神色征服了。

随车童子递过琴来，小小转轴拨弦，如诉如怨的琴声响彻在清澈的湖面之上，四周白雪覆盖，寒气中夹杂着她的幽思，琴韵像湖水静静地流动着，清越淡远，人们的思绪被琴声牵着，时时刻刻感到弄琴人脉搏的跳动。

琴声戛然而止，全船人如梦中方醒，孟浪眨着醉眼，呼喊着小小：

"芳卿，凭你这般才貌，何必再受风尘之苦，不如随我回府……"

"我辈中人，涂脂抹粉，巧言令色，为的是获取钱财，大人此话岂不羞辱贱妾吗？"

这么多年的风尘生涯，小小含悲忍痛，她何尝不想摆脱呢？她有理想，渴望自由；虽身在妓院，在她看来却没有高墙禁锢，金屋紧锁。她从那桃红柳绿，山清水秀以及丰富多彩的芸芸众生中，获得无数难以言喻的乐趣。她高兴可到湖里泛舟，可到南北二峰登临，可去灵隐寺中求神拜佛。倘若一进高墙深院，那么这一切人间乐趣就会顿时消失。在这风霜刀剑严相逼的人世间，她学会自卫了，一句话把那孟浪回敬得脸红一阵，白一阵，也不好发火。

此事一下传遍全城，众人不但夸奖小小貌美，又夸她有应变之才，声名越来越大。然而小小却陷入更加痛苦的思考中，她暗暗想：

"我在坊间多年，也享尽了富贵豪华，尝遍了风流滋味，也很少受到人家一毫轻贱，这真是侥天下之大幸了。人生若梦，可自己的归宿又在哪里呢？"她真想寻个桃源归去，就像那巫山的神女、洛水的神女一样远离尘世，然而面对的是她躲避不了的沉重现实。她也想摆脱青楼，找一个男子，恩恩爱爱，心甘情愿地受穷受苦，但希望很快就破灭了。于是，她不是房间反锁，就是推托有病缠身，辞去一切来客，仍然到寺庙中求神拜佛，或乘坐油壁香车，在湖边盘桓。

血性奇女，千古美名

一晃又过去了几年，小小已经二十二岁了。

那年七月，她邀约一姊妹前去观荷花。天空阴沉沉的，乌云翻卷，不一时下起雨来，雨滴洒在湖面上，泛起阵阵涟漪，圆圈慢慢扩大，一朵被另一朵吞噬进去。小小二人合撑一把雨伞，趔趔趄趄走进玉泉亭，找了一洁净处坐下。

这雨中的玉泉池，更显得晶莹无比，荷叶田田，雨中的荷花仍然娇艳得美不胜收。

小小看得呆了，她斜倚在亭栏边，用手抹了一下额上的雨珠。那姊妹见此情景，忙上前将她扶至避风的地方。

"姑娘，小心被风寒伤了身体，等雨停了下来，我们尽早回坊。"

"姐姐，你看那荷花，出于淤泥，仍洁净非凡，尤其是那弱小的红莲，开得是那样娇艳，我愈看愈想看，哪顾得上风寒。"

"这些年来也难为你了，眼看身子一天天消瘦下去，还望姑娘多多保重。"

"姐姐，看着那红莲，就想到我们娼家女子，不知归宿在何处？"

"姑娘不是常说，我们这些人用色事他人，能得几时好，不就像那白莲，瓣儿落尽，美色全失。我们侍酒陪饮、追欢卖笑，全都是为他人遣兴陶情，解闷破寂。我想还不如趁早从良，兴许能找个满意的人，

也不致再受人怠慢。"

"姐姐说的倒是，怎奈何我们这般人，若找个以势凌人的坏种，一入侯门，就像坠入深渊，加上家法又严，那才真是抬头不得，一半做妾、一半做婢，只好忍死度日，倒不如而今超脱尘世，像那红莲一样，任凭风吹雨打，也傲然挺立于青泥之上。"

两姊妹说到此处，偎依在一块，眼泪像断线的珠子滴落在对方的手背上。

晚上回到镜阁，苏小小感到头脑发热，胸中发闷，浑身上下不舒服。她打开窗户，让凉风吹着发热的全身。哪知白天受的是暑热之气，这样让风一吹，上下乏力，她急忙想上床歇息，不料跌倒在地。贾姨娘赶进房内，见她昏迷不醒，老泪纵横地守在小小床边。好不容易等到小小清醒了，姨娘抚摸着她的手说：

"你这么点年纪，在青楼享有盛名，正好嘲风弄月，快快活活过上几年，不想得此重病，这真是上天不仁啊。"

小小微睁秀眼，亲切自然地说：

"姨娘不要错怪了天，这正是上天成全我，他让我红颜而死，不至于出白头之丑，你应该高兴，不要悲伤。"

说完，小小头一偏，倒在枕上又昏昏睡去了。

月光如流水般泻进镜阁，泻在小小的身旁，照得满屋寒光、四处惨白。贾姨娘点燃蜡烛，小小那毫无血色的脸上，显得十分坦然，眉宇间还流露出傲然之气。姨娘含泪整理着小小的诗稿，挂好琵琶，然后坐到床边。小小醒来，看见姨娘，想挣扎坐起来，但力不从心，泪眼汪汪地强笑着说：

"刚才好一阵舒服，我在神灵那儿见到了母亲，见到了众多姊妹。真的，我还在那儿见到洛水神女，她们是那样飘逸、潇洒，有时在水边嬉戏，有时在沙洲遨游；有的采明珠，有的拾翠羽。她们是那样无拘无束，来无影、去无踪，姨娘，她们叫我明天就去，我特回来辞别。"

姨娘闻言，悲痛不已。她使劲地抽泣着，泪水滴到小小手上，也

第一章 如玉琼花苏小小

落到小小那颗明洁、冰凉的心上。小小已进入了一个清静无比的境界，她一丝杂念也没有，她完全超脱了。姨娘见她病情这么严重，知她命在旦夕，忙问她有何事未了？后事料理从丰从俭？

小小说：

"我无未了之事，交乃浮云，情犹流水。至于盖棺之后，我已物化形消，何以谈得上丰俭，这都由姨娘安排。身边财物，分给众姊妹。儿只有一个心愿：生于西泠，死于西泠，埋骨西泠，这才不负我苏小小一生对山水的爱好。"

说完双眼紧闭，溘然而逝。她脸上还挂着丝丝笑意，没有叹息，没有悔恨，更没有恐惧。

鲍仁接受苏小小的劝告和资助以后，几经周折，终于被任为滑州刺史。他忘不了小小的知遇之恩，赴任后便差人到西泠传信面拜。但差人回禀，说小小病逝。鲍仁立即换了白衣白冠，轿也不乘，径直

苏小小墓

走马而来。这日，他来到苏小小灵前，胸中的苦痛悲戚如冲破大堤的洪水，倾泻而出：

"苏芳卿啊，你是个千秋具慧眼，有血性的奇女子，你知我鲍仁是个可造之人，慨然赠我百金去求功名，而今我功成名就，来谢知己，谁知你竟辞世而去。芳卿既去，恰叫我鲍仁这一腔知己之感，向谁诉说？岂不痛哉？"

贾姨娘见状，忙好言相劝，把他领进镜阁之内。物是人非，触景生情，那琴、那画、那无数的诗帛，那曾相对而坐的椅、几，无不勾起鲍仁终生难忘的回忆。他耳畔仿佛又响起小小那清脆悦耳的歌声，

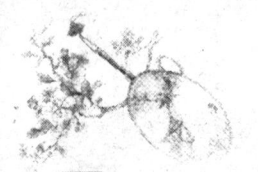

但现在她再也用不着唱那《神弦歌》了，她已到那神秘的世界去了。

　　鲍仁按照苏小小的遗愿，亲自督促当地名匠人兴工动土在湖光山色的西泠建墓，同时不避官身之嫌，亲自发帖，邀请全城乡绅士大夫，都来为苏小小开丧出殡。出殡那天，全城各界人士都被鲍仁这一义举所感，再加上小小在青楼中的为人，因此场面十分动人。贾姨娘与众姊妹紧随小小棺后，童子推着油壁香车，在湖边缓缓行进，他要让小小再好好地把这山山水水饱览一遍。

第二章

国色牡丹李师师

　　一个妓女的美貌能够惊动君王,可见非同一般。李师师可谓是国色天香,又不同于一般的脂粉娇娃,更不似宫中的佳丽浓妆艳抹以媚惑君王。宋徽宗正是看中李师师这一点。李师师的曼妙歌喉、优美舞姿,令君王如痴如醉,自此,李师师便成了宋徽宗的专宠。然而,宋徽宗只知道吟诗作赋、醉生梦死,国家治理得一团糟。接着,堂堂的大宋皇帝宋徽宗被金国俘虏,李师师也不知去向。有人传言她垂老湘湖边……

清歌妙舞，艳惊君王

夜，刚刚降下黑沉沉的帷幕。

浓云蔽空的北宋都城东京（今开封）之夜，有一种神秘的肃杀气氛。

离重楼嵯峨的皇宫仅一箭之隔的金钱巷，是京都东京著名的风流渊薮。巷内两侧的朱阁翠楼，集中了中原一带有名的脂粉娇娃。每当入夜时分，一幢幢小楼的角门前，就挑出一对对朱纱粉灯，阵阵绿竹弦管、妙曼清音，伴着粉红色的灯光，充溢在这逶迤曲折的风流巷里，点缀着北宋王朝病入膏肓夕辉返照的升平气象。

这天夜晚，一条黑影，飞快地穿街过巷，如鹰隼般敏捷地闪进金钱巷。

巷内闪烁不定的灯光，映出了闪入巷内黑影的身形。那是一个精悍利索的青年汉子，一身藕色儒服，清癯的面容，耸起的眉棱下是一对机灵的杏核眼。看得出来，这绝不是一位伏案涂鸦、捧卷吟哦的士子，而是一位身怀不凡武功的江湖豪客。只是，他不似一般江湖豪客那样粗犷之态毕现，反有一种一般身怀武功之人难得的清俊之气。此时，这位儒服青年闪进一段院墙的拐角处，把身子蔽进灯影里，寂然不动。金钱巷口不远处，传来一阵杂沓的脚步声。他知道，官兵已经尾随而至，很快就要追到这里了。他机灵的眸子转了几转，一闪身，几个纵步，来到一段粉墙跟前，向四周略加扫视，双膝一弯，"嗖"地一声纵上墙，隐身在探出墙外的杨树枝条丛中，凝神屏息地聆听院内的动静。

院内是一幢小巧的楼房。一楼灯火晦暗，二楼灯火柔和。檀板轻

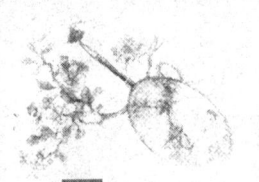

拍，一曲轻柔的《玉兰儿》伴着柔和的灯光从二楼飘出来：

铅华淡伫清妆束，一好风韵，天然异俗。彼此知名，虽然初见，情分先熟。

炉烟淡淡云屏曲，睡半醒，生香透玉。难得相逢，若还虚过，生世不足！

听到这轻歌曼曲，隐在杨枝丛中的儒服青年脸上现出犹豫的神色，他正想跳下墙头，找一处清静的院落，但杂沓的脚步已经进入巷内了，一眨眼工夫，几名擎着火把的官兵拥到了儒服青年隐身的院墙下。他一咬牙，纵身跃进院内，悄没声息地贴近楼边。楼门虚掩，儒服青年没有从楼梯上楼的打算。只见他略一吸气，脚跟一跷，飞燕般地上了二楼，贴近窗棂，伸舌舔破窗纸，向客室内张望。

"师师姑娘，难得你还记得老夫与你初次见面写的这支小曲！"面窗而坐的是一位须眉皆白的老者。看上去他六十有余，虽然保养得很好，但那肩胛还是显老地耸着。只是从他清瘦的脸上所流露出的书卷气，可以看出他是个饱有才学的文士。此时，他微微地眯缝着藏在浓眉下的那双不显老态的眸子，满足地发出一声悠长的慨叹："人生难得一知己，谁知知己在红尘！"

"老先生谬赞了，真让妾身消受不起呢。"背窗而坐的是一位淡妆女子，虽然还不见她的容颜，但从那一袭裹身的轻绡薄纱衣所勾勒出的线条，完全可以想象出这一定是位令人销魂的女人。何况，她的嗓音是那样轻柔，像艳阳暮春时节花绽莺飞原野上的和风，轻柔得让人心醉。

听了屋内的对话，窗外窥视的儒服青年明白了，屋内淡妆女子就是名动东京的李师师。

"老夫昨夜又有所感，填出新词一阕，师师姑娘请看。"白须文士从袖中抽出一纸素笺，站起来，递给李师师。

李师师接过，款款地踱到灯前，展开素笺吟诵："'眉只春山争秀，可怜长皱。莫将清泪湿花枝，恐花也如人瘦。清润玉箫闻久，知音稀有。欲知日日倚栏愁，但问取亭前柳。'唉，好一首《洛阳春》，旷代词人，先生真是当之无愧的。"

不知为什么，读完白须老先生的新词，李师师不经意地幽幽地叹了一口气。

巷内人声鼎沸，杂乱晃动的火把像跳跃着的流萤。儒服青年轻捷地攀上廊柱，融在楼檐的阴影里。

"外面发生了什么事，这样喧嚷？"李师师放下素笺，注意到了外面的动静。

"京城禁地，此地离皇城又这样近，巡查严一些也是必然的。好了，我也该走了。"白须老先生口里说走，身子却还在留恋，显出依依不舍的模样。

"妾身送送先生！"

送走白须老先生，李师师对李姥姥说："妈妈，孩儿有些累，今天就不要再接待什么客人了。"

李师师是名动京都的红妓，自然也是李姥姥的摇钱树。所以，对李师师今夜不接待客人的要求心里虽然不高兴，但嘴里却不敢说出来："我儿既然累了，那就早些儿歇着吧，妈叫海棠丫头送梳洗水上去。"

李师师款款上楼，推开客室门，一下子愣在门口。

"梁山泊浪子燕青见过李姑娘！"

"啊，燕……壮士，是什么时候来的？吓了妾身一大跳呢！"李师师回过神来，两朵笑靥挂上粉颊，亲亲热热地急趋莲步，盈盈地走到燕青身边。她对燕青的不请自入有些吃惊，但对燕青的自报家门却一点儿也不吃惊，仿佛她经常接触梁山泊好汉似的。

刚刚过去的喧嚷声又到了院墙外面。看着燕青俊秀的面容上涂满威严的神色，李师师猜到了几分："外面那些人是冲你来的吧？没什么要紧的。"李师师一改温柔软款的娇娃模样，俊俏可人的脸顿时变得十分庄重。

"李姑娘，外面官兵的确是为在下而来。在下不请自入，很是唐突。这里告辞了。"燕青出于无奈，闯进了金钱巷，又可巧进了这位名妓的香楼。本来他倒是想在这里设法躲过追兵的，但一见李师师无缘

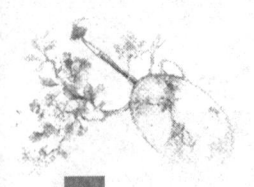

无故地对他表示了这种意想不到的侠义心肠，倒叫他不能留下来了。他不能连累这个青楼女子。尽管她名动一时，但身入烟花，做那些富贵作恶之人的玩物，再有名也是不幸的。

"告辞了？到哪里去？送肉上砧板么？"李师师粉面煞白，说出的话再也不像与白须老先生对话那样文绉绉的，很明显，她的挽留是真诚的。

"李姑娘，你的心意在下心领了，只是……"燕青心里很感动。这小小的院落，小小的楼房，一个大男人往哪里躲呢？燕青在梁山泊众好汉中虽然名次较后，但要论摔跤相扑、临机权变，那是少有人能及的。进来的时候燕青已经看清了形势，所以对李师师的挽留，很有些犯难。

"快，进里间房里，为你打扮打扮！"不由燕青分说，李师师拉上燕青就往里屋走。燕青是个二十出头的小伙子，虽然闯荡江湖多年，练就一身正气，但至今还从没有与任何年轻女子肌肤相亲。如在平日，李师师拉燕青的手，燕青能顺从地跟她走，那简直是不可能的。可现在事情紧迫，双方都把男女大防之类的古训忘到脑后去了。

"李姑娘，该梳洗啦！"丫头海棠是个圆脸长眼的娇小姑娘，一脸稚气说明她最多只有十四五岁。

"来了，来了，我正跟姐姐说话呢！"李师师从里屋出来，牵着一位模样儿清俊的姑娘的手。

李师师画像

不消说，李师师牵着的姑娘，是燕青改扮的无疑了。燕青身子骨本就瘦小精悍，无须的面目清俊儒雅，在梁山众好汉中是出类拔萃的，装扮成女子可以说是没有什么破绽。

"海棠，这位是我乡下的远房姐姐。年成不好，与叔叔卖唱到了京城。不幸叔叔染病去世，她硬是把个脆生生的嗓子哭哑了！唉，天黑老远地摸到我这里！"李师师说着说着，眼圈儿红了，真正的凄楚样子。燕青也逢场作戏，不时抬起长长的衣袖，拭拭眼睛。好在灯不亮，估计海棠看不出他的眼里并无泪水。

"啊，真是可怜兮兮的！师师姐姐，大姐还未用饭吧？"其实，海棠年岁虽小，但身在青楼，使她比一般人家女孩儿成熟得多。机灵的海棠虽然没有看出燕青是个易弁而钗的男子，但来客没见从大门进来，这里面肯定有蹊跷。李师师平日待人极温柔，姐妹丫头之间都是极融洽的。海棠见李师师这样介绍，知道事关重大，也就不好说破。

"是呢是呢，只顾着说话儿，竟还没请姐姐吃饭！"李师师赶忙吩咐，把酒饭摆到楼上来。

酒饭还没端上楼来，李姥姥倒是急匆匆地颠着小脚上楼来了。李姥姥是个年近半百的老鸨，瘦而矮的个子，没有可以称得上是特色的五官。如果硬要说有什么特色，那就是她的一双微微凹进眼眶里去的小而圆的眼睛，与一般鸨妈一样，随时都可以闪出谄媚而又热烈的精光来。

"哟，我的儿呀，什么时候来了姊妹呢？"不等李师师回答，李姥姥急匆匆地自顾说自己的，"楼下有四个阔客商，非要见我的儿……"

"妈妈，我不是说了吗？我今天不接待客人。再说，我远房的姐姐从大老远来的呀！"李师师一脸的不高兴，打断李姥姥的话头。

李姥姥马上不吱声了，但她也没有下楼的意思。她的一双极善变化的眼睛，在李师师与燕青身上扫来扫去。凭她半辈子的烟花经历，她嗅出李师师的这位姐姐身上有一种非女人的气息，可她知道李师师的脾气，一时不敢作声。

其实，李师师并不是李姥姥的亲生女儿。

李师师本姓王，父亲王寅，是东京一位染匠，家住永庆坊。李师师一来到这个世界上，母亲就因分娩大出血当天身亡。王寅的日子本就过得艰难，再加上中年丧妻，身子骨和精神都受到很大的打击。他

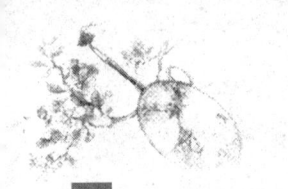

时常灯下叹息，自己的命不好，女儿生下来就没有了母亲。正因为悼伤失妻之痛，王寅对女儿倍加珍爱，视之如掌上明珠。李师师周岁那年，永庆坊来了一位游方和尚，沿户化缘。虽然家境不好，但王寅是个既善良又认命的人，对这和尚又是布斋，又施银钱。和尚在用斋饭时，看见施主王寅手中的小师师，停下筷子不吃了，眼睛死死地盯着小师师，令王寅十分奇怪。

"施主休怪贫僧唐突，贫僧有一言相告。"见王寅诧异的神色，游方和尚合掌当胸，念了一声"南无阿弥陀佛"之后，对王寅说，"令爱眉清目秀，十分不俗。两眉间的那粒朱砂痣，更是大有来头。这痣生在两眉之间。名之曰'二龙抢珠'，艳则艳矣，只是……"

王寅见这和尚虽然僧衣褴褛，但眉棱高耸，方腮箭眉，自有一股英豪之气，加之他本有很执著的宿命论想头，不禁对和尚的话十分敬畏："大师有言，但说不妨。"

"贫僧受施主一饭之恩，本当涌泉相报。只是游方之僧，化外之人，则无以为报。唉，"游方和尚叹息一声接着往下说，"令爱眉间'二龙抢珠'，祸福难以预料。依贫僧之言，舍与佛门罢！"

"大师所言定然不妄，但小女年岁太小……"

"如施主首肯，五年之后贫僧再来吧。令爱芳名为何？"

"她母亲因生她而逝，小人伤心疾首，故尚未取名。"

"既入佛门，就名之师师吧！"游方和尚说罢飘然而去。

但天有不测风云，人有旦夕祸福。

如果不是因一场奇祸，王师师是决不会成为李师师的。

小师师四岁那年，王寅因承染宫内锦绢延期交货之罪，被逮下狱。他本就身体不好，入狱不久，竟一病不起死于狱中。无亲无戚的小师师被邻居送到当时收养孤儿或弃儿的"慈幼局"。不久，被到局中物色"摇钱树"的李姥姥抱回，改姓不改名，就叫做李师师。

如今李姥姥在勾栏林立的金钱巷声名远播、财运亨通，不能不说是因为有了倾城绝色的美人儿李师师。所以，李姥姥对李师师是在疼爱之中含着三分忌惮的。而李师师虽然身在烟花，但从小被李姥姥养大，也不便过多地违拗她的意愿。

"既然妈妈这般心切，孩儿见见他也罢。"见李姥姥不挪步，而且用那难测深浅的眼神在燕青身上扫来扫去，李师师怕被看出破绽，就顺水推舟地答应接见李姥姥迎进来的客人，"我这姐姐是良家女子，妈妈在楼下安顿一下才好。"

李师师同意接客，李姥姥欢喜都来不及，哪里还顾得再在燕青身上找毛病？她一面叫海棠，一面喜滋滋地下楼安顿去了。

李姥姥分明说是有四个客人，可现在海棠带上楼来的，却只有一个。这是怎么回事呢？李师师满腹狐疑地在烛光下打量这位客人。这人年纪看上去有四十多岁，颌下是一把修剪得很整齐的胡须，宽圆的脸很有神采，衣帽色彩虽不是那样斑斓，但看得出质料都是极上乘的。此人雍容而不矜持，华贵而不俗气，潇洒之中透出几分大方。李师师青楼生涯，见过各色人物，但这样气派的人却少见。李师师的狐疑又增添了几分。

那人很随便地落了座，客气地对李师师寒暄了几句，自称姓赵名乙。见李师师羞怯之中暗藏着狐疑的神色。赵乙表现得更加温文尔雅。他说他是个生意人，但并不忙，可以常常来看李师师，问李师师欢迎不欢迎。

"客官初次登门，妾身为您歌一曲吧！"李师师感到赵乙的问题不好回答，就从壁上取下瑶琴，弹唱一曲《万里春》：

千红万翠，簇清明天气。为怜他、种种清香，好难为不醉。我爱深如你，我心在，个人心裏。便相看、老却春风，莫无些欢意。"

李师师的歌喉琴艺，不说在金钱巷第一，就是在东京，也是少有匹敌的。听了她柔绵婉约的弹唱，赵乙如痴如醉，以手不自觉地和拍相击。

李师师唱完一曲，赵乙正要击案叫绝，忽听得院门外人声鼎沸，院门被擂得隆隆作响。一阵咚咚之声过去之后，又似霹雳般一声巨响，厚重的院门倒了下来。随着倒下的院门溅起的尘烟，一簇飞蝗似的火把在院中乱窜。

"守住大门，一个也不准跑！"火把丛中，一个官儿模样的戎装汉子大喊。

刹那间，这座东京有名的妓院，被东京殿帅府的官兵围了个水泄不通。

楼下，李姥姥、海棠浑身乱抖；楼上，李师师心里怦怦直跳！

这栋楼里，不动声色的只有两个人：赵乙和燕青。

李师师的绝色容貌早已让孙荣和窦监两人垂涎了，但每次登门，从来都是败兴而归。今天，正好可以假公济私一下。"师师姑娘，平日都是迁就你，今天，可要得罪了！"孙荣比窦监要狡猾，向前一揖，冷冷一笑。

"跟这婊子啰嗦什么，快拿下！"窦监一个劲地催着要捉人。

李师师此时很有些绝望了！

"慢来，慢来！"正在危急时分，海棠带着一个身穿团花蓝罩袍，腰系灰丝带，一身商人打扮的干瘦老头挤了上来。这老头瘦是瘦，却不见什么病态，像肉长在壳子里头的螃蟹一样显得硬朗、精神。"京城之地，你们夜闯民宅，到底要干什么？"

孙荣从上到下地把挡在李师师面前的老头打量了一番，硬是看不出这老商人仗着什么才有这么硬的口气。

"老东西，你是干什么的？我们奉殿帅府高太尉之命，前来捉拿朝廷要犯，你敢阻挡？"孙荣一脸冷笑，眼中是恶狠狠的杀气。

"胡说！这里哪来的犯人？还不快快退出去！"老头一点也不在乎什么"殿帅府高太尉"之类的招牌，反倒怒气冲冲地喝斥起来。

"一个行踪诡秘的家伙跑进了这院，这婊子就是窝户，你还敢顶撞！快，连这老东西一并绑了！"窦监忍不住了，又叫又跳。

"行踪诡秘"这几个字，显然激怒了商人打扮的瘦老头，只见他顿着脚叫骂："反了反了！你们这两个大胆的奴才，真正是不要命了！"

见这老头居然敢指手画脚暴跳如雷地辱骂，孙荣窦监气得七窍生烟，连声大喊："快拿下！快拿下！"

几个士兵见长官发怒，几个箭步蹿上前，就要绑人。

第二章

"该死的奴才!万岁爷在里头歇脚,你们竟敢到这里冲撞圣驾,真是罪该万死!"正在这时,从屋里跑出一个胖胖的也是商人打扮的中年汉子,他人还未出屋,尖尖的刺耳的嗓音就冲进了院子。

孙窦两人闻声寻人,定睛一看,不由吓得魂飞魄散——这不是宫里殿前最得宠的宦官太保少保节度使承宣观察童贯么?万岁爷真的在李师师这里!不得了,这回真是难逃一死了。

这童贯是东京炙手可热的人物,不只是高俅高太尉,连蔡京蔡太师都怕他三分!童谣说得好:"打破筒(童),拔了菜(蔡),便是人间好世界。"

眨眼间,孙荣窦监浑身筛糠般乱抖,骨软筋麻地跪倒在地,口称死罪,一个劲地磕头!众士兵也纷纷扔掉兵器火把,跪了半个院子。

眼前的一切,把李师师看呆了。她绝没有料到当今天子以万乘之尊居然微服乔装,逛到这青楼之中来了。这真叫她芳心乱纷纷!照一般的道理,不说是当今皇帝,就是达官显贵,光顾沦为烟花的卖笑女子,那应该是喜从天降、曲意奉承而唯恐不及的。何况这的确是真的:当今皇上就在绣房里!可是,李师师毕竟是李师师。这位身在风月场的女子,自有她自己的独立人格:本来生在良家,出生即丧母,父亲死在骄奢淫佚的官家手中,她对那些权贵缙绅,哪里有半点奉迎的热情?何况她天生绝色,且诗词歌舞,吹拉弹唱无一不精,恃才傲物也是有的。可如今却是风流皇帝闯了进来!这到底是祸还是福?李师师感到了深深的悲哀。她呆呆地站在厅前,脸上挂着生硬的笑。

"李姑娘受惊了!请先上楼去吧,这班东西由下官发落就是!"童贯轻蔑地瞥了一眼跪在院子里的一群奴才,转身走到李师师跟前,恭谨地揖了一揖。

李师师只得对童贯应酬地道了谢,由海棠陪着回到里屋。

"我姐姐呢?受惊没有?"李师师惦记着燕青。不知是怎么回事,她与燕青,虽然是萍水相逢、不期而遇,但她对他却有一种自然而然的亲近感。她知道,梁山泊聚集了一大批和当今皇上作对的人,听出入青楼之中的人们说,这些人都是杀人不眨眼的汉子,可是重义气,从不滥杀无辜。可官家呢？自己老实本分的父亲不是叫他们害死了么？与梁山泊的绿林好汉相比，官家才是杀人不眨眼的魔鬼！再说，燕青身上，不光没有一丝儿魔鬼的影子，那清俊儒雅，不是那些权贵老爷、纨绔子弟所能有的。风华正茂的李师师对燕青生出了一种自己也说不清的感情。

"我刚才看了，睡得正香呢，怕是真累了。"海棠随口回答，笑眯眯地瞟了李师师一眼。那笑，在李师师看来，是大有深意。

见李师师款款地上了楼，化名赵乙的当今皇帝宋徽宗，还在浏览她房中四壁的字画，仿佛外面没有发生任何事情，或者是外面发生的事情与他毫不相干。

"我主在上，臣妾李师师见驾。愿我皇万岁万万岁！"虽然是个一塌糊涂的昏君，但帝王自有一种不凡的气度。所以，上得楼来，李师师不由自主地行起参拜的大礼。

"呀呀呀！我今日并非以天子身份到这里的，怎么行起宫中之礼来了？这样反倒违了我的本意，没有一些儿味道了！快快起来吧！"宋徽宗猛然听见李师师的声音，从画幅中收回眼光，连忙上前搀起李师师，并回头瞪了跟上来的李姥姥、童贯一眼。

李姥姥、童贯慌忙告罪，并知趣地退下楼去。

灯下，宋徽宗放肆地打量李师师：高挑的身材并不显高，水盈盈的眸子并不显媚，云鬓如雾，粉面含羞，浑身上下，真是增一分则有余，损一分则又不足，完完全全是地上天人。顿时，宋徽宗只觉得六宫粉黛皆如土，三宫后妃个个俗，不由心旌摇荡，举杯向李师师劝酒："卿家果真是京都第一美人，以前只是闻名，如今见面更觉胜似闻名！"

李师师慑于威势，离席道谢，喝干了跟前的那杯酒。

宋徽宗喜不自胜，笑上眉梢："卿家不必多礼，我虽为天子，却是爱写喜画，卿家书法丹青，京都有名，只把我当作画友罢！"

宋徽宗口里说得极雅，手却伸出来，借搀扶之机，托起李师师的粉腮，像是在欣赏属于自己的一个物件一样目不转睛地看，看了好久，才端起一杯酒，一饮而尽："秀色可餐，秀色可餐，诚如斯言，斯言不谬也！"

"皇上谬赞，妾身哪里消受得起！妾烟花陋质，能一睹天颜，已是万幸，能侍奉皇上，更是妾身做梦也未曾想到的福分。"口里是这么说，李师师心里却犯了难——到底怎么推过今夜去呢？

楼上李师师在与宋徽宗虚与周旋，楼下的孙荣、窦监却倒了大霉。他俩与众士兵跪在当院，硬生生地出了一身冷汗。

"两个不长眼的奴才，竖起耳朵听着！"好容易听到童贯那副宦官所特有的嗓音了，"今天皇上在这里的事情，如果走漏点风声，就要当心你们的狗头！快滚！"

孙荣、窦监如逢大赦，捣蒜般地连连磕了几个头，狼狈地带着士兵离开了院子，回殿帅府向高俅交差。

这当儿，李师师也想好了对付今夜难关的主意。

"陛下，刚才被一班闲人搅扰，不能开怀畅饮，真是妾身的罪过！"李师师现出千般柔媚，万种怜态，盈盈地拜倒在宋徽宗面前。

"快快请起，哪里怪你来？"宋徽宗赶忙扶起李师师，透过薄如蝉翼的轻绡，他不由一阵意乱神迷。"朕今夜多饮几杯就是。嗯，换大盏来！"

醇酒美人，一盏又一盏，宋徽宗从来没有这么欢愉过，从来没有这样放量喝过这么多的酒。直到第二天雄鸡初啼，他才从醉乡里醒来，临别之时，他随手解下身上的一条龙凤鲛绡丝绦，送给李师师作传情的信物。

李师师虽然用自己的圆滑手段，半推半拒、若即若离的姿态，打发走了宋徽宗，很为自己庆幸，但回想起来，确实有些后怕。她来不及收拾那条龙凤丝绦，匆匆地到楼下去会燕青。

"皇上刚离去，姑娘的姐姐就走了。"海棠一面说，一面看李师师的脸色，"我要告诉姑娘一声，她说不必，留下一封信在这里。"

李师师急忙接过信，匆匆上楼，展开信笺——

"李姑娘芳鉴：在下燕青，浪迹江湖，权居水寨，忠义之心常有，报国之日无期。昨蒙垂救，此恩铭心，始知青楼脂粉之中，亦有红颜侠骨之人也。或相逢有期，再谢大德！……"

读过燕青的手札，一股倾慕之中糅合怅惘之情，涌上李师师的心头，她坐在锦凳上，呆呆地注视着窗外如绦的柳丝，好久好久。

"恭喜，恭喜！恭喜李姑娘芳名添香，恭喜……"一连串的"恭喜"，把李师师从痴想中解脱出来，她一回头，原来是贾奕。

"什么时候学得油嘴滑舌的？不正经！"李师师一脸的不高兴。

这贾奕是开封府右厢都巡官，他的父亲与李师师的父亲王寅是街坊好友。当贾奕六岁的时候，王寅曾当着贾奕的父亲说，如果妻子生下女孩，就给贾家做媳妇。后来王寅遭难，贾奕父亲因多方营救失败，气愤而死，贾奕母亲带着贾奕回了娘家。虽然后来贾奕长大娶妻生子，又做了小芝麻官，但得知李师师就是当年父辈指腹为婚的媳妇时，就时常往李姥姥这里跑。他恋着李师师，但李师师却从不给他好脸色。这不是李师师对贾父当年的义举不感激，倒是因为如果她遂了贾奕的愿，反而会葬送了贾奕和他的家庭。可贾奕由恋而痴，由痴而倔。虽然童贯、高俅一再命令不准把宋徽宗微服风流的事张扬出去，但那么多士兵，哪里禁得住？早上贾奕一得到信息，嫉妒攻心，就匆匆地赶到这里来冷嘲热讽。

"嗯哼，还有皇上的信物呢，福分不浅！哈哈哈！"贾奕拿起宋徽宗留下的龙凤丝绦，晃了几下，又抛到桌上，见桌上文房四宝俱在，不假思索地提笔写下一首《南乡子》——

"闲步小楼前，见个佳人貌似仙。暗想圣情浑似梦，追欢执手，兰房恣意，一夜说盟言。满掬沉檀喷瑞烟，报道早到去晚銮，留下鲛绡当宿钱。"

李师师走近一看，就明白了贾奕的讽刺之意，不由脸上一阵红一阵白，一句话又解释不清，再说，解释有什么用呢？但一想到这首词会给贾奕带来杀身之祸，她就急了："我的心属于谁，我自己知道。不必对你多说，但绝不是帝王之家。我劝你莫来此地，少惹闲气……"

"贾某心领了，心领了！"此时贾奕完全听不进任何劝告，"我要让这首风流小令，传遍京都！"

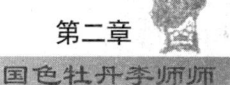

见贾奕不听劝阻，竟收起那《南乡子》怒冲冲地离去，李师师急得不得了，一整天都是在担忧中度过的，连楼都懒得下。李姥姥昨天得了两匹色绢，一大包金银，暗自欢喜去了，对李师师的情绪并不在意。只是海棠几次送茶送饭，想劝又不知从何劝起。

"啊，周大人来了！"黄昏时分，周邦彦踱着方步来了，李姥姥不在意地打着招呼。以前周邦彦来，又都说他有名，所以李姥姥一直很热情。现在，周邦彦算什么呢？小官穷酸糟老头一个！皇帝老子天子气，那才叫真正的主儿！一夜之间，李姥姥开了眼界，见了世面，大有"曾经沧海难为水"的感慨。

"来了，来了，李姑娘可好？"周邦彦就是昨天燕青看见的那个白须老头。他中等身材，虽然年近六十，但身板还不见佝偻，看得出保养有方。白净的长脸盘上，一双细长的眼睛眯缝着，好像总在那里苦苦构思。其实，周邦彦的名气，绝不亚于宋徽宗。当然，周邦彦与当今皇上的地位是不能相提并论的。他只是开封府的一个小小监税官，他的有名，是因为他在艺术和文学上的造诣。自从认识李师师之后，周邦彦就不大与其他卖笑女子交往，而是隔三差五地往这里跑。对于他，已经不是希冀从青春年少的李师师那里得到肉体的亲近了，至于他需要什么，恐怕连他自己也说不清楚。而李师师呢，有这么一位谈吐儒雅的老人在身边，也常常得到一种朦朦胧胧的精神上的慰藉。就这样，一个是垂垂老矣的旷代词人，一个是花信之年的青楼名妓，白发红颜极不协调的两代人，倒是很协调地常在一起相处。

"啊，老先生，李姑娘在楼上呢！"海棠没有李姥姥那样的势利眼，见李师师一天提不起精神，周邦彦来了满可以同李师师谈诗说画，解解闷。海棠边把周邦彦往楼上引，边小声地告诉周邦彦昨夜发生的事情："周先生，不知李姑娘为何一天愁眉不展，您老可要劝劝她呢！"

周邦彦虽然当个小官，可文人天性，寄情琴棋书画时多，用心人情世故却少，所以，他并不知道昨夜宋徽宗到这里来的事。现在听海棠一说，不由心里一沉，暗暗叹息起来。在周邦彦看来，青楼歌妓，自然是卖笑的营生，放荡游狎，也是情理之中的事。但那都是对平庸

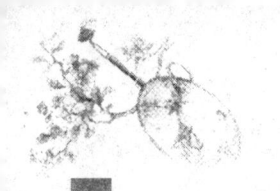

脂粉而言，而对李师师这样色艺双绝不可多得的女子，却又不同了。但是，现在亵渎名花的不是别人，是万乘之尊的当今皇上，那就只有叹息而不可能问罪了。带着这种心情，周邦彦今晚硬是提不起精神。他很想像往日那样海阔天空，与李师师一起在艺术的海洋里驰骋，激浊扬清褒贬品评，但总显得有些尴尬，李师师似乎也有同样的感觉。所以，说了几句之后，竟是相对无言。

"咿，谁来了？"周邦彦有心辞去，又有些留恋不舍，他踱到窗前，忽然看见李姥姥跪在院阶上，迎接几位衣帽光鲜很有气派的客人。

"哎呀，是皇……上，这可怎么办？"李师师走过来一看，认出了来人正是今早才离开的宋徽宗一行四人。本来，妓院勾栏，只要有钱，是人人都可以来的。但既然被皇上看中了，就是御用之物，谁还敢染指？所以，李师师一方面想到今夜自己怕是保不住身子，另一方面担心宋徽宗看见周邦彦与自己在一起，周邦彦性命难保，所以，一时紧张得说话都不连贯了。

"李姑娘休要惊慌，老夫从后门出……去就是了。"说是不慌，周邦彦也不是个有胆子的人。

"不行！"不知怎么，李师师此时又镇静下来了，她毕竟是个见多识广的女子。

楼梯吱吱作响，宋徽宗就要上来了！

"院子周围必定有御林军守着！快，周先生，委屈您先躲在床下吧！我想法子把皇上引开一会儿再出去！"李师师急中生智，当机立断做了决定。

"李姑娘，李姑娘！"周邦彦什么时候钻过床脚？但听到宋徽宗在楼梯上唤李师师的声音，情急之下，不容他多想是身份要紧还是性命要紧，连忙爬到床底下躲起来。

李师师刚刚把遮住床沿的床罩整理好，宋徽宗就走了进来。李师师嫣然一笑，正要伏地接驾，被宋徽宗一把扶住，顺手从身后一名随从手里接过一个朱漆盘子，捧到李师师面前："卿家不必多礼。你看，这是中午由广东送来的贡品，你尝尝！"宋徽宗身为天子，也一个劲地献殷勤。

李师师恭恭敬敬地接过盘子，显出一副兴高采烈的天真模样，揭开盘盖，见里面装着八个又大又圆的橙子。

"这是你爱吃的东西！李姥姥说过。以后可以天天送给你！"宋徽宗说着，坐到一把椅子上。

李师师道了谢，从抽屉里拿出一把精致的水果刀，剖开一个橙子，一瓣瓣地掰开。见宋徽宗目不转睛地盯着她的纤纤素手，李师师拈起一瓣橙子，蘸了盐水，送进他的口中。在飘飘然之中，宋徽宗也往李师师的樱唇里，塞进一瓣橙瓣。

"师师呀，我早上退朝，填了一首新词，你唱唱看！"

李师师接过宋徽宗递过来的宫廷专用的帛笺，见是一首《探春令》，就调好锦瑟，曼声地唱出来：

"帘旌微动，峭寒天气，龙池冰泮。杏花笑吐香犹浅，又还是，春将半。

清歌妙舞从头按，等芳时开宴。记去年，对着东风，曾许不负莺花愿！"

对宋徽宗来说，真是良宵苦短，不知不觉已是三更了。昨夜留宿这里，京城就传出流言，还有一首什么词。虽然贵为天子，可以马上查出来是谁写的，但毕竟是人言可畏，所以，当童贯进来请示是否起驾回宫时，宋徽宗真是两难："飞光流隙，更鼓催人，霜浓夜深，人何以堪！"

李师师又自有一番心情。她巴不得宋徽宗赶快离去，就是不为自己，可床下还躲着个六十岁的周邦彦呢！但她非但不能流露出一丝儿厌倦的神气，还要做出欢欢喜喜的娇媚模样。而宋徽宗一见李师师那千娇百媚的可人样，却立刻打消了犹豫之心，回头吩咐说："夜深路滑，寡人今宵就宿在这里，你们也在楼下安歇了，明晨早些回朝便是！"

听到宋徽宗留宿不去的命令，最急的就要数周邦彦。刚才，他躲在床下，又吓又憋，一阵大汗淋漓。可当他听到李师师弹唱皇上的新词时，却又是赞叹又是好笑，把那个吓字丢到爪哇国里去了。他赞李

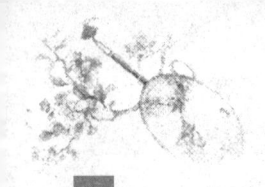

师师的曼妙歌喉，笑宋徽宗那俗不可耐的词作。现在，听到皇上通宵不走，自己不是要憋闷一夜么？一阵着急之后，周邦彦转念一想，这也算是难得的奇遇，回忆刚才师师与皇上的对话，他竟在肚子里为一首《少年游》新词打好了腹稿：

"并刀如水，吴盐胜雪，纤指破新橙。锦幄初温，兽香不断，相对坐调笙。

低声问，向谁行宿？城上已三更。马滑霜浓，不如休去，直是少人行！"

这一首《少年游》，对周邦彦是祸还是福？

也亏周邦彦好兴致，等宋徽宗离去后，他从床底下爬起来的第一桩事，不是整理衣衫，而是抢到放着文房四宝的几案边。刷刷刷，记下在床底下打好腹稿的那首《少年游》。

"李姑娘，拙词留作纪念。此地虽好，小老儿却不能常来了！"周邦彦这才掸了掸身上的灰尘，急急忙忙地向李师师告辞。

一连好几天，周邦彦果然没有来，宋徽宗也没有来。

这天天色刚暗，李师师拿出周邦彦那首《少年游》，调好琵琶，轻轻地吟唱。唱着唱着，她的思绪就散开了：周邦彦这老先生真是词坛的痴才，于心慌意乱的窘境之中，居然还能写出这样好的词！唉，可惜不是真正的少年游！如果不是宋徽宗，而是情缘中的少年，那才不枉了这《少年游》！想到这里，燕青那精悍的身影、清俊的面容，洒脱的风采，倏然印在脑海里，使李师师一阵心跳之后，又增了难以消解的怅惘之情。

"师师，抱着琵琶不唱歌，呆想些什么？"宋徽宗上楼来，李师师还没回过神来。

"皇上请恕妾失迎之罪！"李师师连忙收敛神思，脸上荡起一片笑意，站起来作势要下拜。

"嗨嗨！免了免了！"看来宋徽宗今天心情不错，他扶住李师师，踱到几案边，"《少年游》？嗯？……哼！谁写的？"

见宋徽宗读那首《少年游》，李师师好生懊悔没有收起来，见宋徽宗接连几个"嗯哼",知道大事不好,连忙跪下:"这是开封府监税官周邦彦老先生一时兴至……"

"嗯,周邦彦,倒是个词家!"宋徽宗知道周邦彦的名气,也晓得他是个垂暮之年的老头子,还不至于成为自己的情敌,怒气稍稍减了一些。可一转念,宋徽宗再品味一下词句,怒火又升上来了:"词中所写,是我与你那天晚上所做所言之事,他如何知道得这样清楚?"

没有办法,李师师跪在地下,只得把周邦彦来清谈,碰到皇上不敢见驾而躲到床下的经过叙说了一遍。她只想为周邦彦开脱,因为她知道,周邦彦虽有词名,但官小位卑,不敢见驾是很自然的。

"啊,既是这样,那就罢了!"宋徽宗见李师师一脸惶恐,更显得楚楚动人的模样,心中一荡,就把话题转到别的事上去,李师师才松了一口气。

其实,宋徽宗并没有放过这件事。第二天早朝散后,宋徽宗单独留下蔡京。

"开封府可有个监税官叫周邦彦的?"

"启奏皇上,是有个周邦彦,是个大词家,早年先帝就极赏识他的《汴京赋》。"蔡京虽是个奸臣,但于诗词书画上也是极爱且有相当造诣的,只是他不知道,皇上为什么突然关心起这个芝麻官来,想必是赏识他的诗词吧。

"有人奏本,告他玩忽职守,荒废政事!"宋徽宗可没有蔡京那种想法,他只是要找个"莫须有"的罪名,加到周邦彦头上。

"啊,啊,容臣细细察访,严加治罪!"蔡京很有些莫名其妙。就他所知,周邦彦官虽不大,而且也很放荡,但官声还好,没听说过荒废政事的事。这一定是周邦彦这老小子风流案子撞到皇上风流事上去了。早就听说皇上常往李师师那里跑,前几天开封府还捉了个叫贾奕的,就是为的这种事。

蔡京不敢怠慢,回府召见京兆尹。

"你手下的监税官中有个叫周邦彦的吗?"

"有的,有的,是个有名人物呢……"京兆尹不知蔡京何意,连忙

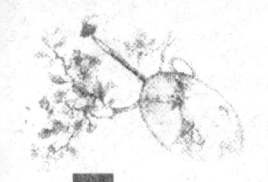

介绍。周邦彦为人不讨人嫌,在官场上不会成为人家的对手,京兆尹对他没有恶感。

"老夫不是问他有没有名,我是想问,这个人是不是办事糊涂,收税不力以致酿出事端!"蔡京何尝不知周邦彦有名?他不耐烦地打断京兆尹的话头。

"此人为官清正,办事细致,所有监税官中是顶拔尖的呢!"京兆尹说的都是好话。

"我是问,周邦彦是不是有什么作奸犯科的事,冲撞了皇上!"见京兆尹一味说好话,蔡京只得点明。

蔡京的话,使京兆尹很是震惊。他明白了,不是周邦彦有什么劣迹,关键在于皇上要办他的罪。但是,用什么罪名呢?京兆尹不敢自作主张了。

"这样吧,你回去写个参报上来,就说周邦彦他课税不登,职务不理,请求惩处。明白了?"蔡京见京兆尹难以开口,就开始面授机宜了。

京兆尹很为周邦彦可惜。真冤枉!但又不敢不办。

过了几天,尚书省就得了圣旨,说周邦彦荒废职守,不堪任用,革除职务,即日押出都门,不许在京都居住。

赶走周邦彦,除掉贾奕,宋徽宗感到一阵轻松,朝野上下,谁还敢再传说他眠花宿柳之事?轻松之余,他去看李师师。自从李姥姥的妓院经宋徽宗暗调库银扩建后,与皇宫就只有一墙之隔了,宋徽宗授意在皇宫那边开了一个小暗门。所以,他到李师师那里,再也不必躲躲闪闪等到天黑了。

令宋徽宗失望得很,他来的时候,李姥姥告诉他,李师师出门看姊妹去了。

"皇上安歇片刻,小女儿就快回来了。"李姥姥生怕宋徽宗抬腿就走,连忙挽留。她心里有一条原则,只要宋徽宗恋着李师师,她李姥姥就会在天堂里过日子。

宋徽宗微微点头,随手一摆,让李姥姥与随从都下楼去,自己则随意地浏览挂在李师师房中的书画。

"师师,你到哪里去了,我苦等了好几个时辰!"李师师回来了,满脸愁容,宋徽宗以为她身子不适,起身安慰。别看宋徽宗是九五之尊的帝王,治国事不行,但在这惜香怜玉上,还是个行家:"是不是你亲眷之中有人穷苦无依?拿出些银两……"

没等宋徽宗安慰的话说完,李师师款款跪下,泪流满面:"请皇上恕妾之罪!周邦彦今天被押解出京,妾念他为妾谱了许多歌词,今为妾填词而获罪,且又年事高迈,好生不忍,所以到都门以杯酒相送!"

宋徽宗心里一怔。天子亲自治罪的人,李师师居然敢去送行,可见她的胆识。再说,周邦彦又有什么罪呢?宋徽宗心里这样想,口里却问道:"周邦彦说了些什么?"

李师师是何等机警的女子!见宋徽宗这样问,她觉得周邦彦的命运有了转机:"他心里好生懊悔呢。他说他是罪有应得,天子圣明呢。临行,他还为妾教唱了他的新词《兰陵王》。"

"啊,你还背得下来么?"宋徽宗很有点佩服周邦彦了。躲在床下,能作词,戴罪服刑,也能作词。

"容妾理弦而歌吧!"李师师站起,理了理乌云般的头发,取下琵琶,唱出哀而不怨的《兰陵王》——

"柳阴直,烟里丝丝弄碧。隋堤上、曾见几番,拂水飘绵送行色。登临望故国。谁识京华倦客。长亭路,年去岁来,应折柔条过千尺。

闲寻旧踪迹。又酒趁哀弦,灯照离席。梨花榆火催寒食,愁一箭风快,半篙波暖,回头迢递便数驿。望人在天北!

凄恻。恨堆积。渐别浦萦回,津堠岑寂,斜阳冉冉春无极。念月榭携手,露桥闻笛。沉思前事,似梦里,泪暗滴!"

听李师师唱完,宋徽宗很有些感动。他感到在周邦彦的《兰陵王》里,有一种"小雅怨诽而不乱"的情绪。周邦彦的确是个不可多得之才。

"嗯,这人是个人才。看在你的分上,就免了他的罪罢!嗯,宫里

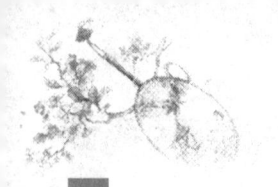

正缺个'大晟乐正',周邦彦去做这个差事,正是得其所哉!"宋徽宗一句话,就使身为囚犯的周邦彦成为中央音乐研究机构的长官。

徽宗荒淫,宋江招安

流光飞逝,梅开二度。宋徽宗日日宴乐,夜夜新郎,可北宋朝廷却到了腐败不堪的地步了。童贯高俅一伙在宋徽宗面前日日报平安,宋徽宗也乐得溺于酒色之中,安享他的"太平盛世"之乐。他已决定册封李师师为"明妃",名正言顺地接进宫里去。但李师师硬是不同意进宫,宋徽宗也不好勉强,就把金钱巷改名为"小御街",把李师师的闺楼题名为"樊楼",打通小御街连接皇城的院墙,使樊楼的院子与皇城连成一片。这样一来,既满足了宋徽宗独占花魁的目的,也遂了李师师不愿进宫的愿。

就李师师来说,宋徽宗是杀父仇人。但她身为歌妓,只能倚楼卖笑,送往迎来。她对于得到皇帝的宠爱并不像李姥姥所想象的那样兴高采烈。至于进到深宫,李师师认为那无疑是进了地狱。而李姥姥则是两样心情,她兴奋,她踌躇满志,她趾高气扬——整个金钱巷,哪一处比她更荣耀?荣耀得连金钱巷都改了名!所以,离元宵节还有十几天,她就吆五喝六,忙乎着张灯结彩了。

元宵节的前一天晚上,李姥姥正在种满奇花异草的院子里指挥仆婢们试点花灯。忽然,几个太监模样的人从皇城那边院子里走来,抬着沉甸甸的两个箱子。

"姥姥,皇上差奴才们送来两箱宫制花灯,请收点!"一个头儿模样的太监向李姥姥禀告。

抬箱的太监们打开箱子,把花灯一一拿出来,李姥姥一看,简直都傻了眼：藕丝灯、暖雪灯、芳苡灯、火凤衔珠灯、龙凤呈祥灯、天下太平灯……另有几十件宫廷器皿。

"谢皇上恩典！劳各位公公辛苦！"李姥姥忙不迭地要请太监们喝茶吃果子，只见太监们坚持不受地告辞了，就急忙吆喝换灯。

就这样喧喧嚷嚷地迎来了元宵夜。

唯有李姥姥门口，虽有异样华贵的花灯，但却大门紧闭，显得冷冷清清。对于这种名妓门前的冷清，人们早就习以为常了。谁还敢效法贾奕、周邦彦呢？

只有一个人例外：他就是燕青。

此时，他告辞了梁山泊起义军领袖宋江，从几乎与李师师齐名的名妓崔念月家出来，一身华贵的随从打扮，更添了几分老练沉着的气概。近年金人势强，不时有兵犯境，宋江虽与众好汉占山聚义，却总思归顺朝廷，到边关去立功。这次，宋江乘元宵京城开禁之机，带领燕青、戴宗等几人来到东京，想走李师师的门路，探一探朝廷对梁山泊起义好汉的态度。上次燕青进京，到山寨安在东京作据点的绸缎店接头，适逢官府识破绸缎店的真正作用。燕青遭追捕而巧遇李师师并得到她的救助，李师师这个名冠一时的青楼女子，给燕青留下了深刻印象。

在樊楼院外，燕青装作寻花问柳的样子徘徊了几遭，观察着周围的动静。见四周无人，他一闪身上了墙头，随即又纵下墙头，隐身在一晦暗处，倾听樊楼那边的动静。

樊楼内，橙色的宫灯透出柔和的光，给李师师的闺房涂上了一层富丽的色彩。很明显，房里的陈设已非往夕能比了，多了一些宫廷的华贵，少了一些清淡。李师师坐在书案边，展开周邦彦那首因祸得福的《少年游》，轻轻叹息。海棠在旁边焚起一炉檀香，一缕沁心入脾的馨香，在室内缭绕。

"李姐姐，好端端的元宵夜，发哪门子愁呢？"海棠也长大了，一双眸子水灵灵的。由于李师师对她极好，她早就改口叫姐姐了。她知道今夜皇上要来，担心李师师的情绪会惹皇上不高兴。

"海棠，你满意眼下的生活吗？"李师师没有抬头，没有回答海棠的问话，却反问海棠。

"嗯，怎么说呢……"海棠早就懂事了。她知道李师师借名气大，多次阻止李姥姥要海棠接客的打算。李师师不愿让海棠走自己这条看似荣耀其实是人家玩物的老路。海棠从内心感激李师师，她极想离开樊楼，但一来孤苦无依，二来舍不得离开李师师这样好的异姓姐姐。

两人正说着，楼下传来李姥姥与人争执的声音。

"姐姐放宽怀，我下楼看看是怎么回事。"

海棠来到楼下，看到李姥姥正和一个富贵人家的随从在说话。

"姥姥，在下的主人久慕李姑娘盛名，不远千里来到京都，没有别的奢想，只要见姑娘一面。"燕青见楼内没有动静，就直接进楼了。樊楼如今奴仆众多，又灯火通明，他不好施展轻功上楼，只好与李姥姥打交道。

"你难道不知道我这楼里不接俗客？"李姥姥一副居高临下的派头，"我家姑娘是当今明妃，这个你也不知道？算了，我也不追究你是怎么进来的，免得添麻烦，你还是从哪里来就到哪里去吧！"听得出来，李姥姥是烟花行的惯家，虽是一派凌人的气势，但也不愿开罪于人。何况，眼前这位青年富贵飘逸，明摆着是有钱人家子弟，再说，院门关着，他能悄没声息地跳墙而入，不仅胆大，而且肯定还是个江湖侠士之类，这就更不能得罪了。可是，要李师师接待是万万不行的，皇上来了撞着怎么办？

海棠盯着燕青看了好半天，总觉得有些眼熟。忽然，她记起来了，这不就是前年皇上初访李师师那天夜里，师师姐介绍过的"姐姐"么？当时就觉得不对劲，果然里面有名堂。海棠来不及多想，忙对李姥姥说："妈妈，这人好似师师姐的兄弟，我认不准，让师师姐来看看。"

燕青来了！这消息使李师师一阵脸热心跳。她一边急匆匆地理头发，整衣衫——其实，这些部位都是毫无挑剔的。她正准备下楼，但一闪念，贾奕和周邦彦当年的境遇使她止步了。

"姐姐，见一面就让他走，有什么要紧？"海棠虽然不知道燕青的身份，但明白楼下的小伙子是师师姐的意中人，她为师师姐高兴，极力怂恿。"不见一面，不知哪一天才能见呢！"

是呀，他浪迹江湖，每天都有性命之虞，自己现在又如在皇宫内苑一般，错过机会，何日才能相见？李师师想海棠说的有道理，一咬牙，出现在楼梯口。

"哟，果然是我的兄弟！快快上楼！"李师师笑盈盈的，招呼燕青。

"姐姐，我家主人硬是要见你呢，不然，我怎么好这时候来打搅姥姥呢！"燕青听李师师这样称呼他，略微一怔，但任务在身，也来不及多想了。

"姐姐这里是不见外人的。兄弟，还是我们姐弟说说家常吧！"李师师把"外人"二字咬音很重，是在提醒燕青这里无异于皇宫内廷，同时，她的殷情款款，也溢于言表。

"姐姐看在兄弟的分上，应酬一下吧！"燕青看出了李师师对自己的情意，他来不及去品味也不愿去品味，但他明白，这是可以利用的。

"好吧，略见一见。"果然，李师师略一迟疑，竟答应了，"姥姥，摆果酒，时辰还早，您老放心！"

李师师的话对李姥姥来说，并不亚于宋徽宗的圣旨，即使冒点风险，她也只有答应。

在宋徽宗时常光顾的樊楼，在李师师的闺阁里，李师师接待了宋江。酒间，宋江委婉地表达了农民起义军愿以抵御外侮为重，到边关御敌以报国的心情。三盏过后，宋江豪情勃发，就在李师师的书案上，挥毫写下了他表剖心迹的《念奴娇》：

"天南地北，问乾坤何处，可容狂客？借得山东烟水寨，来买凤城春色。翠袖围香，鲛绡笼玉，一笑千金

北宋《红蓼白鹅》图

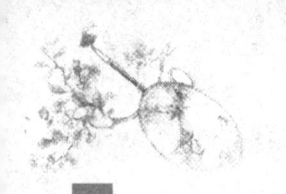

值。神仙体态,薄幸如何消得!回想芦叶滩头,蓼花汀畔,皓月空凝碧。六六雁行连八九,只待金鸡消息。义胆包天,忠肝盖地,四海无人识。闲愁万种,醉乡一夜头白。"

对宋江表白心迹的陈述,李师师没有用心去听,她的心思都在燕青身上,在宋江挥毫题词的时候,李师师那双明如秋潭的眸子,始终不离燕青的脸。燕青何尝不明白李师师的心意!可男子汉大丈夫,在此国事危难之时,应思报效国家,沉溺烟花,壮夫不为!何况现在大事在身,哪里容得情丝缠绕!好在李师师理解自己的处境、身份,还没有"落花有意,流水无情"的叹想。

"师师我的儿,宫里那边有灯烛光,怕是……"李姥姥喘喘地爬上楼,不知是急的还是累的,说话有些不连贯。

当宋江、燕青在海棠带领下打算下楼时,李师师无限幽怨地对燕青说:"兄弟,天涯浪迹,要多保重,姐身虽污,素心尚在,相见有日,莫忘……"说到后来,已经是泪湿粉颊了。

燕青回过头来,想说点什么,但又不知说什么好,他又望了李师师一眼,只说了一句:"善自保重!"就转身追赶宋江去了。

国破之下,垂老湘湖

形势变化很快,宋徽宗的太平梦很快就破灭了。公元 1126 年冬,宋徽宗满腹心事地来到樊楼他的明妃李师师处,三盏两盏几杯闷酒喝过之后,对李师师说:"师师,金人攻入内地,不肯讲和,我已下了罪己诏,准备让位与太子。唉,我当个不操心的太上皇,与你在一起的日子就长多了!"听得出来,宋徽宗的话里,没有什么高兴的成分。

李师师没想到局势竟变得这样不可收拾,她心里蒙上了一层阴影,口不应心地接着宋徽宗的话说:"但愿如此……"

　　就在这一年的十二月二十六日,宋徽宗正式退位,太子宋钦宗继位。不到三天,传报金兵将渡黄河,东京城内,掀起一股大疏散、大撤退的狂潮。尽管宋徽宗反复劝说,李师师始终坚持不随皇室转移,如实在要走,就随她自己的意回到乡间,找一小庵,削发为尼。开始,宋徽宗老大的不高兴,堂堂明妃,流于民间,花容月貌,成何体统。后一想,自己也是泥菩萨过江,自身难保,再说她本是青楼女子,散淡惯了的,也只得听任她疏散到民间。

　　一年以后,金兵攻破东京,宋徽宗父子都做了俘虏,在北上的俘虏队伍里,除了两个亡国之君外,还有赵氏王室和男女百姓共三千多人。在吱吱嘎嘎向北而去的马车里,宋徽宗回首往事,那宫廷的辉煌,衣食的精美,嫔妃特别是明妃李师师的笑靥,历历在目,懊悔之余更添悲苦。在燕山南面一处颓败的寺庙壁上,留下了宋徽宗那"瘦金书"的手迹,记述了他当时的心情:"九叶鸿基一旦休,猖狂不听直臣谋。甘心万里为降虏,故国悲凉玉殿秋。"

　　至于李师师,这位名噪一时的汴都名妓,自离开樊楼以后,就销声匿迹了。若干年后,有人传说在湖南洞庭湖畔碰到过她,据说她嫁给了一个商人,容颜憔悴,已无当年的风韵了。根据这种传闻,一位当年曾一睹李师师风姿的诗人大生感慨:

　　　　辇毂繁华事可伤,师师垂老过湖湘。
　　　　缕金檀板今无色,一曲当年动帝王。

第三章

质若兰花柳如是

兰花生于深山幽谷，清丽淡雅，超凡脱俗。正如蕙心兰质的柳如是。柳如是命途多舛，初恋情郎却是一个薄情之人，可怜她为等夫君，受尽欺凌。绝望之下，离家出走去寻找真爱，可惜屡遭挫败。在风雨飘摇的乱世，她坚持做大明朝的臣民，愿以身殉国，尽显傲骨。在夫君死后，她傲骨一生，从没有受过屈辱，竟然遭到"钱氏家难"，为了留下清芬在人间，她悬梁自尽……

第三章

质若兰花柳如是

初恋误逢，薄情郎君

　　崇祯五年（公元1632年）冬的一个傍晚，江南水乡吴江城外通向北方的路上，一个身穿双襟短衫，手中挽着个小包儿，看上去不过十四五岁的女子正冒着风雪艰难地一步一挨。在路人的眼中，她显得格外的楚楚怜人。这女子不是别人，她就是被吴江城内故宰相周道登的夫人赶出家门的小姬杨影怜，即后来名载青史的风尘奇女柳如是。

　　天渐渐黑了，雪越下越大，路也越来越难走。姑娘的腿像灌了铅似的迈也迈不开，她真想找个人好好地吐一吐胸中的怨气。天呐，我到底犯了什么过错，老爷生前对我恩爱有加，如今老爷刚刚病逝，尸骨未寒，狠心的夫人就将我赶出周家，要是老爷还活着，你这个泼妇敢吗？可现在，天涯漫漫，慈严无踪，我的家在哪里？浩荡乾坤，茫茫人寰，何处有我立足之地？就这样，姑娘恍恍惚惚地不知道又走了多远，看到前面似乎有一缕灯光，走近了，果然是一个村镇。姑娘又冷又饿，便决定找个客店歇一歇，待敲开一个客店的门，主人见是一个单身女子，就问道你是何方人氏，怎么这么晚了还一个人奔劳在外。这一问不打紧，竟引得姑娘"未成曲调先有情"，自顾自地掩面抽泣起来。听到哭声，住店的客人都围了上来，待姑娘道了详情，说自己是被大妇赶出家门，无家可归后，众人也只能陪着叹息一番。这时，有个客人插了一句，对姑娘说：你在周宰相家住了多年，他们来往的都是官宦人家，高门大族，你就没认识几个知心侠义的人吗，你何不去投靠他们，这句话倒提醒了姑娘。吃过饭，洗了手脚，躺在客床上，姑娘不由得细细地回想起这些年的生活，盘算着投靠谁合适。

　　都记不清父亲和母亲的形象了，可怜的父母，你们好狠的心。天

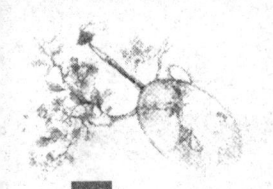

启五年（公元1625年），女儿才八岁，你们说是为了让女儿有一条活路，就把女儿卖给了吴江盛泽镇上开妓院的徐佛妈妈，徐妈妈嫌女儿原来的名字云娟太俗，从此云娟变成了朝云。徐妈妈也只知道我的生身父母是嘉兴人。可你们在嘉兴吗？

在徐妈妈家的两年，我平日里侍候妈妈，抽得空来，也跟着她读书识字，算是通了点灵气。还真得感谢徐妈妈，她高兴时那样耐心地教我琴棋书画，说我聪明灵秀，将来用得着。

到周家那年是天启七年（公元1627年）吧，是那年，那年陕北的农民起了事，扯起大旗造反。接着周老爷接到皇上的诏书，以礼部尚书之身奉诏入阁，老爷只身进京前，对老夫人放心不下，又遣仆人遍访吴江，要为老夫人买个贴身小婢，结果到徐妈妈家挑中了我。到了周家，老爷取李商隐"对影闻声已可怜"的诗意，为我易名为影怜，说是对影怜之影，亦未必可怜。其实当时我哪里懂得这些，也只有随主人了。想起慈眉善目的老夫人，又记起了她老人家教我对句的事，她老平日对我从无疾言厉色，真是个好奶奶。周老爷也是个明白人，崇祯二年（公元1629年），他看到国事难以维持，便借养病为名，辞了宰相，回到家中以著书自娱。没多久，他看我平日里得闲便吟诗作画，还肯用功夫，说是孺子可教，便将我从老夫人那里讨了去，做了侍妾。如今人家说我提笔有虞褚之风，吟诗得盛唐之遗，还真亏了老爷耳提面命。唉，往事不堪回首，最可恨的是那些不得老爷欢心的贱人，众侍妾中，我虽然年龄最小，却最受老爷喜欢，她们便群而妒之，平日里总是到夫人面前讲我的坏话，夫人竟也黑白不辨，全信了那些贱人的谗言，总是来找我的碴子，只是因为有老爷在，她才不能对我怎么样。谁知道老爷走得这么早，我落得今天这处境也是命定的，只是我现在怎么办呢？想着想着，姑娘竟悠悠地睡着了。

好壮观的彩虹！不对，这七色彩虹怎么变成了老高老高的桂树，这不是月宫吗？哟，好漂亮的小白兔，那红红的眼睛怎么变蓝了，又变黑了，不要变了，不要变了。怪哉，小白兔又变成了一个人，这是吴刚吗？吴刚应该拿斧子才对，怎么这个吴刚头戴四方平定巾，穿玉

色圆领大袖衫，足蹬高筒毡鞋，手中拿着一本诗集。我看看，我看看，写的什么好诗。

  各有伤心两未知，尝疑玉女不相思。
  芝田馆里应惆怅，枉恨明珠入梦迟。

  念出诗来，影怜姑娘不由得杏眼圆瞪，大声发问：你是什么人，这诗不是今年春天，当今名士、几社领袖陈子龙先生赠给我的诗吗？怎么到了你的手里。只见那儒士整了整衣冠，朗声说道：娘子看好，在下正是陈子龙，号卧子，松江华亭人氏也。"卧子先生，卧子先生！"姑娘抓住卧子大声喊道。

  哪来的卧子先生，黑洞洞的客房里，姑娘抓住的只是盖在身上的锦被。原来是南柯一梦。

  梦中醒来，姑娘不由得认真地回忆起结识陈子龙的前前后后。

  早在崇祯二年，姑娘就听周道登讲过陈子龙和复社的事情。原来明朝的读书人以文会友，诗酒唱和，提倡风雅。天启末年，太仓人张溥、张采，苏州人杨维斗等人创办"应社"，最初只不过是大家聚集在一起学习经义，揣摩风气，为着应付考试，猎取功名。张溥素怀大志，认为这样还不够，必须集合多方面的人士，砥砺名节，"共兴复古学，将便异日者，务为有用，因改名为复社"。他们设祭坛歃血为盟，对天发誓互相监督，永不背叛复社宗旨。当时有气节而知名的慷慨侠义之士如几社领袖陈子龙、夏允彝，皖中名士吴应箕、刘城、方以智等人都参加了复社。参加复社的都是关心国家大事的读书人。影怜虽说是个女流之辈，且年龄尚小，但她素来就尊崇有学问、有气节的人，故那时就对陈子龙产生了很好的印象。今年春天，卧子游历于吴越之间，曾专程到吴江拜访周道登，当时周道登已是沉疴在身，陈子龙在周道登的病榻前论及权宦当道，国事日非的状况时声泪俱下，慷慨激昂。当时影怜侍奉在周道登身旁，心想卧子先生果然是一个铮铮丈夫血性男儿，便有时也插上几句。卧子见这小妾不仅生得俏丽动人，且颇有胆识，便对影怜另眼相向了。在周家的几天，卧子有意寻了几次机会与影怜交谈，并观看了影怜的一些书画习作，于是对影怜越发赏识。

缠缠绵绵，二人都生出了"恨不相逢未嫁时"的意思。卧子告别的那天，殷殷地对影怜说："我所结识的女子皆奇士，你则是奇士中的奇士，但愿我们后会有期。"说毕便赠诗一首，就是影怜今天在梦中见到的那首诗。

卧子先生操识过人，乃当今才俊，日后必为国家栋梁之材，且与我情深意切，我何不到松江投卧子先生去。主意一定，姑娘已是兴奋不已，巴望着鸡鸣晓破。但这一夜竟是那样的难熬。天明之后，姑娘告别了店家，踏上了前往松江的旅程，一路上晓行夜歇，舟车辗转，终于在崇祯五年腊月三十到达华亭。

为等郎君，受尽欺凌

到卧子家后，姑娘就取唐人许尧佐《柳氏传》章台柳的故事，利用杨柳在文辞上的通用，易杨姓为柳，名柳是，字如是了。

柳如是之归卧子，这在两个人的生命史上都是一个灿烂的亮点。如是以才女而兼神女，卧子以才子而兼神童，才同神同，二人可以说是极尽天下风流，名动一时了。不过，他们生活在一起日子长了，也有难言的苦处。那就是卧子本是万历三十六年（公元 1608 年）生人，因少年才俊，名倾一方，十几岁就由家庭做主，娶了同邑高门张姓之女为妻。张氏虽才学一般，但娘家颇有势力，为人也还精细，卧子尽管对妻子不是十二分的满意，但奈何自己名气虽大，毕竟还是一介寒儒，所以也就同张氏得过且过了。现在柳如是到了陈家，名份上是妾，张氏也不能无视当时的社会风气，表示公开的反对，但看着丈夫专只同柳如是吟诗作赋、弹琴书画，心里便老大的不痛快，故常常在如是面前摆摆夫人的架子。如是逢到这类事，为了家庭和睦，每每就隐忍了，只是到了夜晚，再在枕席上诉给卧子听，舒舒气。而卧子惟一能做的就是当和事佬，只但愿不出大乱子，这种家庭气氛难免使人感到别别扭扭。

光阴荏苒，转眼到了崇祯六年（公元1633年）的秋天。那卧子本是怀抱经世之志略的血性男儿，柳如是也是明事达理的巾帼英雄。岂可因了温柔乡而误了前程。于是二人商量着卧子进京赴明年的会试之事。临行的前夜，二人千叮嘱，万恩爱，久不能眠。柳如是索性取出了文房四宝，急就《送别》二首给卧子。

其一是：

念子久无际，兼时离思侵。

不自识愁量，何期得澹心。

要语临歧发，行波托体沈。

从今互为意，结想自然深。

其二是：

大道固绵丽，郁为共一身。

言时宜不尽，别绪岂成真。

众草欣有在，高木何须因。

纷纷多远思，游侠几时论。

吟罢柳如是满怀真情和期待的诗作，卧子不由离情壮怀，百端杂出。略思片刻，便提笔疾书《录别》：

悠悠江海间，结交在良时。

意气一相假，羽翼无乖离。

胡为有远别，徘徊临路歧。

庭前连理树，生手念华滋。

一朝去万里，芬芳终不移。

所思日遥望，形影互相悲。

出门皆兄弟，令德还故知。

我欲扬清音，世俗当告谁。

同心多异路，永为皓首期。

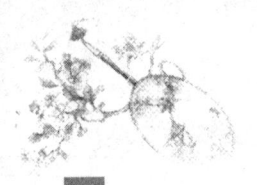

在诗中，卧子以酣畅的笔墨，表达了要与柳如是永结同心的真挚感情。

却说卧子离家北上后，家事皆由张氏一手操持，张氏本来就是精于治家的妇人，还在她嫁到陈家不久，婆母高氏就将家政交给了她。现在卧子远行，张氏大权独揽，无所顾忌，免不了指使下人处处为难柳如是。柳如是势单力薄，且不谙此道，根本没有招架之功，无奈之中，也只有盼着卧子早点高中还家，改变这处境。

世界上的事情却太复杂、太微妙、太多偶然性了。卧子本来是少年得志，才高一时，当时的人都称他为"邺下逸才，江左罕俪"，这次到京城会试，他是志在必得的。谁知放榜之后，卧子竟然名落孙山。这太意外，也太可怕了。在巨大的失败面前，他只觉得一切都完了，怎么对得起如是的期待？有何颜面回去见江东父老？大丈夫不能立命，何以安身？前思后想，卧子决定再等三年，一定要中试后再还乡。只有那样才是真正的丈夫，只有那样才对得起所有寄希望于自己的人。于是，卧子写了封家书托人捎回华亭，自己就开始遍访海内名士，与他们研讨学问，过起了行无定踪的云游生活。

再说柳如是自卧子走后，每日里掐着指头计算他的归程。等着他中试的捷报。谁知道晴天霹雳，传来的却是卧子落第和他不中誓不还家的消息。这消息给如是的打击更甚于卧子本人受到的打击。看着阔大的宅院和冷漠的家人，柳如是感到心里一阵阵发凉。她自言自语地说：卧子呀卧子，你不中试，我如是可以跟你生活，哪怕含辛茹苦，只要两人心心相

柳如是

印，相濡以沫。但是没有了你，没有了你的欢声笑语，这个家还有什么意思，我在这个家怎么待得下去，再过三年，张氏不将我折磨死，我也要被他们活活气死。你卧子怎么能一走了之，抛下我不管。你怎么不为我想想。

又挨了些日子，张氏果然更容不得如是了，一天，如是心里闷得慌，便情不自已地拿出搁置多时的古琴，坐在房里边弹边唱，以泄郁闷。谁知一曲未了，张氏就叫人传过话来：这里不是青楼歌院，要守不住，到那里去。柳如是本是女中豪杰，怎长久经得住张氏的闲气和辱骂，当下就应道：用不着赶，我这就走。气头上，如是草草收拾了自己的东西，昂首走出了陈家大门。情急之下，决定回吴江盛泽镇投奔徐佛妈妈去。

那一年是崇祯八年（公元1635年）春天。

追寻真爱，屡遭挫败

盛泽镇位于吴江北面，是江浙两省交界处的重要市镇。吴江盛产丝绸，而盛泽则是吴江最好的丝织品制造和交易地。同时，这一带也是明季党社文人的渊薮。因为这些经济和政治的原因，盛泽镇区区一隅之地，其风流声伎、青楼歌馆倒是可以同南京媲美。一到夜晚，妓院集中的地方就筝传笛鸣，歌舞不休，常常通宵达旦。

柳如是是在四月里的一个中午到达盛泽的，当年离开盛泽的时候，她不过是个小女孩，一走八年，如今出落得亭亭玉立，婀娜多姿。只是红颜薄命，偌大世界，转了一个圈，又来投奔归家院，还不知徐妈妈肯不肯收留。凭着依稀的记忆，柳如是走过了斜桥，往北拐去，愈近归家院，她的心里就愈不是滋味。哦，记忆中的归家院到了，还是

当年那样气派。

躲过了吠吠的看家狗，叩响了半启的铜环，如是也叩响了心中的小鼓。开门的还是很多年前的赵叔，他瞪着眼睛瞅了半天，问如是："姑娘，你找谁呀？"如是道了个万福，叫声："赵叔，我是从前侍候过妈妈的朝云姑娘，今天来看妈妈。"赵叔眨了眨眼，似乎想起来了，侧过身子说："进来，进来。"

徐佛这年近四十岁了，她本是嘉兴人，从小就跟着开归家院的母亲住在盛泽，长大了也是个能琴工诗的俏女子，一笔兰花画得尤其好。当年也曾风云了一阵子，后来接着母亲掌管归家院，有时也接客。今天，徐佛刚刚起床，正在梳妆，听说朝云姑娘来了，便三下两下上好了妆，赶下楼来。一见柳如是就极亲热地叫道：唉呀，姑娘哟，这是什么风把你吹来了，还记得来看妈妈，早听说你越发出息了，真是女大十八变，越变越好看。过来，过来让我仔细看看。如是没想到妈妈这样热情，一时高兴，那眼泪竟簌簌地直往下掉。徐佛一见这架势忙问，姑娘你怎么了。如是拿出手帕揩了揩眼泪，一五一十地给妈妈谈了谈这些年的生活。妈妈听后叹息不已，只是说：可惜了，可惜了，那陈子龙是个大材，吴越之间谁人不知，谁人不晓，也只怪那悍妇太不容人了。算了罢，这都是前世的命，你就认了吧。从今以后，你跟妈妈过，再找机会择个良婿。

归家院从此有了一位绝才绝色的姑娘，不数月就名倾吴越，使得无数的风流士子神魂颠倒，乐不思蜀，争相拜倒在如是的石榴裙下大献殷勤。当然，其中也不乏附庸风雅，有名无实的俗人。

崇祯九年（公元1636年），徐佛自觉世态悲凉，终于择了个良婿，离开盛泽镇度自己的晚年去了。柳如是这时也就在终慕桥北面造了一幢房子，取名十间楼，开始自立门户。平日只同那些高才名士相游处，饮酒酬答，倒也自在风流，众名士中，柳如是相与最欢的是宋辕文。

宋辕文是个世族子弟，与柳如是同庚。为人"风流籍甚，而能折节读书"，非同辈所能企及，俨然一翩翩浊世之佳公子。但他对柳如是却一往情深。最初，宋辕文慕名访如是时，如是虽早就听说来人年少美材，为了试试此人是否真心，乃将他却之门外，约他第二天再到白龙潭舟中相会，可怜宋辕文那一夜辗转反侧，天还未亮就跑到了白龙潭，一见柳如是的船停在岸边，忙过去通报。船上柳如是还未梳妆，为进一步考验宋辕文，她令人传话说：宋郎不要忙着登舟，如果真对我有情义，那就请你跳入水中稍候。时值严寒，但宋辕文二话没说就毫不犹豫地跳到了白龙潭中。柳如是一看宋郎果是真心，急忙令人将他捞起，亲自帮他脱下湿衣，然后将他拥入怀中。从此后二人感情日炽，柳如是便有了托终生于宋辕文的意思。谁知宋辕文的母亲很不满儿子与如是交往，认为有辱门风，便责令辕文断绝同如是的来往。那宋辕文虽说深深地爱着柳如是，无奈他从来是个孝子，在柳如是和母亲之间，他是宁愿牺牲爱情也不愿有违高堂的。但他又实在不愿离开柳如是，于是仍然瞒着母亲偷偷地到如是那里去。恰在这时，郡守有令，凡为妓者皆逐出城外，柳如是闻讯后赶忙叫人去请宋辕文。那一天，辕文正在家里读书，被人急急忙忙地传来，只见柳如是盛装打扮，头上梳着双飞燕式的鬅髻，高六、七寸，蓬松光润。上穿崭新的窄袖背子，下着曳地长裙，足穿杏叶弓鞋，比平日更添了几分妩媚。奇怪的是柳如是端坐案前，案上放着一张古琴，旁边一口倭刀。辕文心中正在纳闷，这是干什么？不等辕文开口，柳如是就告诉了官府要逐妓的情况，然后满怀希望地对辕文说：我现在该怎么办呢？谁知辕文想了半天，只是讷讷地说：你还是躲避一下吧，过了这阵风再说。如是听后心中又恨又怒，恨的是辕文全无心肝，不知自己是有意托身于他，怒的是辕文懦弱无能，终身大事也不敢当机立断。不由得大声说道：别人这样讲倒没有什么奇怪的，你怎么也这样待我。从今以后，我同你一刀两断。说毕手起刀落，可怜古琴的七根弦齐刷刷地都断了。宋辕文看到如是这样决绝，知道事情已无可挽回，便默默地退了出去。

柳如是本来对宋辕文倾注了满腔的爱情，不想结果是镜花水月，于是望断而恨生，毅然决然地斩断了情丝，这也是柳如是性格中最可贵的大丈夫气概。

之后，柳如是对一般客人根本就闭门不纳，有段时间专门跟"善

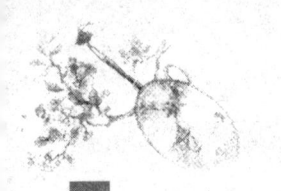

法书，仿佛晋唐人笔意"的名书法家李存我习字，以从中寻得慰藉。

转眼到了崇祯十一年，一个自称是故相徐阶之后的公子来拜访如是，如是拒绝接见。这公子留下一大笔银两后怏怏而别。之后隔不了十天半月就携带礼物来求见。三个月后，如是看这公子还有几分诚心，便允诺请他腊月三十再来。到了那天，徐公子果然翩翩而至。如是设宴款待了他，席间宾主尽欢。末了，如是对公子款款说道：我约你除夕之夜来，本来以为你是不会来的，看来你真是个有情有义的人，只不过除夕之夜是合家骨肉团聚的日子，而你却在娼家过夜，这不是太有悖人情了吗。一番话说得徐公子哑口无言，如是便命仆人提着灯笼，将徐公子送回了家。直到正月十五，如是才留徐公子在十间楼过夜。枕席间，如是责怪公子不读书，少文气。又温言劝他，既然不能以文才仕进，何不去习武从军。指出这也是一条进身之路。徐公子听了连连称是，后来果然走进了行武。

自从被周家夫人赶出，堕入风尘后，柳如是一方面砥砺自磨，一方面无时不在着意寻找一个可以终身相许的知音。可怜她憔悴奔走于吴越之间几达十年，竟屡遭挫败，中间悲欢离合，极尽人生之痛苦，亦非常人所能忍受。然而正是这种艰难的生活玉成了她，练就了她嫉恶如仇、宁折不弯的刚烈个性。

水击风搏，女中豪杰

崇祯十三年（公元1640年）十月的一天，常熟六弦河上漂来了一叶小舟。只见一个身着儒服的英俊公子坐在船头，眉宇间露出若有所思的神情。这公子就是女扮男装的柳如是，她是前来拜访被阉党指为"天巧星浪子"，被士流推为"广大风流教主"，主盟文坛数十年的东林党魁、大学士钱谦益的。柳如是此时尽管以才色名闻吴越,"分题步韵,顷刻立就。使事谐对,老宿不如"。但一想到这么多年的坎坷遭遇,她就止不住悲从中来。

悠悠然,小船已经泊岸了。如是稍略整了整衣冠,便只身来到含辉阁半野堂钱宅。报了姓名,请求拜见。钱谦益虽说是文坛泰斗,但一听说柳如是求见,非常高兴,心想你怎么今天才来,老夫早就想结识你了。不想客人进来,却是一位风流儒士,钱谦益正在发愣,柳如是忙开口请了安,说明自己是化装上路,请大学士海涵。钱谦益连说"不必,不必"。落座以后,二人就漫无涯际地开始谈诗论文。钱谦益主张诗要有本,认为"国风"、"小雅"、《离骚》及李杜等人之作皆从肺腑中出,莫不有本。柳如是对此也极表赞同,谈得高兴处,如是当即挥毫赋诗一首:

　　声名真似权扶风,妙理玄规更不同。
　　一室茶香开澹黯,千行妙墨破冥濛。
　　竹西瓶拂因缘在,江左风流物论雄。
　　今日沾沾诚御李,东山葱岭莫辞从。

钱谦益本万历三十八年(公元1610年)廷试第三名及第,即世俗艳称的探花。一般人赠诗,多要论及此事,不想柳如是绝不道及。且柳诗用韵也是依的明朝官韵,即洪武正韵。再细玩全诗,句句皆有出处,所举的谢安李膺之诸贤,都是钱谦益胸中自比之人。所谓"人之相知,贵相知心"。这女子真是个绝才,作的诗不入流俗窠臼,诚可谓"庄",更可谓"雅"。钱谦益不禁在心中暗暗叫好。约略沉思,钱谦益也提笔步柳诗韵奉答:

　　文君放诞想流风,脸际眉间讶许同。
　　枉自梦刀思燕婉,还将抟土问鸿蒙。
　　沾花丈室何曾染,折柳章台也自雄。
　　但似王昌消息好,履箱擎了便相从。

钱谦益在诗中,暗指世间虽有很多愿与柳如是结百年之好的人,但都是些下愚之辈,而自许为上智名士,实在可以中选,柳如是何等

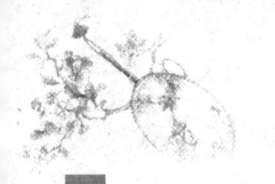

聪明之人，到此时已是心领神会了。经过一段时间的继续了解和诗歌唱和，崇祯十四年（公元1641年）六月，钱谦益一反当时社会风习，敢冒天下之大不韪，以娶正房夫人的礼仪，与风尘女子柳如是在茸城舟中结下了百年之好。结婚之时，柳如是头簪鲜花，上身穿合领对襟大袖礼服，腰着月华裙，轻描淡写，色极淡雅，风动色如月华，尽领人间风骚。钱谦益则头戴乌纱幞头，穿织金蟒袍，系白玉腰带，也显得气宇轩昂，自此以后，柳如是即以河东君的号知于世。

钱谦益对柳如是的感情是很深厚的，崇祯十六年（公元1643年），钱谦益大兴土木，在半野堂后面起造藏书楼时，为了取悦于柳如是，给新楼命名为"绛云楼"，以寓柳如是是真诰绛云仙姥下凡。绛云楼上放的是万卷藏书和珍奇古玩，楼下是他们二人的住室。钱谦益一般晚上读书写作，柳如是则帮他查对资料，共同探讨疑难，二人配合默契，相得益彰，其乐融融。这段时间是他们夫妇生活最和谐安宁的幸福时期，不过大明江山此时已处于风雨飘摇之中，这个严重的政治局势不久就影响了他们的生活，对他们的后半生产生了更为深远的影响。

崇祯十七年（公元1644年）三月，李自成领导的大顺军攻占北京，崇祯皇帝吊死煤山。五月十五日，崇祯皇帝的从兄福王朱由崧在凤阳总督马士英等人的拥戴下，在南京建立起一个小朝廷，这就是历史上的南明弘光政权。弘光政权存在仅一年。但这一年的时光，既是钱氏夫妇作为朱家臣民的最荣显时期，也是他们政治生活的重要转折期。弘光元年（公元1644年）七月，钱谦益被福王起用为礼部尚书，随即由常熟携如是到南京赴任。途中柳如是武士打扮，一身戎装，颇有慷慨以赴国难的英雄气度。昔日一风尘女子，今天贵为尚书夫人，柳如是心中难免感慨万千：时移世易，匡父君之难，舍我其谁。

当时的弘光政权却不是英雄施展抱负的地方，大政仍然掌握在马士英、阮大铖等奸阉之手。"木瓜盈路，小人成群"。内部矛盾重重，外部大军压境。南京城危如累卵。柳如是到南京后，一心想帮助钱谦益力挽狂澜，光复大明。于是使出浑身解数，一方面周旋于达官贵人之间，一方面交结四方名士，以其超群的大度和文才，在南京城占尽了风流。然而，国势颓丧，岂是柳如是一位弱女子所能扭转。

　　弘光二年（公元1645年）五月，清军兵临南京城下，守卫南京的二三十万官军纷纷作鸟兽散，弘光帝弃城逃跑。此时，柳如是知大局已无可挽回，便规劝钱谦益自杀殉国，并激昂地说："你殉国，我殉夫。"然而，钱谦益再四思量，终不愿死。极度的失望再次笼罩了柳如是。她缓缓地步入后花园的荷花池塘，决意以自己的一死促成钱谦益殉国。岂料钱谦益不但自己舍不得死，更舍不得柳如是死，见状马上将柳如是死死拖住，并嘱家人看好，自己却冒雨跪在南京城外迎接清军入城，尽失大节。

　　柳如是成名之后，相互往还的都是昂扬有节气的党社中人，所以处事做人每有大丈夫之风。如今素所敬重的东林党魁、已婚四年的丈夫竟然宁可苟全性命于乱世，也不愿殉国以全节，这残酷的事实使她非常痛苦和失望。从南京回到常熟后，折节的耻辱仍然折磨着她。一天，如是备下美酒佳肴，邀钱谦益一同乘船夜游于六弦河上，遥望两岸景色，二人皆有不胜今昔之感。酒酣之际，如是声泪俱下地再次劝谦益效法屈原投水自沉。可怜钱谦益把手伸入湖水后哀哀地说道："水太冷了，怎么办啊？"另据说，如是曾给丈夫准备了刀绳，即是"一朝九庙烟尘起，手握刀绳劝公死"（袁枚诗）。但也没有结果。顺治三年（公元1646年），他仅仅做了半年的清朝礼部侍郎就告病假回原籍，此后再也没有出仕了。

兰花飘香，流芳百世

　　钱谦益返乡后即不问政事，日常里只是饮酒自娱，填词作赋，消磨时光。日子就这么淡淡地流逝了。但柳如是素来是个关心国事的巾

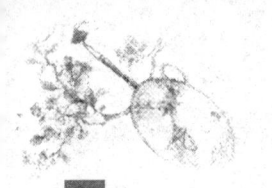

帼英雄，她对亡明深怀忆恋，故神州大地四处燎原的反清火炬无时不在撩拨着她的心，不论是唐王、鲁王还是桂王，她都对他们寄予厚望，指望着他们能恢复祖宗基业。

顺治四年（公元1647年）冬，常熟城里绛云楼来了一位客人，此人就是钱谦益的老朋友，致力于复明运动的黄毓琪。钱氏夫妇热情地款待了他，言及"乙酉之变"（弘光政权亡年），钱谦益长叹一声说道：我钱谦益脚踏的禹贡九州相承之土，读的是华族几千年相传的圣贤之书，几代受恩于先君，如今是一失足成千古恨呐！言下不胜感慨。黄毓琪和柳如是听了这话也都默然，话题便转到了复明运动。黄毓琪介绍了各地的抗清形势。说到陈卧子自组织松江起义后，便始终不渝地坚持武装抗清，不幸今年被清兵逮捕，在被押解进京的途中，他毅然赴水而死。之后清廷仍斩戮他的尸首，实在可恶可恨。并告诉钱氏夫妇，自己已联络了一批志士，准备马上起兵，希望钱氏夫妇能在经济上予以帮助。如是听了卧子的消息，不禁唤起多年前的回忆，心里暗自庆幸到底识了个英雄。当时就代表钱谦益答应了黄毓琪的请求。正在这时，家人来恭喜钱老爷刚得了长孙。钱氏夫妇便商量着给长孙取名"佛日"，字"重光"，小名"桂哥"，名字里隐含了复明必成的意思。"佛日"喻的是桂王的年号"永历"，"重光"指的是明室复兴，"桂哥"即寓桂王之"桂"。实在是暗含一片苦心。他们之所以对桂王寄予厚望，是因为辅佐桂王的是钱谦益的得意门生瞿式。黄毓琪游说钱氏夫妇，是他们投身复明运动的开始。

黄敏琪离开常熟后即到舟山组织了起义，向常州进军，后兵败事泄，清廷下令逮捕钱谦益，又演绎出了一幕柳如是舍身救夫的壮烈义举。那天清兵来抓钱谦益时，柳如是正染病在床。一听到凶讯，她首先想到的就是钱谦益此去凶多吉少，如不能回来的话，联络各方志士进行复明运动的计划就会付诸东流。这无论于先皇还是于自己都是一桩不幸的事情。因此，柳如是决心想方设法保全钱谦益的性命。于是，她"蹶然而起，冒死从行"。跟随钱谦益一起去了南京。在南京，柳如是一面上书官府，请代夫死，不然就从夫而死，言辞悲壮激昂，没有丝毫的乞怜。一面四处游说故旧新知，不惜变卖家产打通关节，终于保全了钱谦益的性命，二人双双回到常熟，这一年如是整整三十岁，从此以后，钱氏夫妇就倾力投入了复明运动。

顺治七年（公元1650年）三月，当时人所称道的三大儒之一，著名复明领袖黄宗羲来到了常熟，住在绛云楼下。一个多月里，他们指谈天下大势，痛哀故国山河破碎的惨状，黄宗羲诚挚地鼓励钱谦益利用自己的影响，促进复明运动。黄宗羲的坦诚和信任使钱氏夫妇都非常感动，更坚定了从事复明活动的信心。黄宗羲临走的一天夜里，刚要睡下的时候，钱谦益提着灯到了黄宗羲的床前，将七根金条赠给了他。并说这是柳如是的意思，请他以后常来住住，以互通声气。五月，柳如是便催促钱谦益前往金华，鼓动清廷委任的金华总兵马进宝参加复明运动。为了给钱谦益壮胆，柳如是亲自将他送到了苏州，在苏州，柳如是又一次参拜了韩梁墓，在她素所景仰的梁红玉墓前，柳如是真恨不能有梁红玉那一身武功，也好亲上战场，为复明作战，即使战死也在所不惜，只要死后能葬在红玉墓旁，与红玉齐名。

却说钱谦益到金华后。马进宝一知道他的来意就连连摇头，说你老大人怎么看不清时

明崇祯青花笔筒

势，此时造反不是拿鸡蛋碰石头，赶快回去读你的书罢。然后任凭钱谦益怎么说也毫不动心。无奈，钱谦益只得无功而返。然而他一回到家就碰上了一桩极为不幸的事情，十月里一个狂风呼啸的夜晚，绛云楼不慎起火，几万卷藏书和一大批古玩珍好顿成烟灰。此事使钱氏夫妇无论在心理上还是经济上都受到了沉重的打击。但他们并没有就此

停止复明活动，此时的钱氏夫妇已从当年的言情儿女变成了复国英雄。

顺治十二年（公元1655年）冬到次年春，钱谦益在柳如是的策动下，又拖着老迈之身，以治病为名，活动于南京一带，与有志复明之士来往密切，实际上是为郑成功进攻南京做准备，谋取驻守南京一带的门生故吏的支持。在南京，他曾写了这样的一首诗：

秦淮城下即淮阴，流水悠悠知我心。

可似王孙轻一饭，它时报母只千斤。

这诗中暗含的话是：如果能恢复明室，我报答诸位将远胜王孙报答漂母。

由于钱谦益晚年为了复明运动不遗余力地频年奔走，柳如是也基本上谅解了钱谦益在"乙酉之变"中的折节行为。顺治十八年（公元1661年），钱谦益八十大寿时，柳如是特地摘了一颗红豆送给丈夫，蕴含着红豆相思之意，表达了他们的爱情弥老弥新，同时，柳如是又在后园用菜籽播种了一个寿字，旁边再播上麦子。等到菜籽开花，麦苗青青的时候，钱谦益登楼一望，黄灿灿的寿字夹在绿油油的麦苗之中，禁不住心都醉了。

这就是聪明美丽、善可人意、爱憎分明的柳如是。

钱谦益以一代才子领受了一代绝色才女的终生之爱，死于康熙三年（公元1664年）五月二十四日，留下了一个濒于破产的家。

柳如是到钱家时，钱谦益的正室陈夫人还在。但二十多年间，钱家的经济大权是掌握在如是手里的。这在钱氏家族中人看来实在难以容忍。钱谦益一死，攘夺家产的斗争就必然要爆发也果然爆发了。这便是所谓"钱氏家难"。在钱谦益死后不到一个月，其族人钱朝鼎就指使一帮人闹到半野堂，逼迫柳如是交出三千两银子，柳如是无银可交，便又一次，也是最后一次显示了她的"政治才能"。她对这些人好言相向，盛筵相待，在酒酣耳热之际，她宣称要到后楼上去取那些人望得眼红的银两，她最后扫了这帮吃得酒臭喷人的家伙们一眼，上了楼，关好门，然后披麻自缢。柳如是在遗书中对女儿说："我来汝家二十五年，从不曾受人之气，今竟当面凌辱，我不得不死……我之冤仇，汝当同哥哥出头露面，拜求汝父相知。"柳如是又一次极为成功地运用了她一向鄙视并加以践踏的封建礼法，反戈一击，制伏了想把她活活吞下去的对手，这是如是一生对封建主义的最后一战。果然，她的对手在封建法条之下，因家主新丧，迫死主母而负罪了。

绝色绝才的柳如是就这样凄惨地走完了她的人生之旅，一代才女从此香消玉殒。她的传世著作主要有《戊寅草》、《湖上草》和《尺牍》一卷，还辑有《古今名媛诗词选》。

柳如是在她的同时侪辈中间，无疑是声名最煊赫的一位。无论是"秦淮四艳"还是李香君、卞玉京，她的这些前辈或姊妹行，都远远比不上她的气派。综观柳如是的一生，大抵包括两个侧面。露在外面，为大家所看见的是她的风流不检；掩盖在底下，不甚惹眼，但确实存在而且极为清晰的是她的强烈的一贯政治倾向。结合起这两者，我们才能对她有一个较为完整的认识。在她那些"不检"的行径之中，实质上处处浸透了对封建制度的抗议、蔑视与践踏。

钱谦益的墓位于常熟附近的界河沿，墓碑上写着"东涧老人墓"，柳如是的墓在钱墓的左边，两座墓紧紧地依傍在一起……

柳如是是她所生活的时代造就的奇才。她的一生是不懈追求幸福和自由的一生，是不停息地反抗恶势力和奋斗的一生。她聪颖、美丽、博学、刚烈，是那个时代的骄傲，更是那个时代的悲剧，同时也是那个时代的一颗明星，一颗璀璨的明星。

明星永远在天幕上闪亮。

第四章

出水芙蓉董小宛

　　董小宛生活在明王朝的风雨飘摇时期。国内义军揭竿而起，关外清兵屡犯。在这样一个战火连绵，民不聊生的时期，秦淮河畔的人们却是过着醉生梦死般的生活。在这样复杂的社会情势下，董小宛从朋友口中得知冒辟疆，并且心仪此人，冒辟疆也对董小宛心仪已久。可是，这一对才子佳人，彼此心仪对方，却屡屡不能相见。二人相见之后，一见钟情。董小宛为了追随情郎，九死一生。历尽磨难后，这对有情人终成眷属。婚后，二人感情甚笃，可惜董小宛这位风流奇女却青春早逝。

第四章
出水芙蓉董小宛

才子佳人，期待相逢

明朝崇祯末年前后，明王朝进入风雨飘摇时期。关内农民义军反声鼎沸、烽烟四起；关外清兵虎视眈眈、屡犯内地。关内关外战火连绵，流血漂卤，蝗旱成灾，哀鸿遍地。就在此期间，"风华烟月之区，金粉荟萃之所"的秦淮河出了一个一代风流的奇女子，留下了一段悲欢离合的红粉佳话，她就是人称"金陵八艳"之一的董小宛。

董小宛，名白，字青莲，又名宛君，与秦淮南曲名妓柳如是、顾横波、马湘兰、陈圆圆、寇白门、卞玉京、李香君等八人，被时人誉为"金陵八艳"。董小宛生于南曲青楼之中，其母陈氏为南曲歌妓，其父董窠为门下清客。董小宛自小聪颖，八岁时就跟一班清客文人学诗、习画、作戏、操琴，十三四岁的时候，琴棋书画莫不知晓，诗词文赋样样精通。加上她天姿巧慧、容貌娟妍，十五岁艳帜初张时，就名冠秦淮。所居钓鱼巷每日是车马骈溢，络绎不绝，门馆如市，宴无虚席。

董小宛虽是风尘中人，但性如铁火金石，质似冰壶玉月。

这一日正是崇祯十二年（公元1639年）元宵佳节。夜幕刚落，南京城内已是锣鼓喧天、华灯齐放。

董小宛生性淡泊，厌恶喧嚣。这一日托病谢客在家。她倚窗对月，不由吟起辛弃疾《青玉案·元夕》中的词句，当念到"蛾儿雪柳黄金缕，笑语盈盈暗香去"时，顿生寂寞之感，一时愁绪万千。她想起自己彩凤随鸦、飘花零叶的身世；达官贵人的恶行丑态，柳如是、李香君可心如意的归宿；不由得心血来潮、泪如雨下。她铺开一张玉叶纸在书案上，提起一管紫竹羊毫，在一方鳝鱼黄凤池灵岩砚中蘸上香墨，写下七律诗一首："火树银花三五夜，盘龙堆凤玉烛红。兰桨轻摇秦

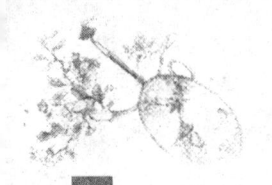

淮月，紫气烟笼钟山峰。明镜悬天犹有晕，幽兰虽香不禁风。断梗飘蓬无归路，天涯芳草何处逢？"悠悠一声长叹，刚刚放下笔来，母亲陈大娘跑上楼来，说媚香楼李大娘有请。

　　这个李大娘不是别人，正是秦淮河龙门街旧院与李十娘同时有名，人称"旧院二李"的李贞丽。她虽是行户出身，却生性豪爽，崇尚名节，不重金钱，喜与复社人士来往。"金陵八艳"中与侯朝宗相爱的李香，就是她的养女。

　　小宛听到李大娘相邀，所宴请的客人又是名震一时的复社领袖张天如老爷和一班熟识的朋友，又有卞玉京等要好姐妹作陪，于是带着使女惜惜，拎了锦缎琴盒，乘轿而去。

　　张天如、陈定生、方密之、侯朝宗几位正坐在紫藤太师椅上品着玉芽香茶，忽报董小宛来到。张天如久闻其名，未见其面。听说她来到，不由分外注目。随着珠帘一阵摆动，进来一位女子。只见她面如桃花，眼如秋水，发如堆云，齿如编贝，上披团花缠枝苏绣披风，下着洒金抽丝网边罗裙，宫腰搦搦，莲步轻移来到张天如面前，道了万福，说道："让老爷久等，实在不该。"张天如道："久闻佳名，此次归家路过，得以一睹芳容，真是名不虚传。"小宛娇羞地说道："厕身平康，无善可誉。老爷言重，确实难当。"又一一向三位公子行过礼。

　　李大娘见众人到齐，连忙摆开席面，置上冰盘，刚好十人围成一团。酒过数巡，又相继递上琥珀油鸡、水晶白鸭、蝴蝶海参、松鼠桂鱼、雪花虾球、翡翠鱼圆等热菜。张天如面对满桌时菜佳肴，谈起当前外有强敌，内有战乱的危亡局势及江南内地纸醉金迷、醉生梦死的混沌生活，不由得感慨万分，他勉励在座复社人士在国家危亡之时，"一定要敦忠信，尚气节，继承东林余烈，以天下为己任，尽力以赴，不辱身后之名！"切记"功名是效忠之途，气节为立身之本。"这番慷慨陈词，引得满桌长吁短叹。董小宛、李香听了他们对国事的议论，更加增添了对复社志士的敬仰。

　　李大娘见张天如等沉浸于忧国忧时之中，菜也不吃，酒也不饮，未免有点扫兴，连忙打着招呼："张老爷，各位公子，今天是元宵佳

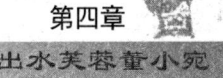

节,又是为张老爷接风的时辰,大家要饮个痛快。反正国家大事也不是三言两语解决得了的,来来来,大家趁热吃酒吧!"侯朝宗也附和着说:"佳会难逢,且乐今宵。李香、小宛,你们几位来个各尽所长、尽兴尽欢如何?"方密之、陈定生等一齐击掌称好。

李香、郑妥娘、卞玉京、寇白门等几位先后启动朱唇,唱了《采菱曲》、《子夜歌》、《木兰词》、《西江月》等几支曲子。轮到董小宛,她侧身抱起随身带来的玉琵琶,玉指轻揉,弹了一曲张若虚的《春江花月夜》。她一阵轻拢慢捻,起时犹如昆山玉碎珠霏撒,落时犹如青溪细流过平沙,行时犹如月塘风荷滴秋露,终时犹如曲径春雨湿落花。一曲终了,余韵未止,一洗淤积在众人心中的郁垒冰山。

小宛艳丽的姿容、端庄的举止、清新的谈吐和熟娴的琴操,无不令张天如赞叹不已。蓦然间使他想起一个可以与董小宛珠联璧合的人物来。这人就是被他称为"一时瑜亮"的复社后起之秀江南风流才子冒辟疆。

这冒辟疆,名襄,自号巢民,如皋人。父祖皆为两榜出身,父是明朝大臣冒嵩少。辟疆幼有俊才,年十四岁时就与云间名士董太傅、陈征君等吟诗作赋,相互唱和。十六岁时即与当时名流张公亮、陈则梁结拜于南京。他姿仪天出,神清彻肤,尽忠考,重气节,有才情。与陈定生、方密之、侯朝宗一起,人称复社江南"四公子"。

当张天如提出可以与董小宛作天合之配的冒辟疆时,陈定生、方密之几个顿时拍案叫好。大家回忆起他在年前(崇祯十一年)夫子庙联名愤书《留都防乱公揭》、痛打魏忠贤余党阮大铖的事来,对冒辟疆的胆略、气魄大大称赞了一番。

董小宛在与复社人士交往中,对冒辟疆的才华、人品、气质早有所闻。现在听到张天如等人再次提及,顿时双颊绯红,更生仰慕之意。张天如当时趁着酒兴委托方密之,趁冒辟疆来南京应试之机,为董小宛与冒辟疆从中撮合,以成鸾凤之喜。

自从媚香楼宴请张天如后,董小宛是花朝剪彩、上巳送酒,又先后二次来到媚香楼找李大娘和李香,借赏花送礼之名,打听冒公子来南京的消息。李大娘母女深知小宛的"醉翁之意",也就细细地把冒辟疆的家世、品性、才情倾其所知介绍了一番。并将他来南京的日子也告诉了董小宛。

冒辟疆接到陈定生的书信,三月十二日就来到南京,前往莲花桥陈府住下。二人倾诉了阔别积愫,相商了复社事务。三月十四日就和陈定生、方密之等进了试场。三场考毕,已是三月二十四日。冒辟疆考试后,与陈定生、方密之等约定,第二天到李香处小酌。

冒辟疆一路上游游逛逛,瞧瞧看看,待来到媚香楼,方密之、陈定生早已等候在那里。李香见客人到齐,随即摆开席面,为四位公子斟上玉壶冰酒,一是慰问大家闱场辛劳,二是预祝各位金榜题名。席间谈起元宵节宴请张天如之事,大家你一言我一语把董小宛着实赞美一番。什么"艳丽多姿"啊,"多才多艺"啊,"举止凝重"啊,"谈吐不凡"啊,并把张天如着意撮合之事说了出来。冒辟疆对董小宛这个名字早就听说,此时暗暗凝神。后见陈定生等把撮合之事说开,顿生结成连理之心。李香见冒公子流露出对小宛的倾慕之情,就当面提出由方密之陪同,前往钓鱼巷,以显慕名相访的诚意。

酒过饭罢,漱口净面,用过香茶,冒辟疆当下别了李香、朝宗和定生,跟着方密之下了楼,前往董小宛住处钓鱼

秦淮暮色董小宛

巷。"梨花似雪草如烟,春在秦淮两岸边。一带妆楼临水盖,家家粉墙照婵娟。"他们沿着风光宜人的秦淮河向前走去,路上方密之少不得又把从侯朝宗那里听说的,董小宛闻名渴想、急求一见,如果两相投契,便委身相从之事说了一番。两人来到钓鱼巷口,方密之指明门庭,

就让冒辟疆单独前往。不料董小宛竟不辞而别，人去楼空。冒辟疆不仅未会到董小宛，反而受到守门妇的一顿呵斥和一场羞辱，满腔炭火顿时化为灰烬。

冒辟疆和方密之返回媚香楼来，李香见冒公子面色铁青，神情消沉，不由暗暗纳闷：不是早就告诉小宛，一待冒公子出闱即来钓鱼巷拜访，让她早做准备的吗？直到侯朝宗从杨龙友处回来，才知道三天前发生了一场大祸，董小宛早已匆匆逃离了南京。

原来秦淮河乌衣巷住着一个叫朱统锐的爵爷，此人系皇族出身。祖父封建安王，父亲授镇国中尉，他现在世袭镇国中尉爵号。此人虽是龙子龙孙，却生得鹰鼻鼠眼、兔脸猴腮。平日自仗皇族势力，有恃无恐，在南京城里横行霸道，为非作歹，就连官府也惧他三分。这个朱爵爷虽是生于陈鼎击钟、饮金馔玉之家，本人却文墨不通，粗鄙不堪。尽管如此，还常以名士自居，附庸风雅。

这一日，朱统锐在暖翠阁卞玉京那里请客，邀了杨龙友等几个文人名士作陪。朱爵爷派了管家、家将三番两次到钓鱼巷，点明要董小宛侍宴作陪，不料小宛外出未归。待小宛还家，陈大娘急忙将此事相告，小宛又高低不肯前往，死活不愿与朱统锐那班人来往。陈大娘深知朱爵爷的辣汤辣水，急得左右为难，眼泪直流。董小宛见母亲哭得伤心，只好答应前往。

这朱爵爷平时就是说风就是浪，说云就是雨的角色，不料像董小宛这样一个轻尘若草之人，竟左请不来右等不来，早就火冒三丈。待小宛由使女惜惜伴随姗姗迟来，不由大发雷霆。董小宛生性倔强，蔑视权贵。这一日她是罚酒不喝，点曲不唱，不仅与朱统锐当面顶撞，而且竟当着宾客的面掀了酒席台面。朱爵爷怎能受得了这场恶气？当时虽在杨龙友、卞玉京等人的劝说下暂息怒气，事后却向家将恶奴暗授机宜，欲加害于董小宛。

杨龙友探得朱统锐将对董小宛下毒手的消息，连夜赶往钓鱼巷，告诉小宛母女。陈大娘于是匆匆带上小宛逃离南京，避祸吴江。临走时，小宛还给李香留下一封信，讲明事情原委，拜托代向冒公子致歉，

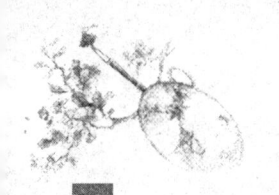

邀请他在适当时机前往苏州，屈驾茅舍一叙。但因事发仓突，此信尚未来得及给李香与朝宗，直到现在朝宗从杨龙友处得知，才匆匆返回讲明。

　　冒辟疆听到朝宗这一解说，顿时烟消云散，冰释冻解。他对董小宛不屈辱，不受侮，横眉冷对万户侯的刚烈性格，不由肃然起敬。决意前往苏州登门拜访。但事情又生枝节。冒辟疆刚要动身前往苏州，却收到如皋家里专程送来的书信，说母亲马老恭人病了，叫辟疆不等放榜，快快回家。辟疆闻讯心如火焚。他连夜叫船直奔扬州，星夜催马赶回老家，与夫人苏元芳终日奉侍病榻，待老夫人痊愈已进六月。他想起赴苏州会小宛之事，正好陈则梁来信约他前往苏州处理复社事务，于是他辞别了母亲前往苏州。

九死一生，为随情郎

　　冒辟疆一路风樯快马直奔苏州，到了苏州借居黄鹂桥王天阶家。办完有关事情，冒辟疆便照着小宛留给李香的地址，按图索骥拜访董小宛。也是凑巧，小宛外出游玩未归，连接两次拜访不着。这一天，冒辟疆在王天阶家会着陈则梁。陈则梁说苏州复社事务已联系就绪，准备第三天前往无锡。冒辟疆听到后天要走，当晚也无心吃饭，躺在床上翻来覆去，难以成寐。

　　第二天，他起了个大早，前往半塘三访董小宛。这一天正逢六月二十四日荷花生日，阊门外沿山塘河至荷花荡一带热闹非凡。一大早城内士女竞相而出。山塘河里，楼船画舫，络绎不绝。绿荫丛中，游冶子弟，轻歌鼓吹。小石桥下，舟中丽人，倩妆淡服。真是"花娇映红玉，轻桡泛蓝塘"。冒辟疆放马缓行，触景生情，不由吟起白居易的

一首诗:"自开山寺路,水陆往来频。银勒牵骄马,花船载丽人。芰荷生欲遍,桃李种仍新。好往湖堤上,长留一道春。"

过了彩云桥,只见山塘河边浓荫之中坐落着一处小小庭院。门面临街,小楼傍河。垂柳依依,水波粼粼。恬静幽雅,景致宜人。冒辟疆驻马来到门前,只见双扉紧闭。门上贴着一副字体娟秀的对联,上面写道:"宛平晓月沉,君山碧玉浮。"联中明写胜地风景,暗含宛君芳名。辟疆轻轻扣动门环,吱呀一声,院门启开。开门的使妈单大娘见是前两次来过的冒公子,不禁欣喜异常,急忙将冒辟疆让进门内,扭头喊道:"大娘,如皋冒公子来了!"辟疆随着单妈进入院内,只见满院紫藤缠绕,槐荫笼罩。沿着一条碎石小道,来到一座小巧玲珑的楼前。只见楼的正门石阶两旁,各摆着一盆紫砂陶盆景。一盆是树桩黄杨,盘枝错结,疏影婆娑。一盆是灵壁山石,幽谷映水,剑峰插天。冒辟疆正犹驻足观赏,从东厢房走出一位妇人,她急急忙忙迎了上来说道:"真对不住,有劳公子远道而来,三次相访。待我唤小女前来拜见公子。"辟疆方知是小宛母亲陈大娘。陈大娘要将冒公子让进厢房用茶,冒辟疆谢了,独自在庭院内赏起花来。

小宛正醉卧在床,听得如皋冒公子来了,醉意顿消。她披了衣服,下了床,拉着惜惜就往楼下走去。"冒公子,小宛来了!"

冒辟疆听到陈大娘招呼,掉头一看,只见曲栏边倚着一位少女,上着烟紫色绸衫,下系象牙白罗裙,云鬓松疏,醉眼朦胧,面似朝霞,影如荷风。醉态中含有一种妩媚,妩媚中带着几分傲气。联想到她当筵拂袖的神气,辟疆心中不禁暗暗叫了一声:"好女子!"

小宛走近冒辟疆,只觉得他仪容雅秀,一派潇洒超脱的风度,也不由得暗自点头:"的确名不虚传!"

当下两人一个是有援琴之挑,一个是无投棱之拒。四目相对,情意交融,默默无语,心有所受。直到陈大娘请冒公子上楼时,两人才猛然省悟过来。

到了楼上,董小宛请冒公子在外间稍坐,让母亲暂陪用茶,自己赶紧进房梳妆。冒辟疆端茶在手,就将楼上细细打量起来。正中一间,

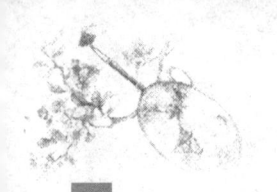

当中摆着一张红木八仙桌。朝外放着一张红木条几，条几正中供着一尊德化象牙白瓷雕渡海观音，两边各放一只影青雕花瓷瓶，分别插着一束烟绒紫和洛阳红牡丹。朝外壁上挂着一幅中堂，是唐寅的《倦绣图》。对联为钱牧斋所书："青溪映松月，莲塘临柳风"。一座高脚古藤托架上摆着一盆金边吊兰，悬空飘洒，迎风荡漾。所坐对面就是小宛香闺，透过湘妃竹帘，隐隐约约看见临塘窗下摆着一架琴台。窗外垂柳依依，波光漾漾。不时送进阵阵荷花清香。

冒辟疆正在做种种遐想，只见竹帘一阵摆动，一女子掀帘步出香闺，她上着鹅黄薄绸衫，下系湖绿色罗裙，如烟里芍药、出水芙蓉飘然而至。她来到辟疆跟前，深深万福，启动朱唇："往日劳驾茅舍两次，今朝又屈公子久候，小宛这厢有礼了。"冒辟疆慌忙起身拱手还了一揖道："何必如此多礼。自从李香处得悉宛君过人之处，急于求见。虽两次空劳，今幸得见芳容，平生足矣。"小宛就在冒辟疆对面坐下，两人用过惜惜送上的红豆香粥、鸡油松糕，就托着雨点釉茶盏，一边品着碧螺香茗，一边谈了开来。

冒辟疆问道："请问小宛姑娘，那大门上的对联大概是你的手笔吧？真是意境清雅，内涵高深。"董小宛两颊绯红含羞说道："不过东涂西抹罢了，实在不堪入大雅之目，还望公子多多指教。"辟疆笑道："宛君过谦了。"小宛问道："不知公子闱墨如何？"冒辟疆搓着手掌慨然说道："惭愧、惭愧。文愧金声，才非润玉。兔丝燕麦，虚有其名。六次入闱，皆名落孙山。只怪才疏学浅，自不如人。"董小宛安慰道："依妾鄙见，你们复社名士欲登龙门，如拾青紫。公子不过时机未到，大器晚成罢了。"交谈中，冒辟疆又讲了出闱后，即打算来阊门拜访，不料母亲突然生病，不得不赶回老家侍奉之事。小宛也道了来苏州后，又遭市井无赖骚扰，不得不外出躲避之情。两人正谈得云山雾海，使女惜惜来告："套房收拾停当，请公子和姐姐里面就座。"

辟疆跟着小宛走进里间。只见朝外是一张香梨木雕花床，一对金钩挂起顶透明云纹罗帐。贴窗放着一张香梨木梳妆台，紫藤托架上嵌着一面金银错葡萄神兽镜。两边壁上挂着四幅墨竹图，一幅是元代吴镇的《风竹》，另外三幅分别是明代唐寅的《雨竹》、陈继儒的《兰竹》和文彭的《新竹》。靠山墙放着一张格局跌宕、错落有致的博古柜，柜里面分别摆着云龙提梁铜壶、彩绘叶文陶豆等钟鼎古玩，及一套《贵妃醉酒》、《霸王别姬》、《水漫金山》、《游园惊梦》惠山戏文彩塑。一张小香梨木条几上，一头堆放着十几卷线装书籍，一头放着一只彩绘陶熏炉，轻烟缕缕，发出清新的香草气息。小条几前放着一张香梨木金漆嵌花四仙桌，上面已放着四只青瓷大冷盘和二副杯箸。

进入房内，董小宛请冒辟疆上首坐下，亲自为他斟酒布菜。酒还未过三巡，小宛已是面若桃花，脸泛红云，含情脉脉，秋波荡影。辟疆想将她纳为侧室的话说出来，又恐冒昧唐突，故欲言又止。这时惜惜上菜进来，见两人四目相对，凝思出神。她心领神会就势说道："姐姐你不是常说要脱离苦海，择人而事吗？可要当机立断啊！"小宛正患难于启齿，见惜惜开门见山，便将一面烫花檀香扇掩住面容说道："小宛久厌秦淮，年事虽轻，急欲脱此深渊，只恨未遇能拯溺之人。媚香楼元宵宴会，提及公子才气，小宛便久贮于胸。蒙公子不弃，三次屈驾寒舍。倘公子不嫌，小宛愿为侍砚拂尘之劳。"冒辟疆说道："我对宛君深情亦怀已久，但室已有妇。小宛如此才艺，正当妙龄，岂能屈为侧室？"小宛道："君言差矣。妾甘为箕御者，望得一可委身者，以脱风尘。愿得公子一言，小宛当杜门茹素，以待公子。"辟疆见状正容道："承君如此见爱，辟疆不才，当铭记肺腑，决不负君雅意！"当下冒辟疆把为复社事务，明日即将离苏北上的事说了。并讲定明春杨柳初黄时，便来阊门与小宛共商偕归之事。小宛听说辟疆明天就动身离去，顿时神色黯然，双蛾紧蹙。过了一会儿她才说道："大丈夫志在四方。公子为清议奔走，妾怎敢以儿女私情，屈留公子。不过，妾在此地有势豪觊觎相扰，终日难安。望君早来。君去后，妾当闭门不出。明春，妾当晨占鹊喜，夕卜灯花，以盼公子。"说罢，泪光盈盈，不胜凄婉。辟疆温言软语安慰了一番，指天对日发誓："明春定不失约。君不负我，我决不负君！"

饭后，单妈收拾桌面，惜惜招呼两人洗手净面后，又送上四碟时

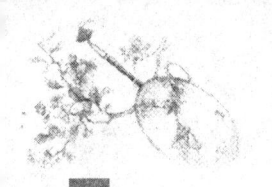

鲜水果白沙枇杷、荷荡雪藕、东山杨梅和葑水鸡头，皆为苏州特产。两人略略用过，又说了些情缠意绵、温存体贴之话后，太阳已西。一阵知了蝉鸣，使冒辟疆猛然想起一天没与陈则梁照面，明天一早又要动身启程，便起身与小宛辞别。小宛与使女惜惜遥遥相送，一路上两人心情忧郁、默然无语，一直送到桐桥上，才依依惜别。

第二天，冒辟疆会同王天阶、陈则梁，一早乘船，从苏州到无锡，又由无锡至江阴，奔广陵（今扬州），一直到把复社事务处理完毕，才回如皋。转眼中秋，这天冒辟疆夫妇陪同老夫人，在水绘园枕烟亭赏月酌酒后，回房安歇。夫妇俩上床就寝，冒辟疆想起一桩心事，欲让苏夫人从中相助。他吞吞吐吐，欲言又止。在苏夫人的一再催促下，才将在苏州与董小宛相识，她是如何多才多艺，在南京如何忤触权贵，避祸苏州息影安身，又是如何不得安宁，想脱离苦海择人而事，自己当面应允的事说了一番。苏元芳一听此话，当即便答应在老夫人面前圆场，以玉成其事。初冬的一日，婆媳俩谈起祭宗之事，苏夫人趁机在老夫人面前提起董小宛。说小宛虽是秦淮歌妓，却是冰魂玉魄，洁身自爱，而又熟娴文墨；现在公子面前又需奉侍砚席之人，想让她留在书房照顾公子，协助媳妇料理家务，如此这般讲了一通。老夫人原就疼爱儿子，见媳妇又帮忙疏通，更乐得应允。

"夜风吹醉舞，庭户对酣歌。"随着噼噼啪啪的一阵鞭炮，时间进入崇祯十三年（公元1640年）。元宵刚过，冒辟疆和苏夫人商议，想借扬州会晤社友的名义，去苏州与小宛共商偕归之事。苏夫人答应下来，暗中帮助他准备了几百两银子的盘缠和赠与董小宛的首饰。

但天有不测风云，当冒辟疆带上书童茗烟正欲奔赴扬州之时，突然接到父亲冒嵩少从衡阳飞骑送来的紧急家书。原来朝中当权的某大臣与冒父间隙颇深，在襄樊遭张献忠攻打吃紧时，竟采取借刀杀人之计，向皇上进言降旨，将冒嵩少由广东高肇兵备监道调做襄樊兵备道佥都御史，为左良玉监军。信中说道："死于贼手，倒无遗憾。只怕蒙冤而死，死得无名。"嘱托冒辟疆事后要"善待汝母，勤奋上进，忠君爱国，无辱家声。"冒辟疆本是个孝子，见父陷于危难之中，便采纳

第四章
出水芙蓉董小宛

苏夫人"缇萦救父"之计，只身赴京上书救父。

冒辟疆经父亲故旧好友引见，得以朝见龙颜。他面对天威毫无惧色，一篇如戛玉敲冰、悬河泻水的奏章倾动整个朝廷。待崇祯皇帝降下旨来，冒嵩少免调襄樊留任原职，已是崇祯十五年（公元1642年）了。等到冒辟疆绕道庐州送信，又受到史可法执意挽留。返回如皋不巧母亲又卧倒病榻，待母亲完全康复，却是腊尽春回。过了年，他便与苏夫人商议赴苏州，苏夫人知其思恋小宛情深，便毫不阻拦。正好陈定生来信催他速往南京处理复社事务，于是冒辟疆打点行装前往南京。

冒辟疆到达南京已是崇祯十六年（公元1643年）三月。待茗烟从苏州探得消息，才知小宛这三年中受尽万般苦楚。原来董小宛自从与冒辟疆桐桥别后，足不出户，杜门茹素，一意只盼公子早日归来。谁知道苏州这个地方有个叫窦赫的恶霸，平日自恃有百万家私，鱼肉乡里，横行不法。自从小宛桐桥送别冒辟疆被他撞见后，便见色起心，三番五次寻上门来。但董小宛闭门谢客，拒不接纳。他就指使一帮地痞无赖，天天闹上门来，纠缠不休，扰得董家日夜不宁。幸亏董父认得其中一二个头目，暗中交结打点，总算没有闹出大事来。可是春去冬来，年复一年，冒公子如同泥牛入海。董家经这么一折腾，不仅把陈大娘平日一点积蓄花光，而且还扯上一大笔债务。这样一来，不仅地痞无赖照常天天相扰，债主也不时逼上门来。小宛被逼不过，母女俩只好以外出游玩为名，长期出门避祸。自从去年年底黄山回来，今春又去了杭州，至今未归。冒辟疆听了董小宛因为自己遭受了这么多的愁苦和波折，不由眉峰紧锁，眼泪直流。他决定暂时丢下南京社务，前往苏州寻访小宛。

船是在一个傍晚时分到苏州的。冒辟疆上岸即往王天阶家。不想王天阶已雇好了船正准备第二天前往南京，因不明辟疆来苏州目的，还特地邀约他乘船同行。冒辟疆不便言明，只好随口答应。这一夜由于惦念小宛，他心乱如麻，坐卧不宁，便走出王府。

这天晚上刚刚雨过天晴，碧空如洗，满天繁星。冒辟疆沿着山塘

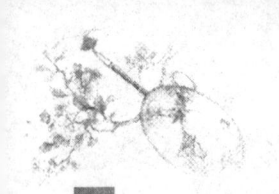

白堤向虎丘方向走去。七里山塘，月光如水，水波拍岸，烟柳迷蒙，蒲荻无边。随着一阵咿咿呀呀的橹响，惊起几只水边的栖鹭，传来一阵动人心弦、凄凉委婉的歌声："月子弯弯照九州，几家欢乐几家愁。几家夫妇同罗帐，几个飘零在外头？"隐约可见一对青年夫妇划着一只山塘游船，由虎丘方向划来。冒辟疆连忙叫住游船，吩咐掉过头来再往虎丘方向划去。穿过两座小桥，只见远处月光下，黑压压的有一座幽雅恬静的小楼，隐隐约约的闪动着昏黄的灯光。冒辟疆问船家那是何处，船家告诉他那是秦淮歌妓董小宛的住所。说她自从杭州归来，丧母抱病在家已有两旬。冒辟疆听后惊喜若狂，催着船家赶快靠岸。

跳上岸来，他三步两脚跑到门前，举手就敲，敲了半天，不见人应，心中顿时着慌"咚咚咚"挥起拳头擂起门来。"谁？"终于，楼上传来低沉的回音。冒辟疆赶紧自报了姓名。

门慢慢打开了，出来一位身着孝服、头发蓬乱、面色苍白的女子。她正是小宛的使女惜惜。惜惜见了冒辟疆抽抽泣泣，半天说不出话来。过了好一会儿才长叹一声："冒公子，你……来迟了。"冒辟疆当即目瞪口呆。待他抢步跨入门内，三步两脚跑上楼去，见外间残灯无焰、杂物零乱、药铛狼藉，不由两腿发麻，泪如雨下。进到里间，掀开帷帐，只见董小宛僵卧在床，面色如纸，呼吸微弱，已是奄奄一息。冒辟疆不由得一阵心酸，一下子扑到小宛身上嚎啕大哭起来："宛君呵，我负了你呀，我来迟了！"边哭边诉，痛不欲生。小宛恍恍惚惚在无边冰水中行走，突然听到有人呼唤她的名字。她倦眼微睁，竟想不到日思夜念的人就在眼前。惜惜见小宛苏醒过来，连忙递过一盏参汤，由冒辟疆给董小宛一口一口喂了下去。董小宛近二十天来勺粒不沾、医药无效，这时却一下子坐了起来。冒辟疆忙把上京救父耽搁京城、庐州送书受到挽留、母亲病重临床服侍，以致负约失期的事说给小宛听了。小宛听到他一番叙述，才知公子并不是负心之人，深夜来访也足见深情。她又有了希望。于是二人用过惜惜煮好的红豆香粥，无尽别情离愁谈了开去。直到传来寒山寺洪亮的钟声，两人才发觉天已大亮。冒辟疆想起应王天阶之约前往南京一行之事，连忙对董小宛讲了。小宛闻言顿时玉容失色。想不到与公子这次相会竟又是来也匆匆，去也匆匆。冒辟疆拿出苏夫人赠与小宛的一对鸾凤金钗和一对碧琉璃玉镯，答应秋闱后便来接小宛前往如皋，以成花好月圆之喜。既如此，小宛也不便强留，只是讲定开船之时，前往船上相送饯行。

　　冒辟疆匆匆赶回王府，王天阶正为他的去向犯愁。冒辟疆把夜遇董小宛的事与他讲了。王天阶见两人如此情深，答应绕道山塘，前往小宛住处，以便两人话别辞行。船泊半塘已近中午，辟疆来到小宛家中，在陈大娘灵位前，点上香烛，行了跪拜之礼。小宛于是带着单妈，跟着冒辟疆上了王天阶的大船。船行之时，小宛执意随船相送，无论冒辟疆如何劝说，直是不允。王天阶这次远足，本来就意在山水之间，见此情状，就劝辟疆带小宛同舟前行，相送一程，以叙情怀。冒辟疆见主人情真意盛也就不再推三阻四。

　　这一日抵达镇江。正逢端午佳节。王天阶要去朋友家拜访，冒辟疆便携董小宛前往金山，观看一年一度颇负盛名的金山竞渡。

　　这天，镇江城里万人空巷。男女老幼，车水马龙，聚集江边。金山之上更是蚁附蜂屯，人团簇拥。只听得三通炮响，原在江心一字摆开的二十四条龙舟，分成四队，冲波劈浪，划桨如飞，破水而来。舟上扬旌拽旗，挝鼓撞钟。岸边群情激奋，欢声雷动，那四队龙舟，争先恐后，你追我赶，犹如群龙相斗，惊湍跳沫。冒辟疆、董小宛选了一处视野开阔，景色绝佳的高地并肩站下，放目远眺，面对这无比壮观的龙舟竞渡场面，异常兴奋。辟疆还以《偕宛君观龙舟竞渡》为题，当即口吟七绝一首："汨罗江上水如烟，金山寺下奏管弦。龙子竞相踏风潮，波峰浪谷祭屈原。"

　　据说两人正在说笑之间，江边的观众突然铺天盖地地向他们所立之处拥来。董小宛顿感莫名其妙。冒辟疆朝她身上一指，她才似有所悟。原来小宛这天穿着件新制的褪红西洋纱衫，薄如蝉翼，衬着她那冰肌雪肤，宛如白玉。江风吹来，似如飘仙。辟疆依傍玉人，轻摇折扇，态度闲适，英姿俊发。山下人还以为是"仙子乘凤离玉阙，江妃踏波上金山"呢。

看罢龙舟竞渡，两人又游过金山寺，逛过中泠泉，回到大船上已是傍晚时分。晚间饭罢，冒辟疆来到董小宛房舱，又是一脸忧郁烦闷之色。因为船离镇江，将直放南京。辟疆想秋闱之事，不禁左右为难。若小宛随船去南京，起居不便不说，安全更成问题；若返回苏州，又是燕巢于幕，放不下心来。董小宛见他忧心忡忡，唉声叹气，心中也是痛苦万分，若回苏州是重投虎口，若去南京，又怕给公子带来麻烦，影响前程。但转念一想，两人大局已定，就是牺牲自己，也要保护他的一切。便慨然说道："公子放心，明天我就和单妈一起返回苏州。公子切不可游移不定。大丈夫在世就应当奋翼青云，即使不能拔山超海、经天纬地，也应当人过留名，雁过留声。妾岂能为区区儿女私情耽误了公子的前程？"说到这里，不禁热泪滚滚。冒辟疆见小宛如此情深意切，更是于心不忍，但也无可奈何，只好答应秋闱之后，一定想方设法，赶往苏州迎接董小宛。

历尽磨难，终成眷属

　　董小宛自从别了冒辟疆，离开了镇江，转回苏州。一路上，不但离愁别绪、意执情牵，而且一想到窦赫那恶霸就毛骨悚然，胆战心惊。小宛回到苏州，只是闭门不出。哪知不到半个月，传出她回阊门的消息，那些债主便陆续登门讨还债款。起初董父婉言相商，答应中秋后定偿还本息，那些人倒也原谅，不再追逼。后来传到姓窦的耳朵里，免不了一阵着忙。因为他要的是人而不是钱。担心中秋后，冒公子一来，将鸡飞蛋打。于是派了心腹家奴，串通了一帮债主，天天闹上门来，骂骂咧咧，任你怎样打招呼说好话，就是吵闹不休。小宛挨骂受辱，气得死去活来，自恨红颜薄命，几次想一死了结，幸亏惜惜和单妈温言相劝，才没闹出事来。当窦赫见威胁利诱均未奏效，就暗中策划将小宛抢掠到府中。小宛得到消息，铤而走险，和单妈星夜乘船前往南京投奔冒辟疆。谁知到了江阴，又遇上了贼船，幸亏董小宛临危不惧，处变不惊，方才化险为夷。眼看到了南京，哪晓得在燕子矶忽然狂风大作，波浪滔天，小宛失脚跌到江里。幸好旁人相助，才没有葬身鱼腹。

崇祯十六年（公元1643年）八月十二日，董小宛虎口进，狼穴出，历尽艰难险阻，终于船抵三山门。她唯恐走漏风声，遭朱铳锐暗算，暗中来到市隐园钱牧斋府上，告知柳如是，在钱府中住下，等待冒辟疆出闱的消息。

钱牧斋因冒辟疆是东林后起之秀，平时很器重；对董小宛多才多艺，胆识过人，也极为佩服；加之爱妾柳如是和小宛又是要好姐妹，因此，对董小宛是盛情款待。一面为她在桃叶渡找下一所寓馆，暂时居住。一面暗中向冒辟疆传递消息，以便到时前来相会。

这桃叶渡位于秦淮河口，风景幽雅，相传是当年王献之迎其妾桃叶并作《桃叶歌》的地方，并因此扬名。歌词是这样的："桃叶映红花，无风自婀娜。春风映菏眠，感郎来召我。"钱牧斋、柳如是选择此地让小宛下榻，并安排冒辟疆与她相会，可见是意味深长的。

且不说冒辟疆见到了董小宛是如何又惊又喜，董小宛叙述旅途风险是如何悲喜交加。复社一班朋友和秦淮要好姐妹，听到董小宛冒着九死一生的危险，前来和冒辟疆相会，了却终身大事的消息，也纷纷赶到桃叶寓馆庆贺道喜。大家商定趁第二天中秋佳节，借座桃叶渡河亭，宴请小宛、辟疆两人，庆贺他们的团圆。

八月十五日晚上，长空湛碧，星光灿烂。

桃叶渡河亭在侯朝宗、方密之等人的布置下，张灯结彩，花团锦簇，水月交辉，如同白昼。五开间的河亭，南边两间绣帘临风，彩幕高悬，作了戏台。北面两间，一字儿摆开了四桌席面，摆上了月饼、水果、蜜饯和冷盘。女客们由董小宛陪同，一个个珠围翠绕，鬓影钗光。男客们由冒辟疆相伴，一个个折扇轻摇，谈笑风生。冒辟疆、董

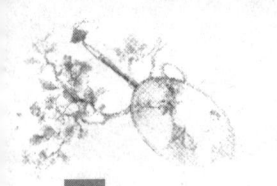

小宛连连出席斟酒谢筵，大家也纷纷起身举杯回敬。一时间，杯觥交错，纵酒抒怀，吟诗作赋，谈花赏月，河亭上下喜气洋洋。

四鼓声响，秦淮河上，舟船尽散，桃叶渡口，丝管屏息。柳如是见夜已更深，时间不早，就向大家提议："今宵是中秋佳节，又是冒公子和小宛妹团圆大喜之日，现在由小宛为大家演唱一曲，以尽余兴如何？"众人纷纷击案叫好。小宛这天晚上是两颊绯红，容光焕发，听到提议也不推辞，轻舒玉喉，翩翩起舞，唱起晏小山的名词《鹧鸪天》来："彩袖殷勤捧玉钟，今宵拼却醉颜红，舞低杨柳楼心月，歌尽桃花扇衣风。从别后，忆相逢，几回魂梦与君同。今宵剩把银釭照，犹恐相逢是梦中。"悠扬婉转、情回意绵的歌声，在月水交融的秦淮河面渐渐地、渐渐地荡了开去……

第二天中午，冒辟疆、董小宛与柳如是约好，前往媚香楼李香处小酌，商议办理小宛从良手续，偿还苏州所欠债务及如何往如皋去的问题。酒过饭罢，正在品茗谈议，突然先后接到二封急信。一封是冒老大人手谕，信中说道皇上恩准休致，叫冒辟疆即日赶到芜湖迎接。一封是苏州带来的家书，讲到董小宛走后，天天有人上门闹事。窦家声称董小宛如果不回来偿还债务，将一把火把董家烧个精光。直把小宛、辟疆两个急得六神无主、心如火焚。

正在此时，冒辟疆的一个换帖兄弟刘师峻奉旨任湖州太守，赴任路过南京。见冒辟疆、董小宛二人闷闷不乐、心事重重，于是问他们到底为了何事。冒辟疆便把接到来信，愁虑无策、进退维谷的情状讲了一番。刘师峻秉性爽有，为人慷慨，当下定言，先与小宛前往苏州，请苏州知府出面，出张告示，宣布偿还债务办法，以安定人心。待冒辟疆接回父亲，筹措好钱款，再去苏州迎接董小宛。

复社友人、秦淮姐妹见董小宛要回苏州偿还债务，纷纷赠与首饰、银两、尽力相助。小宛先是愁眉不展，哭哭啼啼，后见有刘太守同行，苏州知府出面，又带着还债的银子，胆子也壮了。于是泣别了冒公子和众姐妹，与刘太守往苏州去了。

刘师峻来到苏州，安顿好董小宛后，会见苏州知府，讲明来意。

知府见状慨然应诺，尽力协助。随即出了告示，宣布偿还债务的办法。债主们见由官府出面作保，也就安静下来。不料却打草惊蛇，引得窦赫那恶霸狗急跳墙，竟在一个月黑风高的日子，将董小宛劫掠而去，隐藏起来。

刘太守见小宛突然失踪，本人又急于赴任，未免有些焦急。他一面会见苏州知府，传集捕快，抓紧查访，限期破案；一面派人火速赶往南京给钱牧斋大人送信，请他速想处理办法。

秦淮姐妹和复社诸人，闻得董小宛被劫的信息，一齐赶到钱府，恳请钱大人鼎力相助，亲自出马，前往苏州。钱牧斋被柳如是缠住不放，又被方密之等一再恳求，只好答应下来。

钱牧斋和柳如是风尘仆仆赶到苏州，会见苏州知府。知府见是尚书大人微服来访，不免惊恐万状。待问到办理董小宛还债之事和查访董小宛下落及缉拿凶徒案犯事宜，他不禁唯唯诺诺。由于钱牧斋的出面和当地驻军的插手，不出三日，破了此案，并还清了所欠债务，惩办了为非作歹之徒。随后，又在钱大人的催促下，迅速办理了董小宛脱籍从良的手续。

董小宛平时爱好文物收藏，精于古玩鉴赏。她见钱牧斋、柳如是二人即将离开苏州，返回南京，就从所藏的古玩字画中挑了一幅王叔明的《秋林寄兴图》送给钱大人，聊表寸心。钱牧斋、柳如是临别虎丘饯行之日，冒辟疆在苏州的远近之交，苏州官府驻军大员，无不齐至，参与是举。柳如是、董小宛两人更是愁肠欲断，挥泪而别。

小宛从苏州动身前往如皋之前，写了一封书信让其父带到冒府，交给苏元芳夫人。这封信委婉适度，感激了苏夫人大度贤惠之情，叙述了在钱尚书伉俪救助下摆脱樊桎之事，暗透了为夫人妆台侍婢之言。苏元芳见书中辞意恳切，字迹娟秀，心下甚喜。便向婆婆马老恭人呈上书信，讲明此事。老夫人见媳妇毫无妒意，且早就听说此女虽身落风尘、然洁身自好之事，加上与爱子又有花前月下之盟，于是叫她先安排人打扫水绘园，布置湘中阁，留为董小宛来时住所，待老大人与冒辟疆从芜湖归来再作计议。

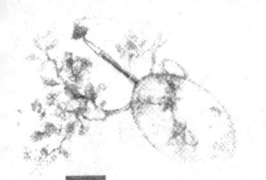

这水绘园乃当地名园。内有一默斋、枕烟亭、寒碧堂、湘中阁、碧落庐等亭台楼阁十余处。园内回廊曲折、楼台串通；山石奇异、水榭清新；林峦葩卉、竹影婆娑；境界幽静，相互辉映，是居家游乐之佳地。董小宛抵达如皋后，当下即由苏元芳派轿接至水绘园中住下。而冒辟疆在陪同父亲由芜湖返家的途中，就将自己与董小宛结识相爱定约的事讲明。冒嵩少听得此女品性、才情、容貌皆佳，就答应让辟疆纳为侧室。归家以后，马老恭人与丈夫谈起此事，也一拍而合，当场还言定选好吉日，正式将小宛迎进冒府。

十二月二十八日这一天，冒府张灯结彩，到处灯烛辉煌，喜气洋洋。黄昏时分，迎亲花轿将身穿吉服的董小宛抬出水绘园，按如皋地方习俗，经太平桥、穿朱衣巷、过百发巷、绕状元巷，从青云巷一直抬进集贤里冒府家中。一路上马蹄得得，鼓乐喧喧，好不热闹。

等到酒宴席散，贺客辞归，已是天交二鼓以后了。冒辟疆回到洞房，望着烛光下梳妆台前娇艳如花的董小宛，笑着低低地吟道："昨日今宵大不同，新人胜似旧时容。翡翠衾中双飞燕，鸳鸯枕上两心同。"小宛见状，也笑着启动朱唇吟道："媚香楼上喜知名，梦绕肠回欲识君。花前醉晤结连理，劫后余生了夙姻。"吟罢，两人相视莞尔一笑……

过了新年，正是崇祯十七年（公元1644年）。元宵过后，冒辟疆便住到水绘园一默斋，研读诗文。小宛每天早上到府里，帮助苏元芳料理一些家务。下午就到水绘园陪伴公子，抚桐瑟、品香茗、作字画、论诗文。她对公婆上奉萍蘩之敬，对冒辟疆也如琴瑟之和，与苏夫人相处亦极为友善。没有几个月的工夫，冒府上下内外大小没有一个不称赞她的。

这一年的三月，李自成大军攻进北京，崇祯皇帝吊死煤山。凤阳总督马士英率兵拥立福王朱由崧，进入南京。五月，福王即位以告天下，遂改元明年为弘光元年。福王即位以后，阮大铖勾结马士英，献计援引私人，排斥异己。他们以督师为名，将东阁大学士兼兵部尚书史可法矫旨支使到扬州。朝政从此逐渐皆归马阮一党手中。马士英、

第四章

出水芙蓉董小宛

阮大铖操握国柄后，对外大兴党狱，捕杀东林党人。对内向弘光献媚，进美女，献声伎，使弘光整日沉溺于声色犬马之中。清兵趁虚长驱直入，一路上破城拔关，如风扫残云之势。

崇祯十八年（公元1645年）五月，扬州、南京相继被清兵攻下。"铜山西崩，洛铜东应。"如皋城人心惶惶，顿时逃得十室九空。冒辟疆见状，不禁大惊失色，忙与董小宛商议。小宛道："覆巢之下，安有完卵？我看，三十六计走为上计。如今只有避开锋芒，暂时躲避为好。"冒辟疆于是与父亲商定，收拾箱笼细软、珍玩字画，携带仆妇，举家投奔盐官陈则梁而去。

此时兵荒马乱，沿途盗贼蜂起，劫财掠物，杀人如麻。冒辟疆一家路上屡遭盗贼、败兵侵扰，幸亏董小宛早做准备，处变不惊，抵达盐官城时，尽管财物丢尽，一家老小总算平安无事。不料逃到盐官之时，才知陈则梁一家几天前就搬走，外出避乱去了。冒辟疆一家老的老小的小，身在异乡，人地生疏，举目无亲。不料，冒辟疆又因途中落水，受了惊吓，此时竟发起寒热来了。马老恭人爱子心切，当时就在盐官城内找了房子住下来。

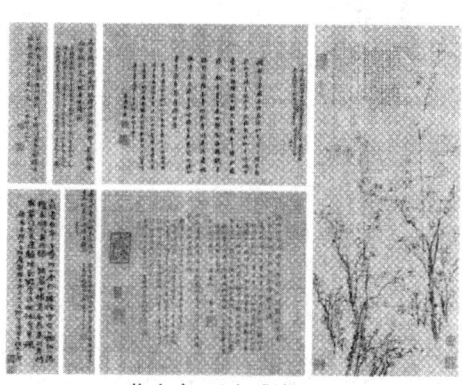

董小宛 孤山感逝图

这时盛传清兵已打到绍兴，离盐官不远，盐官城里顿时一片惊慌。城中大明官兵争权夺利，趁机抢劫，自相残杀。冒辟疆一家趁清兵入城之前，连夜逃避马鞍山下。一家老小餐风饮露，度过了饥寒交迫、胆战心惊的三个月。待盐官城内安定下来，冒辟疆一家返回城内寓所时，个个面黄肌瘦，形如病夫。

隔不上三两天，冒辟疆就病倒了。恶寒发热，上吐下泻。董小宛将在盐官城危急时，藏在她和苏元芳小衣里的首饰取出，掉换以后，延医买药，换柴调米，以度时日。冒辟疆由于缺药滋补，神脱形离，

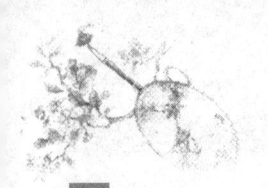

骨瘦如柴，病势一天一天沉重起来。急得苏元芳和董小宛手足无措。从隔年冬天到第二年春天，一百多天里，苏元芳带着两个孩子，照顾两老。董小宛守护在冒辟疆身边，衣不解带，目不交睫，日夜精心服侍。冒辟疆患病日久，精神失常，暴躁如雷，反复无常。董小宛从无怨色怨言，总是百依百顺含泪服侍，并且不断为冒辟疆寻方弄药、延医治病。在小宛精心服侍之下，冒辟疆的病竟一天天好了起来。董小宛此时却面如黄蜡，体似枯柴，双目赤红，十指焦干，婆婆和元芳几次要将她替换下来，她都不肯，说："我能够竭尽全力把公子服侍好了，那就是全家之福。公子能够把病治好了，我纵然得病死了，也是虽死犹生。"

风流奇女，青春早逝

转眼已到顺治三年（公元1646年）初夏之时，此时冒辟疆一家，衣饰典当已尽，到了山穷水尽的地步。正在一筹莫展之时，冒府留守家人风尘仆仆赶到盐官，找到他们。向老大人和老夫人请安后，便向大家讲述了如皋城内安定平和的情状。次日，冒辟疆奉老父之命，雇了一只小船，载上全家老小，绕道海陵，悄悄回到如皋，结束了将近十个月的风雨漂泊生涯。

冒辟疆与董小宛回到如皋后，从此谢绝亲友，终日足不出户。此时明朝旧臣吴三桂、洪承畴等俱已降清，东林复社人物钱牧斋、侯朝宗等也相继依附新廷。冒辟疆却息影家园，深居简出，誓不为仕，整天与董小宛宾从宴游。他们在一默斋评诗论画，枕烟亭酌酒赏花，碧落庐品金玩石，湘中阁抚琴弄瑟……就在此时，小宛集古今闺闱轶事，荟成一书，名曰《妆艳》。并写下了一首题为《绿窗偶成》的小诗：

"病眼看花愁已深，幽窗独坐抚瑶琴；黄鹂亦似知人意，柳处时时弄好音。"深深流露出她饱受波折离乱之后，娱乐自慰中的忧时伤感之情。

顺治八年（公元1651年）董小宛这个秦淮一代风流奇女，因劳疲过度病逝，终年二十七岁。冒辟疆为了追悼小宛，写下了记叙董小宛生平，可歌可泣、可感可叹的《影梅庵忆语》一书。将董小宛挚热的感情、坚强的意志、高尚的节操和非凡的才华，描绘得深切动人。就在冒辟疆逝世前一年，他八十二岁高龄时，还念念不忘董小宛，并在条幅上写下了一首七绝：

冰丝新飐藕罗裳，一曲当筵一举觞。
曾唱阳关洒离泪，苏州寂寞当还乡。

第五章

花中魁首陈圆圆

"恸哭六军俱缟素，冲冠一怒为红颜。"这句诗句正是描写陈圆圆与吴三桂的，关于他们二人的故事一直被人们传诵。百善孝为先，吴三桂可以不顾自己的家产，但不能不顾自己的父母。但是，自古英雄又难过美人关，吴三桂偏偏就是这样的一个人，为了美人可以什么都不要。可见，陈圆圆的美貌非同一般。然而，这样一位乱世美女，却不贪图锦衣玉食，而是看破了红尘，皈依佛门，最终还是将自己交给了莲花池……

第五章
花中魁首陈圆圆

雏妓圆圆，出自良家

陈圆圆，名沅，字畹芬，原籍苏州，《圆圆曲》中说"家本姑苏浣花女，圆圆小字娇罗绮"，就是对其大致情况的介绍。

她原本不姓陈，而姓邢，父亲叫邢三，住在苏州奔牛镇四亩田，是个贫苦的农民，以耕种为生。圆圆初生时，有一群雉鸡飞集她家屋上，所以乳名叫"野鸡"。她幼年丧母，邢三就把她送给姨母抚养，姨母的丈夫姓陈，因而野鸡就改姓陈。

陈圆圆的养父是挑货郎担的，俗称陈货郎。陈货郎初时家境尚可，尤好听人唱歌，还不惜倾全部资财请善于唱歌的人到家里居住，有时竟请来数十位，日夜讴歌不止。慢慢地，陈家破产了。

陈姨母是个俗称"养瘦马"的人。所谓养瘦马，就是领养幼女，等长大后卖给人家做妾或歌妓。白居易有诗曰："莫养瘦马驹，莫教小妓女。"由于陈氏家道中落，原本出身于良家的圆圆姑娘早早被送进了烟花场。

初操卖笑行当，甚为乖巧的小圆圆就被看作天生尤物，惹人怜爱。据说金衢道贡二山的儿子若甫一次去金华途中见到圆圆，当即倾其所有，拿出三百两赎金将她赎出。不料带回家后，内人不许。贡二山说："这是贵人，命不该留我们家。"于是又把圆圆送回去，并不索回赎金。

在明末江南，做不了出色的女演员也就成不了名妓，所以勾栏中人对串戏之类是很看重的。作为无名的"雏妓"，孤苦幼小的陈圆圆为了学唱弋腔俗调，经常向民间老艺人请教，教曲技师也十分怜惜，精心点拨她。

陈圆圆从小读书识字、唱歌学戏，后来能写得一手好词。《畹芬

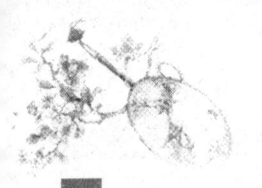

集》、《舞余词》，大多词意凄切。

据《妇人集》形容，陈沅生来"蕙心纨质，淡秀天然"，而且"色艺擅一时"，天生一副好嗓子，兼工声律。

她填过不少"长短句"，如有一首《转运曲·送人南还》写道：

堤柳堤柳，不系东行马首，空余千缕秋霜，凝泪思君断肠，肠断肠断，又听催归声唤。

写得别恨郁郁，黯然销魂，颇有唐代词人韦应物的遗韵。

年少的圆圆虽周旋于勾栏，毕竟未全失天真，也写过一些生动俏皮的词，如一首《丑奴儿令》中就有"声声羌笛吹杨柳，月映官衙，懒赋梅花，帘里人儿学唤茶"的句子。

陈圆圆俏丽绝伦，能歌善舞，陆次云在《圆圆传》中称之为"声甲天下之声，色甲天下之色"。她十八岁，在苏州登台演出，自称为"玉峰女优陈圆圆"。她演的是花旦，曾经扮饰过《长生殿》的杨贵妃、《霸王别姬》的虞姬和《西厢记》的崔莺莺，演得"体态轻靡，说白便巧"。一下子，她成了走红的红歌妓，声名大噪，四海闻扬。

当时，陈圆圆也很想借广泛交际的机会，结识一些名士，出籍从良。

崇祯十四年，即公元1641年春，冒辟疆与陈圆圆初逢。

少年倜傥的冒辟疆第一次见到陈圆圆就为其所迷。那次正值她演出弋腔《红梅》。在冒君眼里，陈姬丽容中显示的真可谓"着粉则太白，施朱则太赤，眉若翠羽，肌如白雪，腰如束素，齿若含贝，嫣然一笑，惑阳城，迷下蔡……"在他听来，陈姬口中唱出的燕俗之剧，咿呀嘲哳之调，无疑似云出岫，如珠走盘，令人欲仙欲死。

到了及笄之年，陈圆圆便把自己完全托付给了冒辟疆。她对冒说："我是风尘女子，残花败絮，今蒙公子错爱，愿终生以报。"她一直痴心地等待着心上人来娶。

1642年，正当冒辟疆准备从外地赶回苏州与陈结秦晋之好的时候，祸从天降了。

冒辟疆到达苏州，陈圆圆已被一条老色狼田弘遇叼走。

第五章 花中魁首陈圆圆

田弘遇，名戚畹，陕西人，做过扬州把总的官，娶扬州娼家妇为妻，故亦称广陵（扬州古称）人。女儿被崇祯选封为贵妃后，田弘遇官封左都督，在皇亲国戚中飞扬跋扈，不可一世。

为掠取陈圆圆，田弘遇倒也费了一番周折。

明代末叶苏州是当时中国经济最发达的地区之一。这里的市民阶层，已经开始形成一股新的社会力量，他们屡屡蔑视封建王法。田弘遇1641年（崇祯十四年）去南海普陀山进香时就要买陈圆圆，可是买到的竟是一个冒名顶替的女人。这里还有一段传说：

这年八月，冒辟疆从衡阳省父回来，到了西湖，便询问陈姬。有人说，圆圆已为田弘遇家掠去，冒闻之惨然，差点昏了过去。等他到了苏州，偶然晤见一位朋友，谈到陈姬时他悲切叹息："有佳人难再得呀！"朋友告诉他："你弄错了。前次被劫去的是个假的，她本人藏匿的地方距此甚近。我同你去看她！"冒辟疆喜出望外，连忙同朋友赶去，果然见到了圆圆。

次年二月，田弘遇在普陀进完香，归途再经苏州，下狠心再次以势逼娶陈圆圆。没料到又遭到市民反对。一时未得逞的田弘遇哪甘示弱，拿大话吓唬人，又不惜出数千金加以贿赂，软硬兼施。地方当局怕事态再闹大了不可收拾，乃出面调停，田弘遇才算勉强把陈圆圆夺走。

苦矣，佳人爱的是才子，而不是田弘遇这个六十四岁的糟老头。此际此时的陈圆圆是多么想念冒辟疆而不愿去北京啊！但在"横塘双桨去如飞，何处豪家强载归"的境况下，陈圆圆只得自叹薄命，以泪沾衣而已。

田弘遇这次是由于女儿田妃之请，专程到江南选美。因为明朝的末代皇帝朱由检登上皇帝宝座以后，国势正走下坡路，不仅内政腐败，东北边患日紧，中原各地虫灾旱灾频繁，闹得赤地千里，人竟吃人！阶级矛盾日益尖锐，农民起义的烈火，已燃遍大江南北、黄河上下，并且向京畿烧来。尽管这个"君非甚暗"的崇祯皇上也在不断地撤乐、减膳和下"罪己诏"，但始终挽救不了太祖以来的十七朝皇业，更稳定不了大明千万里江山。他不仅心忧如焚，而且情绪愈来愈坏，脾气暴躁到了极点。田妃为了解除崇祯的苦闷，转移一下他的视线，便托请父亲去江南寻丽人。

此次为田弘遇所掳掠的妇女，名妓有杨宛、陈圆圆和顾寿等，以陈圆圆和顾寿当时声价最高。

为了讨主子欢心，田弘遇将圆圆送进皇宫，准备给皇帝聊以解忧。晋见时，圆圆着红霞仙子裳，蛾眉淡扫，但身处"薰天意气连宫掖"关头的崇祯哪有心思瞥睹倾城好颜色的江南姝丽。他连看都没看一眼，只淡然地说："国家弄到这个地步，我哪有这种闲情逸致？"便挥手下令将其送走。陈圆圆也只有抱着明眸皓齿无人惜的万分委屈心情回到了田家。

田家本来是骄奢淫逸的权贵府第。过去，陈圆圆是个很不错的弋腔演员。弋腔即弋阳腔，源起于江西弋阳。在明朝末叶虽然已从南方流行到了北方，但在士大夫阶层眼中仍属文词俚俗、不登大雅的俗唱；在上层社会的宴集中，如果以弋腔来娱乐宾客，是被认为大不敬的。当时弋腔的基本听众是广大市民阶层，而士大夫阶层所欣赏的雅音，乃是文词典雅，声调宛转的昆腔。陈圆圆所擅的那种俚俗之调自然不能登皇亲国戚的大雅之堂。这就需要改学新腔，拿出昆曲的戏，方能适应田府上那班贵族官僚的需要。

陈圆圆

在这"侯门歌舞出如花"的环境里，通过田府乐工的传授，也靠着自己的聪慧，陈圆圆学成了人间几乎绝响的《高山流水》古乐曲。加之她一向舞姿婆娑，因此深受田国丈的赏识，将她比为"金谷园里的绿珠"，使之常在饮宴中表演，正所谓"教就新声倾坐客"了。

陈圆圆被编入田府家庭乐队。但她是一个爱好自由，不慕虚荣的姑娘，虽然穿的是绫罗绸缎，住的是楼台殿阁，内心却是郁郁不乐。歌舞之余，就吟诗填词，她的题为《有所思》的"荷叶杯"云：

"自笑愁多欢少，痴了！底事情传杯，酒一巡时肠九回，推不开，推不开！"

这是颇有个性的作品，与通常的"闺词"大不一样。有时，便唱唱《高山流水》曲，嗓音清脆，柔和婉约，以怀念她少年时期的知音。

1643年（崇祯十六年）秋天，农民大起义如火如荼，攻下了洛阳，京师为之震动。

崇祯皇帝在万不得已的情况下，把驻守在山海关的宁远总兵吴三桂叫到京城来，"召对平台"，以国家重任相托。吴三桂当即慷慨受命，以忠贞自许。

吴三桂字顾甫，号月秋，锦州抱沙岭人。父亲吴襄，以养马见长，官至参将，又是宁远卫世将祖家的女婿。吴三桂从小相貌奇伟，勇略过人，娴于骑射，好田猎，很受舅父祖大寿的器重。在祖家的影响和培养下，吴很快成了出色的武将，担任宁远卫中军。有一次，吴襄出关侦查，被清兵包围，三桂单骑救出父亲。自此山海关内外，颇闻其名，监军太监高起潜还把他收为养子。总之，召对平台，确实事出有因。

农民起义军在1643年十月攻破潼关，转瞬之际全陕披靡，以摧枯拉朽之势，很快打到北京附近。

京中豪门权贵和富家巨室万分惶恐，害怕起义军一旦攻下北京，将无法自保。田弘遇焦头烂额，陈圆圆乘机献计说：

"你最好结交一些有实力的武将，也好有个依靠。"田左思右想，最后想到了此时正在京师的吴三桂。大学士魏藻德应请前来商议对策，也力主抓住实力在握的吴三桂，并建议通过请吴总兵来田府观乐与他拉上关系。田弘遇遂下柬请吴。

吴三桂早就想到田家观看歌舞，借此一睹陈圆圆风采，听到田家

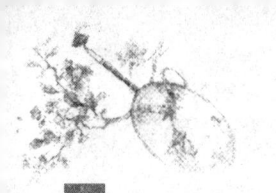

来请，正中下怀，可说是求之不得，但他又故作姿态地推辞一番，等田国丈四请四迎，这才戎装临宴。

一个初春的夜晚，天空星光闪耀，田府雕梁画栋的"碧云轩"灯火辉煌，田弘遇备办了丰盛的晚宴，迎来了"白皙通侯最少年"的吴三桂。酒过三巡，总兵大人故意站起来告辞，田国丈一把将他挽留住，并邀入幽静的邃室，以歌儿舞女、管弦丝竹相见。

此时，吴三桂直截了当地问："听说玉峰歌妓陈圆圆曾入贵邸。这批歌姬中是否有她呢？"话语未落，忽然一个天姿国色的歌女手抱琵琶，姗姗走出。

她豆蔻年华，飘然若仙，云鬟堆丛，宛如轻烟密雾，飞金巧贴，凤钗半卸，耳坠如虹，上着白藕丝对衿仙裳，下穿紫绡翠纹裙，脚下露出红鸳凤嘴双钩。她立在那班"殊秀舞女"之前，拨动琴弦，弹了一曲抒发自己幽怨之情的《昭君怨》。接着即席唱了一曲《飘零怨》：

"侑酒承欢，豪筵彻夜；歌扇舞衣，消磨无价；似这般飞逝了少女年华，咨嗟！谁怜我禁闺巷永，横塘路赊，莺传呼：少年客乍到豪家，未必竟终身有托，祸福凭他。算来身世总飘零，思忖也心魂惊怕。罢！罢！罢！只恐宿缘注定，无错无差。"

这唱曲女子正是吴三桂早就想一睹芳容的陈圆圆。

刚出樊笼，又入虎穴

听罢圆圆的唱曲，吴三桂不觉心荡神移。他解戎装，易轻裘，请求与这个歌女相见，并对田弘遇说："国丈！这陈圆圆真称得上一笑倾城，再笑倾国了。"田弘遇不知如何回答是好，魏藻德从旁悄悄地对田说："事到如今，乐得做个顺水人情。何况再好的东西，一旦到那玉石皆焚之时，也不可能坚闭存留的呀！我们正愁急中无计，姑且作条美人计罢！"田弘遇只好叫陈圆圆敬酒。

陈圆圆移步至吴三桂座前，吴总兵乘机低声问道："你在这里想来一定很快乐吧?"圆圆也小声回答："像红拂那样的歌妓，尚且不喜欢隋朝的越国公杨素而出逃到李靖那儿去，何况像我这样守着一个不及杨素的人，您想我会喜欢吗？从内心讲是绿珠哪能藏金谷，红拂何心事越公啊！"吴三桂频频点头，报以会心的微笑。

正当吴三桂拣取花枝累回顾时，山海关边事告紧。家人呈进邸报，上面只写了九个大字："代州失守，周遇吉阵亡。"尽管总兵大人万分留恋"花明雪艳，独出冠时"的陈圆圆，可迫于军令，不得不怅然离座。

临行，田弘遇惨然失色，叹了口气问吴："我是行将就木的人了，一旦李自成打进北京，将军您看如何是好？"吴三桂乘机说："国丈如肯将圆圆相赠，那么我对您恩赐的报答将重于对国家的报答，保护田府定先于保国。"田说："吾老矣，谢世后当以持赠。"可一看吴的脸色，便再也不敢推托，只好忍痛割爱了。

美人到手，吴三桂立即唤人给田弘遇送上早已备好的千两酬金，命令部将夏国相择上好马匹将陈圆圆接回家中。夏国相对吴三桂说："将军，现在是什么时候！关外建州统治者野心勃勃，正伺机进窥中原，灭我大明。当此风云骤变之际，堂堂山海关总兵却回到京城流连风月，沉醉于醇酒妇人，这不是使人们太失望了吗？我劝将军还是不要收留陈姑娘为好。"但是一向刚愎自用的吴三桂，对这样的肺腑忠言，又哪里听得进呢？

崇祯一连下了几道手谕，催促吴三桂星夜赴任，速回山海关驻守。虽军中不准随带姬妾，吴三桂仍执意携眷同行，最后还是吴襄担心儿子带着陈沅去宁远会贻误军机，力加阻挠，才把陈圆圆留在家中。

吴三桂赴山海关不久，1644 年（崇祯十七年，大顺永昌元年）三月十九日，李自成亲率大顺军攻入北京城，崇祯皇帝吊死在煤山。

农民起义军进入北京后，迅猛的胜利使少数将领开始沉醉在红灯

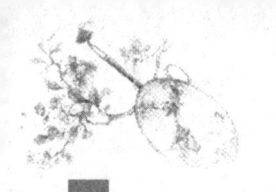

绿酒之中，昏昏然，以为自此天下太平了。牛金星忙于招揽门生，筹备登基大典；刘宗敏则严刑拷打降官，搜罗赃款。

进京当日，身为大顺朝文武百官之首的"帅标权将军""领哨刘爷"刘宗敏，便占住了好侠游、为轻侠、恃宠甚横的田贵妃之父田弘遇淫窟。

老实讲，这位刘将军是曾有"寡人之疾"的，崇祯十四年正月，大顺军拿下洛阳时，刘就对明朝致仕的兵部尚书吕维祺的孀居自守的弟媳楚氏非礼，使楚氏自缢而死。

这次进田府的翌日，"数十女人"随着一个美而艳的国公家媳妇在大白天前呼后拥到了刘宗敏宅第。刘宗敏日常是拥妓欢笑、饮酒为乐。

前文提到为田弘遇所得的杨宛、顾寿也遭刘宗敏追索。杨宛被刘带去；顾寿乘混乱与几名男优私下约好偷偷逃走了。

刚进京占据宫殿时，刘宗敏就向内监打听："上苑三千，为什么没有一个是国色天香的？"内监说："有一圆圆者，绝世所希，据说在田弘遇家。"在田家，刘又索要圆圆，后得知被赠给吴三桂了，现留在吴襄府内。

于是，刘宗敏把吴襄抓来，拷打得很残酷。吴襄诈说圆圆早已到宁远去，因气候不适，死在宁远了。但刘不信，逼得更紧，最后竟杀死七位优人，采取遍索绿珠围内第的办法，抄了吴襄的家，果然找到了圆圆，便强呼绛树出雕栏了。

刘宗敏强索陈圆圆后，李自成听说她善歌舞，便请她表演。陈圆圆倒是加意用心地唱了一曲，可李却大呼不好。原来李是陕西米脂人，听不懂吴侬软语。陈改唱秦腔，李拍案大乐。李又命一群歌姬操阮筝琥珀唱西调，自己也拍掌随和，嘻闹得"繁音激楚，热耳酸心"。李又特意问圆圆："这个乐调好吗？"圆圆答："此曲只应天上有，非南鄙之人所能及。"

确实，大顺军内某些高级将领这时已沉湎在征歌挟妓之中，大顺政权的危机也迫在眉睫了。

冲冠一怒，却为红颜

等到传报吴三桂还兵据山海关，刑牲盟众，扬言兴复明室。李自成才感到刘宗敏是捅了乱子。于是一面责怪刘鲁莽，告诉他不可再对吴襄、陈沅造次；一面命牛金星代笔写了《吴襄招三桂书》，派唐通携诏书连同李自成敕谕、万两白银、千两黄金、千匹锦缎前往山海关招降，封吴三桂为侯。

牛金星代笔的信写得委实不高明，通篇都是挖苦和训斥。收信，吴三桂虽尚不了解京中情况，更不知陈圆圆为刘宗敏所得，但开始也大为不悦。他想：手握几万兵马，何必俯首听命呢？可一因阖家三十八口捏在人家手中，二为自己今后前途，又不能不考虑。经过一番权衡轻重，他动了投闯之念心，给吴襄回信说："今我父谆谆以孝督责，儿不得不遵父命。"尽管不得已，可已准备归顺李自成了。

正当吴三桂打算顺闯的时候，投靠了清人的祖大寿以看望外甥为借口，混进关来，替多尔衮说项，怂恿外甥投降清朝。

此时适逢吴三桂派往北京的探子回来，吴三桂问道："我家里怎样？"探子回禀说："被闯将刘宗敏抄掠了！"吴听后说："这不关紧要，到我回去，他们会归还我的。"又一个探子回来，吴又问道："我父亲怎样？"回禀说："老太爷被刘宗敏抓走了！"吴又说："这也不关紧要，到我回去，他们也一定会放出的。"

最后第三个探子回来了，吴三桂急切地问道："陈氏夫人怎样？"探子迫不及待地回禀："唉呀，大人呀，大事不好，夫人被刘宗敏强占了！"吴三桂不听则已，一闻此讯，火冒三丈，怒发冲冠，拔剑斫案大骂道："真是岂有此理！一个铁匠竟敢强占总兵夫人，这叫我还能

归顺他们吗？大丈夫不能保全自己的家室，为人所辱，我还有何脸面再见京中父老兄弟。李自成啊李自成，我与你有不共戴天之仇。我意已决，兴兵剿闯！"

骂完，他咬破中指，立即仿效战国时代楚国申包胥哭秦廷的方式，向清统治者借兵。通过祖大寿的疏通，他向多尔衮表示：

"敝遭不幸，李闯犯阙，攻破京师，先帝殉国，九庙成灰；全国臣民，痛心椎血。三桂身受国恩，报仇雪耻，责无旁贷。怎奈京东地方狭小，兵力微弱，只能冒昧向贵国作秦廷之泣，望殿下予以一臂助力。"

多尔衮趁此大事要挟，强迫吴三桂率部投降，拱手让出大明锦绣江山。吴三桂此时也抱定了"且作七日秦廷哭，不负红颜负汗青"的想法开门揖清。

滑入降清抗闯，引狼入室泥坑的吴三桂按照多尔衮的意愿，下令全体官兵一律剃发，手缠白布，接受多尔衮的调遣。

清兵入关后，多尔衮立即封吴三桂为平西王，做前锋向导，誓师出征，与李自成率领的农民起义军相遇于一片石（今河北临榆县北七十里）。

由于仓促应战，大顺军遭到严重挫败，损兵折将，尸横遍野，于四月二十六日败归。

回到北京，李自成下令杀了吴襄、吴襄妻祖氏、子吴三辅及其家人三十四名，枭吴襄首级于城楼示众。而陈圆圆则于乱中置身于一个平民百姓的家里。

四月二十九日，大顺军离开大内西撤。后来李自成自己也带了箭伤，一直退到西安。

吴三桂回到北京老家，不见圆圆，便四出探听，后来部将在一个小村里发现了她。

听说找到陈圆圆，吴三桂的喜出望外不言而喻。他立即下令结五彩楼，备鹥辂从香辇，列旌旗鼓乐，亲自前往迎接。正所谓"蜡炬迎来在战场，啼妆满面残红印。"

虽屡遭坎坷，陈圆圆风鬟雾鬓仍不减往日娇容。一见面，吴三桂问陈沅："圆圆！真没有想到会在此地找到你，这不是在做梦吧！"陈圆圆见到吴三桂已降清廷，更是百感交集，她淡淡地回答说："月秋！你已不是大明的山海关总兵，而是建洲人的平西王了！"

吴三桂打算继续追击李自成。圆圆向他叙述闯王对她礼遇的经过，并说："李自成是英雄人物，军纪严明、秋毫不犯，有些将士不听号令，他也管教得紧。他们之所以扣留我，目的是为了要招你投降，所以你不必再追击了。"吴三桂复得陈圆圆，目的达到，所考虑的倒是如何对陈圆圆安置一番，忙于"峡谷云深起画楼，陕关月落开妆镜"了。于是，吴部留在北京，等候清世祖的到来。

清世祖一入京师，就着手建立全国性的清朝政权；也赐吴三桂白银万两、骏马三匹。吴三桂又为清兵先驱，进攻南明所统治的西南地区，经四川、贵州而入云南，杀明朝末代皇帝永历于五华山侧的金蝉寺。他奉命镇守云南，手握重兵，强大无比，形成地方割据的局面。清廷为了笼络吴三桂，封他的妻子张氏为福晋，令其子吴应熊到京师供职，并妻以太宗第十四女和硕公主。

那吴三桂一进昆明，便占据五华山大修宫殿，并将翠湖圈入禁苑之中。他占了永历故宫，该宫俗称"金殿"，素有"无双玉宇无双地，一半青山一半云"的美誉。但他认为此宫狭小，便填菜海子之半，更作新府。

据《续云南备征志》记载：新府"花木扶疏，回廊垒石"。当时的平西王府，可以说是千门万户，土木花石之盛，可以和帝居媲美。

吴三桂还在大观楼附近海中造亭，取名"近华浦"；又在北郊修建别墅和花园，称作"安阜园"，也叫"野园"，楼阁耸峙，花木葱茏。并且将这些地方连在一起，可从野园乘辇进入新府，又从新府改乘船经篆塘通往近华浦，直入滇池游览。

这安阜园是特为陈圆圆修建的，不仅穷土木之工，凡民间名花怪石，无不强行劫掠，置之园中；珍禽异兽，大队优伶，除搜尽云南，还派人购于江淮闽粤。

安阜园中心挖有观赏水池，波平如镜，清澈见底。池旁有珠帘绣幕的画楼，相传就是陈圆圆梳妆台。

此时的吴三桂，像夫差得了西施一样，拥着陈圆圆"移宫换羽"、"珠歌翠舞"，为其设专房之宠，过着花天酒地的生活，终日迷于"天边春色来天地"、"越女如花看不足"的日子。

吴三桂每每让圆圆唱歌，圆圆总得唱汉朝流传下来的大风之歌。用"大风之章以媚之"。逢这种时候，吴便饮酒至酣，并拔剑应歌起舞，做"发扬蹈厉之容"，让圆圆捧酒为自己祝寿，自以为神武不可一世。因此，吴对圆圆另眼相看，益发倍加怜爱。

为了安慰陈圆圆，以宽其思乡思亲之情，吴三桂还派人到陈的家乡招徕她的亲属。

除此之外，吴三桂还使人以千金欲招较有才华的圆圆之叔陈玉汝到云南。谁知陈玉汝执意不肯"攀龙附凤"，他笑着说："我是明朝的孝顺臣民，岂能成为清朝人宠姬的叔父呢？"

在滇中，陈圆圆被称作陈娘娘，前呼后拥，随心所欲，但她总难忘旧情。每当苏州的达官到来，她便在便殿召见，对平日交好者一一问及，对冒辟疆也甚为关心。听说旧友无恙，她高兴得露出笑容。

看破红尘，了却孽债

吴三桂在滇中内宠颇多。原属礼部侍郎李明睿后为给事高安所得又奉送给吴三桂的歌妓"八面观音"和"四面观音"，在当日王府的声色中也名列前茅，甚至与陈圆圆争宠，尤其是八面观音常与陈圆圆"并擅殊宠"。陈夫人渐渐发现"夫婿背依从意愿"，不得不"婵娟新斗两观音"。同时，吴三桂元配张氏又极嫉妒。

从此陈与吴的感情已非昔比。陈圆圆开始"梦醒繁华镜里花",看破了红尘。尽管吴三桂这时要给圆圆封正妃之位,也被拒绝了。

1673年(康熙十二年),时逢吴三桂六十花甲,平西王在安阜园布置了盛大庆典。

却说吴三桂那日在校场阅罢绿旗兵操练回到藩王府邸,正欲命丫头去请陈圆圆,一同喝杯普洱新茶,听听丝竹细乐,然后去参加庆寿活动。忽听一声高呼"圣旨下,吴三桂接旨",吴慌忙重整衣冠,命令摆下香案接旨。

圣旨的内容是吴三桂万万没预料到的,竟是康熙皇帝对他请求撤藩奏折的准奏批复,让他移镇关东。

送走钦差,吴三桂气急败坏地说:"关东一片荒凉苦寒之地,无异万里充军。我只不过想试探一下朝廷对我的看法,不想皇上竟准了撤藩之请,这叫我如何是好!"夏国相在旁插嘴道:"朝廷既已逼到这

陈圆圆墓

种地步,只望王爷速举义旗,光复大明河山。"在场的部将马宝、胡国柱、吴应麒等亦都呼应。他们非常清楚,康熙撤了吴三桂的藩王爵位,自己的地位也不保,因此众口一声劝吴三桂反了。

吴三桂眼一瞪、脚一跺,为实现一己之私,借助"反清复明"的大旗,点燃了反清的战火。他调兵遣将,自封"天下都招讨兵马大元帅",大干起来。

正当吴三桂在兴头上准备大干一场时,不想却有人出来兜头给他浇了一瓢冷水。这人不是别人,正是陈圆圆。

尽管陈圆圆天生丽质,美貌非常,可在吴三桂眼里不过是自己的玩物,万没有想到她却很有见识。自从吴三桂举起反清之旗以后,她

便终日闷闷不乐。

这一日，吴三桂问她："爱妃为何不乐？"陈圆圆道："妾本姑苏歌妓，如今做了王爷的妃子，侍候大王也已有二三十年，已是荣华富贵到头了。我恐怕长此奢华下去，会遭到老天惩罚的……"吴三桂听到此处吃了一惊，不由问道："你……怎么说出这种话来？"

陈圆圆瞅了他一眼，缓缓地说："请求王爷赐我一间净室，我愿意身披袈裟，吃素静修，终享天年。"

这可急坏了吴三桂："我正想推倒清朝，面南为帝，那时你也贵不可言，怎么你却起了如此想法？"陈圆圆摇摇头，道："从古至今，多少人为了争帝争王。扰得百姓不得安宁。待到当了皇帝，又为保住帝位费尽心思，有何乐趣可言？"

顿了顿，她接着说："我幼年时，自以为容貌美丽，也曾有过非分之想。如今当了王爷次妃，反倒觉得那想法俗不可耐了。我看，王爷为自己着想，不如交出兵权，你我借隐林下，像范蠡和西施那样泛舟五湖，该多快乐！人生在世，不过数十年，何苦再开战端，称王称霸，争城夺地，致使生灵又遭涂炭？"

吴三桂听了，多少觉得圆圆此说也有些道理，口里却说："这是妇人之见。"想到已骑虎难下，只好又硬着头皮说，"大丈夫不能流芳百世，也要遗臭万年。"陈圆圆听吴三桂说出这等话来，心知事情已无挽回余地，不免叹息一声，垂下泪来。

第二天早晨，她又向吴三桂重申要求，执意要去净室。吴再三挽留，她无比伤感地说："为时太晚了，流光易逝，这些年来我经历了多少苦难和折磨，我已有所顿悟，一切都看透了：你已不是当年的吴总兵，我也不是年轻时的陈沅姬了。我再也不想回去，北国的风光已不再使我留恋，我将留在这清冷的莲花池畔，守着青灯黄卷，了此残生……"

话还未了，夏国相进来报告："王爷，将领士卒都已集合在校场恭听您的训示。"

夕阳西下，时近黄昏，在凄冷尖利的号角声中，吴三桂无暇细想，只得默许陈的要求，拖着迟缓的步伐，向校场走去。陈圆圆也怀着不可名状的心情立即移居宏觉寺，跟从王林禅师，正式做了尼姑，改名"寂静"，号"玉庵"，诵经念佛，日夜不辍，再也不去理会吴三桂。

陈圆圆毅然离去，虽给吴三桂带来不快，却并未能使他悬崖勒马。

吴三桂率兵离开昆明后，陈圆圆估计他这次举事必定失败。为了免受株连，迁居于昆明近郊瓦仓庄的三圣庵，与市区相距有半里多路。

这里很是宽敞，而且远山近水，幽静异常，是个最佳去处。尤其让人称心可意的是这里有一现成的废弃园林，只需稍加修葺便好用来静修。于是她立即命奴仆整修，便住了下来。

该庵原为明代沐国公的属人所建，本名土主寺，万历年间改称为庵。陈圆圆在庵内与一名为智莹的尼姑和两个徒弟一起，茹素吃斋，不问世事，与吴家断绝了一切往来。

为了对付吴三桂，康熙皇帝亲自坐镇北京平叛。后来干脆将在京的吴三桂的儿子吴应熊和吴三桂的孙子吴世霖一起处了死刑。

1678年（康熙十七年）三月，吴三桂在衡州祭告天地，自称为帝，改元昭武，称衡州即今天的湖南衡阳市为定天府。八月，就一命呜呼，时年六十七岁。

后来，清兵攻入昆明。那吴三桂王府，果如吴梅村预言的成了香迳尘生、好鸟自啼、廊人杳、苔痕空绿的一片荒野之地。吴三桂妻张氏、吴三桂的孙子吴世璠及吴世璠的妻郭氏自杀，"八面观音"归了绥远将军蔡毓荣，"四面观音"归了征南将军穆占，其余吴家男女老幼尽遭杀害，唯独圆圆没有遇难。

同年秋天，当智莹把吴三桂兵败并病死在湖广道衡州城的消息告诉陈圆圆后，圆圆若有所思地说："三十多年的冤孽债算是了结了。我这一生就是送在他手里，通过这些年来他的所作所为，使我了解到他只不过是一个表面逞强，心地险诈，患得患失，反复无常的小人。在我的心里，吴三桂早就死了！"

又过了几年。在一个木落萧瑟的深秋傍晚，陈圆圆正伴着青灯古佛，手持念珠，虔诚诵经的时刻，忽然传来了一阵紧急的敲门声。

智莹急忙出去一看，原来是蔡毓荣带领兵丁，前来查抄珍宝古玩。智莹立即转身告知陈圆圆。

陈圆圆不愿被军兵认出，更担心会有不测，她打发智莹从后门逃走，然后从容走到窗前，遥望着秋水长天，深情脉脉地自言自语道："澄清澈底的莲花池水啊，我将永远倚傍着你！"

接着，她双手合十，在"祥中祥，吉中吉，波罗会上有殊利，一切冤家离了身，摩诃般若波罗密……"的佛语声中，安详地跳进了池水里。

静静的池水，荡起一圈圈波纹……

第六章

脱俗梅花顾横波

梅花能傲雪，铮铮铁骨可见一斑，顾横波就是这种女子。她不仅貌美得超凡脱俗，而且为人行事皆是超凡脱俗。她在桃叶渡口立眉楼，门庭若市，生意兴隆，被人们赞誉为"迷楼"；她令众生倾倒，有痴情者三位，非死即受窘，最后令她彻悟感情；她再不敢看淡感情，自拔污泥觅知心人；她嫁得如意郎君，夫妇琴瑟和谐；她看透尘世朝代更迭，冷眼观浮沉；她古道热肠，为朋友慷慨解囊。最终，这位侠女却因爱女早殇而暗结心病，病上加病，未能逃脱宿命……

第六章
脱俗梅花顾横波

桃叶渡口，艳帜高张

明万历皇帝即位之初，由于朝中有张居正等名臣辅政，对税法、赋役、治河等一系列国计民生要务进行了改革，使国家政治稳定，社会经济亦有很大发展。但万历帝亲政以后，晏居深宫，寄情声色，大肆搜刮民财用来修建陵寝（即明十三陵中的定陵），甚至多年不登朝理政，致使朝纲废弛，党争酷烈，国事弊窦丛生。

皇帝如此荒淫，"辇下诸公亦泄泄沓沓，间有陶情花柳者。一时教坊妇女，竞尚容色，投时好以博贽财"。于是，花街柳馆生意兴隆，朝廷要员出入其间，拥娼扯妓，京城内外淫风大盛，贪官污吏趁机巧立名目，聚敛财货。

江南地区人文荟萃，历为富庶之乡，金陵的娼妓业久已闻名远近，素有"仙都"之称。秦淮河则成为妓业别称，两岸娼馆林立，水中"河房"成阵，"船娘"斗妍，淫靡之风冠于全国。"眉楼"即是当时最热闹的妓馆之一。

眉楼主人即顾媚，又名眉，字眉生、又字眉庄，号横波，江苏上元人。时人形容她"庄妍靓雅，风度超群，鬓发如云，桃花满面，弓足织小，腰肢轻盈"。其家世以及早年沦落娼门的情况已无可查考，但她虽为妓女又兼鸨母，自己富有产业。这与柳如是、董小宛、陈圆圆和卞玉京等人的情况大不相同，诸妓大多出身寒微，卖身娼门后虽名声鹊噪，却一直未能摆脱艺奴的所谓"庆家女"地位。顾媚成名很早，结交者多为达官显贵和文苑名流，在积得一笔财产后，便在秦淮河畔最热闹的地段桃叶渡口买楼置产，取名"眉楼"。桃叶渡商贾云集，妓家如林，顾媚能跻身此处设业，足见其财力雄厚。

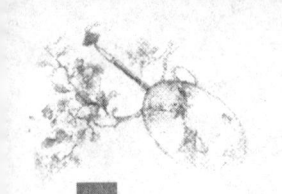

眉楼"绣帘绮窗，牙签玉轴，堆刻几案。瑶琴锦瑟，陈设左右。香烟缭绕，俊马丁当"，其建筑之精巧与陈设之豪华，皆为秦淮一般妓家难与比拟。顾媚颇通文史，善绘丹青，琴棋诗书皆精，又唱得一口好曲，已属妓中翘楚，而眉楼内更有几位烹饪高手，精食美馔令士大夫们都称奇叫绝。因此，眉楼常年门庭若市，"文酒之宴，红妆与青巾紫裘相间，座无眉娘不乐，设筵眉楼无虚日"。文人狎客昵称她"眉娘"，很快便名噪金陵，眉楼、眉娘、美食遂成此处一绝，而随着盛誉而来的便是滚滚财源。当时，常至眉楼坐客的文人余怀（《板桥杂记》的作者）见此盛况，不由感慨道："此非眉楼，乃迷楼也。"其繁盛情形可想而知。

时朝中以魏忠贤为首的阉党擅政，残害东林党人，江南地区的党社纷起，眉楼又成为一班文人高谈阔论的"沙龙"。冒襄与张公亮、吕霖生、陈则梁、刘履丁等人结为同人社，以诗文论政，此外经常出入妓院，邀集一些能诗善文的名妓侑酒陪席，酩酊大醉时或激扬文字，或怒骂奸佞，或缅怀烈士，其政治活动大致如此。由于人数众多的文人词客涌向娼妓业，使色情业的生意骤然兴盛，而识文墨、善丹青、能歌舞的妓女更是身价倍增。于是，一大批专以诗画歌舞招徕客人的娼院应运而生，有些则集梨园、妓业、酒楼和书院为一体，各种社会服务功能日臻齐全。"妓家各分门户，争妍献媚，斗胜夸奇。凌晨则卯饮淫淫，兰汤滟滟，衣香一室。停午乃兰花茉莉，沉水甲煎，馨闻数里。入夜吹笛弹筝，梨园搬演，声彻九霄。"

在众多妓家的激烈竞争中，眉楼的生意总是格外兴隆。眉楼已占天时和地利之优，顾媚的容貌才华又超乎流俗，她还利用此优势吸引了众多当时享有艳誉的名妓，诸如李宛君、卞玉京、沙才和沙嫩姊妹、郑妥娘、顿小文、崔科、马娇和马姊妹、李湘真、范珏等，皆为当地艺苑名流。如顿小文即是著名艺人"琵琶顿"的孙女，身怀家传的演奏琵琶绝技。众名妓借眉楼谋生献艺，顾媚则倚仗群芳广揽客人，眉楼之名日益显扬，虽属私营妓楼，其名声却远压周围的官营妓院，甚至声闻北地。

另外，顾媚广泛的社交活动也是眉楼独秀一枝的重要原因。她的水墨兰花水平很高，称为当时绝诣，其所绘兰蕙独出己意，不落前人窠臼，"萧散落拓，畦径都绝，固当是神情所寄"。崇祯十年冬，她与名妓中的丹青妙手，诸如李香、王丹等人，应扬州名士郑元勋之邀，在南京结为"兰社"，约期集会。兰社成员各施才艺，以画会友，佳作甚多，传为当时画坛盛事。她在画界还有许多旨趣高雅的女友，如范珏（字双玉）"廉静寡所嗜好，一切衣饰歌管，艳靡纷华之物，皆屏弃之。惟阖户焚香。瀹茗相对、药炉经卷而已。性喜画山水，模癯史痴顾宝幢，槎枒老树远山绝，笔墨间有天然气韵，妇人中范华原也"。顾媚识人交友大多类此，这又使眉楼的格调显得更为高雅，文界耆宿趋之若鹜。

三 凤求凰，求之不得

顾媚久居风尘，一般客人呼为眉娘，独冒襄和同人社诸人与之过从甚密，则称其"眉兄"或"女史"。她日常举止雍容，而醉闹时则谑浪，集贵妇人的尊贵和妓女的妖冶于一身，令登眉楼的一些逐臭客神魂颠倒，欲罢不能，调笑戏闹间罄尽囊中钱财。另外，她还颇具海量，"有风人之致，可与角饮"，而且机警善谑，常与文人们以"一豆之法"举行宴饮游戏，令坐客们大醉失态，尽出窘相。

眉楼客人雅俗杂掺，人数众多，顾媚却极少卖身奉客，平时主要唱曲献艺。她最开心之事还是陪伴一班才子文人，诸人时常通宵达旦地聚酒斗诗。眉楼不足以尽兴，则泛舟夜游秦淮河，数只小舟往返河上，红男绿女杂坐其间，划拳饮酒，甚至以猜出沿河某妓家有某名妓为戏，错者罚酒。

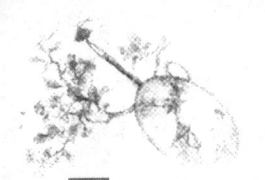

眉楼既是调情卖俏的风流地，争风吃醋之事自然难免，顾媚对此习以为常，却未料到竟然闹出人命大案。她终日周旋于风流士子之间，其娇媚绰约的风姿常使浮浪子弟心痴神迷，不免心存非分之想，许多人提出婚娶要求。脱籍从良虽是娼门女子求之不得的事情，但对家财丰厚的顾媚却属例外。她不仅拥有眉楼丰产，终日花天酒地，且无丈夫管束的烦恼和人老珠黄后的生活之忧，而且正值"艳帜高张"，生意兴旺，自然不愿纡尊降贵去为人做妾。另外，她饱览世态炎凉，眼见许多"从良"后的姊妹反而不如前，甚至再被卖回妓院，这使她更视求婚者为儿戏，根本不屑一顾。因此，她日常酬客时的打情骂俏，乃至应允婚约，完全是妓业中惯见的逢场作戏，眉楼常客皆谙此道。然天下偏有痴情郎，认假为真，悲剧遂在眉楼发生。

明代科举在每年春秋时节举行，称春闱或秋闱。每届试期，江南众多举子便云集南京，许多大户豪门子弟往往不住客栈，终日混迹于妓院酒肆，此时的色情业便远胜平时。一位名叫刘芳的公子久慕眉娘艳名，在场试之暇屡至眉楼厮混，对眉娘的姿容和风韵如痴如醉，并且贸然提出迎娶为妻。顾媚久居风尘，老于此道，不仅信口应允，而且故作多情地与他私订终身。刘芳是位初入柳馆的多情公子，根本不晓内中隐情和妓女的惯伎，竟信以为真，立下海誓山盟。数月之间，他从家乡屡至金陵苦苦相催，顾媚先是巧言推诿，后终被其真情所动，只得据实相告并无嫁意。孰料刘芳闻知受骗，悲愤莫名，竟然殉情而死，酿成眉楼内的第一殉情案。刘芳的亲友草草安排丧事，无可怪罪顾媚，因娼门戏言乃寻常之事，此事遂不了了之。

刘芳之死并未影响眉楼的生意，客人们闻知此事，也不过添了一件茶余酒后的谈笑之资，然此事在顾媚心内却刻下伤痕。在此事之前，她一直视人生如一场及时行乐的游戏。从不认真看待社会上正人君子们鼓吹的道德、名节、贞操等，更不愿对嫖客们做任何承诺，视爱情和忠贞为乌有之事。自刘芳殉情后，血的现实使她开始反省以往，暗自悔愧，重新认识人生。此后，追逐她的各种人物可谓众多，无论真假，她也再未对人轻许诺言。

第六章
脱俗梅花顾横波

当时，昆曲在江南地区盛极一时，几乎达到家弦户唱的地步，"一字不识者，诸如贩夫走卒，亦能拍板高唱一二折"。各家妓院皆以昆剧作为待客的必备节目，较大的妓院往往兼养戏班，妓入门后演习曲目成为必修课目，戏院与妓院已无显著区别。在这样的风气熏染之下，许多人都学习几件吹弹乐器作为谋生之技，往来于各家妓馆吹奏赚钱。于是，一些乐手自搭草台班子，诸乐俱全，逐渐成为专事伴奏的行业，有些乐班已达到相当高的水平。由于他们并非梨园专业，而是混迹于秦楼楚馆，时人谑称之"曲中狎客"。

诸乐手时常出入眉楼，风晨月夕，诗酒弹唱，与顾媚的关系十分密切，其中的张魁又成为刘芳的追步者。张魁是吴郡人，字修我，"少美姿首"，擅长吹箫度曲，对妓中诸类游戏，如猜枚解字、打马投壶，往往胜其曹耦（对手）。他既为眉娘熟友，久之遂暗萌情，但不敢表露，不过是单相思而已。为了取悦眉楼主人，他"每晨朝，即到楼馆，插瓶花，炉香，洗芥片、拂拭琴几，位置衣桁，不令主人知也。以此仆婢皆感之，猫狗亦不厌焉"。时间一长，连眉楼的

秦淮八艳顾横波画像

笼中鹦鹉一见他来，连叫："张魁官来，阿弥陀佛！"岂料节外生枝，他脸上忽生白癜风，大毁容貌，一些旧友幸灾乐祸，在眉楼大门上张榜戏弄，称"革出花面蓓片一名张魁，不许复入！"张魁大为惭恨，遍求奇方救治，终得痊愈，整衣帽复至眉楼，反唇相讥："花面今如何？"顾媚已知此公苦情，淡然处之，未敢嘲弄，深恐再蹈刘芳故辙。张魁自觉无趣，只得作罢。前后两位摘花者非死即受窘，以后无人再越雷池一步。

随着时光流逝，顾媚虽迷恋纸醉金迷的生活，却隐隐感到这种

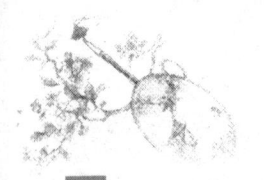

"花非花，雾非雾"的卖笑生活非长久之计，内心也萌生出爱情的渴求。然而，光怪陆离的社会犹如一潭凶险莫测的渊涧，一旦错选情郎无异自投火坑，反不如在眉楼安逸自在，此事便拖了下来。谁料想，一场厄运迫使她做出了最后的选择。

"皎皎者易污"，由于眉楼名声日显，甚至千里之遥的北京也多有人知，引得朝中一位权贵的侄儿寻芳而至。此公恃强成性，骄横已极，眉楼客人称他"伦父"。伦父本是色狼，屡至眉楼相逼，非要将眉娘占为己有。他百计用尽，无奈顾媚坚不肯从，不由恼羞成怒，暗设陷阱。他买通一个孝廉（实则无孝寡廉），携带一些名贵的金犀酒具在眉楼设宴，席间借酒撒疯，与另一坐客互骂，并趁乱将酒具藏匿楼内，反诬顾媚盗匿之罪，讼之官府。伦父此计一石二鸟，既羞辱顾媚以泄拒婚之忿，又以官府之势迫使她俯首就范。

伦父上下活动，贿通关节，地方官畏其势力，明知此案系栽赃害人，也不敢据理明断，使顾媚极为困窘。此时，余怀正在眉楼坐客，见状不平，挺身至官府说明真相。他是朝中尚书范景文倚重的幕僚，也是当时著名的才子，不仅为范尚书代草公文奏牍，写讼状也堪称"刀笔"。其状子写道："某某（指伦父）本非风流佳客，谬称浪子端庄；以文鸳彩凤之区，排封豕长蛇之阵；用诱秦诳楚之计，作摧兰折玉之谋。种凤世之孽冤，煞一时之风景……"亦嘲亦骂，状如檄文，痛斥伦父的专横无耻。伦父自忖势力难敌，忙信告其叔父求援。然其叔父虽拥权朝中，却难与范景文相埒，急函召回伦父，将他臭骂一顿了事。此案既失原告，遂以顾媚无罪结案。她脱此急难后，对余怀感激不尽，在桐城方瞿螯家中设宴为其贺寿，亲自粉墨登场，歌舞演唱。祸事虽息，余悸在心，顾媚清楚地看到纸醉金迷表象后隐藏的险风恶浪，决意脱离娼门，择人而嫁。

顾媚交友甚广，其中不乏名噪一时的风流才子，而久怀爱慕之情者也大有人在，同人社友张公亮和陈则梁即是膺选人物。陈则梁是冒襄的至交，不仅工诗善画，且行为放诞奇傲。他是海盐人，自称散木子，号俞者山翁，人称浣公，写诗谈文宁晦不庸，别人视为"人奇文奇，举体皆奇"的怪物，但顾媚却与他私交很密切，寄诗赠物，往返不绝。顾媚识人虽众，交友却极为苛刻审慎，陈则梁是有资格称她"眉兄"或"媚兄"的挚友之一。但他虽对眉兄爱慕至深，却从未表露过心迹，而与之相比，张公亮却坦率勇敢得多。张公亮早在同人社会盟时，即在眉楼当众赋诗，表明爱慕之情，其《结交行》写道："噫吁嘻！大地自有人，区宇难格物。来秦淮道上初见顾眉生，倭堕为髻珠作曦，本歌巴蜀舞邯郸。乃具双目如星复作月，脂窗粉榻能鉴人。黄衫绿衣辨鸿硕，何年曾识琴张名？痴心便欲掷红拂，顾我自憎瓦砾姿。女人慕色慕少恐负之，以兹君赠如意珠，我反长赋孤鸿辞。但有三山二水相证验，彤管瑶篇无词。薛涛老去真堪丑，崔徽留卷徒尔为？"当时，顾媚对他的这篇"孤鸿辞"虽以如意珠作为回报，仍只以朋友相待，以后二人的关系不即不离，十分微妙。

就在顾媚为选择如意郎君为难时，朝内的两位娘娘因争宠而"烽火羽书，相望于道"，打得不可开交。周皇后之父周奎和田妃之父田弘遇为此各自率队南下，大肆搜掠美女进贡，借以增强各自女儿的后宫姻党势力。一时间，江南稍有名气的妓女皆成猎艳之物，董小宛被凌逼至几乎丧命，陈圆圆几经周旋终成网中之鱼，顾媚亦在劫难逃。显然，无论陈则梁或张公亮，皆远不是皇亲国戚们的对手，陈则梁深为其安危担忧，驰书冒襄共商营救之计，信称："眉兄今日画扇有一字，我力劝彼出风尘、寻道伴，为结果计。辟疆（冒襄字）想见，亦以此语劝之。邀眉（兄）可解彼愁，当面禁其此后弗出，以消彼招致之心，何如？"在众友劝说下，她出于择夫和避祸两方面考虑，终于择定了意中人——当时居官兵部的龚鼎孳。

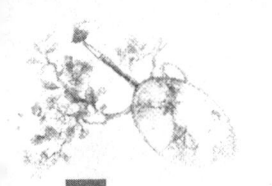

自拔污泥，芳心有属

龚鼎孳字孝升，号芝麓，祖籍江西临川（今抚州），后迁庐州合肥（今安徽合肥）。他在清初颇有诗名，与钱谦益和吴伟业并称"江左三大家"，实则文学成就不及前二人。他的祖父曾任州官，父亲读书不仕，伯父官至太仆寺少卿，却与阉党同流合污，为时人所不齿。这种仕宦书香门第的优越环境，使他自幼便有良好的学习条件，而且科举顺利、仕途通达，于崇祯七年取进士，未久便拜官进爵，官封兵科给事中。

就在龚鼎孳封官进秩之时，农民起义军的烽火已燃遍大江南北，而关外的清政权也羽翼丰满，频频兴兵犯关，明王朝统治已岌岌可危。他虽居兵部要职，却不思竭忠尽力报效朝廷，匡救时危，而是和朝中众多文恬武嬉的官员一样，终日沉湎于诗酒声色的温柔富贵乡里。崇祯十二年，他南下金陵办理公务，却出入花柳巷内，与顾媚初识于眉楼。酒席间，顾媚秀雅脱俗的仪态和出众的才华，使他大为惊叹，赞不绝口，即席赋诗四首：

一

晓窗染研注花名，淡扫胭脂玉案清。
画黛练裙都不屑，绣帘开处一书生。

二

芳阁诗怀待酒酬，粉笺香艳殢篝火。
随风珠玉难收拾，记得题花爱并头。

三

彩奁匀就百花香，碧玉纱橱挂锦囊。

第六章
脱俗梅花顾横波

淡染春罗轻掠鬘,芙蓉人是内家妆。

四

未见先愁别恨深,那堪帆影度春阴。
湖头细雨楼头笛,吹入孤衾梦里心。

全诗寥寥数十字,眉娘的万方仪态和才华已尽入画中,足见龚鼎孳乃香艳诗作的高手。前两首描述顾媚服饰脱俗,不屑于珠光宝气却更显淡秀妩媚,而且挥毫题笺如珠玉随风,书香满纸,宛若一位才气横溢的书生。第三首显然指楼主对他另眼相看,甚至请入内室叙话,以"内家妆"相见。室内彩衾溢香,锦帐碧纱,使他不免勾魂摄魄。此几句隐意十分肉麻,眉娘本是青楼女,内室待客已难免巫山之事。末首流露出的恋恋惜别之意,实则道出二人关系已非寻常,即"吹入孤衾梦里心",婚盟之意已跃然纸上。当然,顾媚此举的复杂背景,龚鼎孳并非全然了解。

龚鼎孳返京复命后,不以国事危急为念,却对情人魂牵梦系。不久,他忽然收到顾媚托人捎来的七律诗一首,剖明心曲,不禁大喜过望,再题诗作答。顾媚的五十六字定情诗,今已亡佚不见,龚鼎孳的四首《忆江南》,则写得缠绵悱恻,颇以赢得美人之心为幸事,其中不乏对枕席之想的猥亵字句,自是其本色。

旧时妓女戏弄嫖客虽是常事,而嫖客在"枕前发尽千般愿"后人去言空,更是司空见惯的伎俩。顾媚是搞恶作剧的高手,曾使刘芳羞愤而死,但她此次以真情求爱,寄诗北京后,却感到一种从未有过的惶恐不安,深怕对方又是朝秦暮楚的轻薄子。她已无心思再料理眉楼事情,旧日客人们也知楼主欲从良,大多知趣而返,眉楼生意骤然冷清了下来。她此时写了一首《海月楼夜坐》,诗云:"香生帘幕雨丝霏,黄叶为邻暮卷衣。粉院藤萝秋响合,朱栏杨柳月痕稀。寒花晚瘦人相似,石磴凉生雁不飞。自爱中林成小隐,松风一榻闭高扉。"诗中以黄叶悲秋、寒花晚瘦为喻,深感"粉院(妓院,妓女旧称粉头)"的女子们不过是倚墙附木的藤萝,难以自立,终不免悲剧一生。她决心摆脱"朱栏杨柳"的处境,心慕"松风一榻闭高扉"的隐士生活。

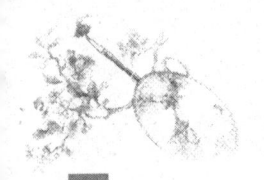

顾媚的许多诗作都反映出对隐士们云游湖海，寄情山林生活的羡慕，但隐士们的清苦和孤独却是她所忍受不了的，陈则梁和张公亮对此最为清楚，他们对眉娘"择木而栖"可谓各有隐憾在心头，却又深知凭他们的地位和财力，根本供养不起这位一掷千金的"闺中阔少"，只能对此抱恨终生。明亡后，陈则梁遁入禅门，放浪形骸，实与内心苦情有关，张公亮也为此赋诗志慨："昔年交会白门垂，亦有顾家女郎能修眉。江南秀气尽一室，至今秦淮之水异香渐。"并在诗后注道："凡此津津而道，知有余慕。夫壬午（崇祯十五年）则横波已归芝麓，虽未北去，名花固有主，乃犹恋恋旧好欤。"末句中"名花固有主"，清楚地表明陈、张二人皆非摘花者，眉娘则最终非龚鼎孳而莫属。

顾媚选定龚鼎孳为终身倚靠，除去对方年轻（比顾媚大四岁）和高官的优越条件外，更重要的是他的文才出众并在朝中以"敢言"闻名，而当时所论诸事皆合公议，使她尤为钦敬。顾媚虽是风尘中人，却与柳如是同以"礼贤爱士，侠骨朊赠"而被视为妓中侠女。此时，柳如是已嫁给文坛领袖钱谦益，顾媚亦追步其后，择龚鼎孳为夫，"江左三大家"中唯剩吴伟业，但他也正在苦恋着才高气傲的名妓卞玉京。这种名妓嫁才子的情况频频出现，可称明末江南社会的一大奇观。

然而，龚鼎孳在顾媚心目中亦非尽善尽美，她虽卖俏多年，却十分讨厌对方淫词艳句中流露出的嫖客心理。早在二人尚未结识之前，颇有名气的北方画家王朴（字玉樵生）曾至眉楼坐客，并且精心绘制了一幅"丰姿嫣然，呼之欲出"的顾媚肖像。顾、龚在内室相会时，她特意取出珍藏的画像请对方赏鉴，由于二人已非主客之谊，龚特经允许在绘像旁题诗定情，诗称："腰妒杨柳发护云，断魂莺语夜夜闻。秦楼应被东风误，未遣罗敷嫁使君。"全诗意趣低下，一派玩弄女性的阴暗心理，顾媚虽有意于对方，且下笔如随风珠玉，当时对此淫词也未作答，可见有所不满。龚鼎孳北返后，二人以诗文相交往，遂订终身，顾媚此时欣喜终身有托，特于像旁再和诗一首，云："识尽飘零苦，而今始得家。灯煤知妾喜，特著两头花。"江南民谚有"灯花跳，喜事到"之说，此诗即以灯花为喻，表明自己"识尽飘零苦"，不愿再为人作玩物，希望建立正常的"家"。而对于前诗令人不堪入目的词意，顾媚的和诗中未加理睬，两诗相较，可以看出二人对婚姻和家庭的追求旨趣并不相同。

终身有托，琴瑟和谐

　　婚约既已定，顾媚便收敛起旧日模样，过起待嫁娘的生活。眉楼也不再是寻芳客们花天酒地的娱乐场，变成了"金陵外宅"，龚鼎孳的朋友曹溶有一诗专记当时情景，"人间无赖酒垆空，玩世今看曼倩工。失意戚姬燕赵曲，送怀湘客蕙兰丛。神仙岁月消毛颖，烟水秦淮问守宫。一自玉台遗咏贵，飘零转得见雄风。"诗中历数了从伧父无赖、余怀相救、初晤鼎孳直到订婚的过程，其中第五、六句即指顾媚已辞别了往日的"神仙岁月"，将眉楼变成了守宫。末两句则反映她自从择定情郎后，从"识尽飘零苦"转而萌生出追求新生活的勇气。

　　然而，好事多磨，二人婚约虽定，明王朝生死却未卜。清军屡次兴兵入塞，边烽告急，作为兵部官员的龚鼎孳忙于繁冗的军务，奉旨巡视河北并多次去边塞，婚事一直拖了三年。此间，他急情难耐，对婚事之忧强烈于国事，常以浓词艳句消愁解闷，如："才解春衫浣客尘，柳花如雪扑纶巾。闲情愿趁双飞蝶，一报朱楼梦里人。"明代军制中虽无唐宋时代的营妓或军妓编制，但史籍中多有"发内地犯罪妇女戍辽东"的记载，妇女自然不可能披甲执戈"戍辽东"，这些"罪女"实则送边塞供娱。龚鼎孳在边塞就曾闻这种"军中乐"而思情人，诗称："汉将嫖姚未解围，淄青将士铁为衣。不知何地军中乐，一片芦笳傍月飞。"崇祯十六年夏间，顾媚终于来到北京，二人合卺成婚。

　　在封建社会中，眠花宿柳被视为风流事，但娶妓纳娼却为舆论大

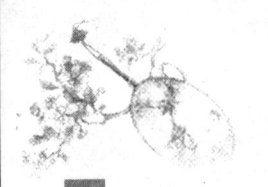

不容，士大夫娶妓尤是"有伤名器"的悖礼行为。在此事上，龚鼎孳似乎格外勇敢，不顾京城内议论沸腾，竟敢公然明媒正娶江南名妓顾媚入京成婚。而且，他将婚后常人羞于启齿的种种生活细节，写成诗文并刊刻在私人文集内，这不啻是向伪道学家们公开挑战。凡此种种，在明亡清兴以后皆成为朝中政敌攻击他的罪状，这却是当时未料到的。

龚、顾夫妇琴瑟和谐，生活如意。但龚某缱绻于枕席之爱，顾媚则潜心佛道，各有所求。顾媚既已脱籍从良，索性将旧日名姓全改，以示与旧我相决绝。她改称徐横波，除眉生和眉庄旧字外，又字智珠，从此京师内皆知龚府徐夫人，顾媚或眉娘之名反不为人知。在府宅之内，上下人皆称其"善持夫人"，龚鼎孳则昵称她为"善持君"。

顾媚自谓慧眼识英雄，龚鼎孳当时在朝内外也确实貌似名豪客，党附清流，对一班奸党佞臣攻劾不遗余力。然其骨子里却"险刻"无常，翻手云雨，这却是顾媚始料不及的。时值朝中东林党势力再度抬头，周延儒出任宰相后，重新起用了郑三俊、刘宗周、范景文、倪元璐等一批东林废臣，并且废除了臭名昭著特务制度"厂卫辑事"，朝内外对此翕然称贤。同时，周延儒擅权纳贿，品行低下，在前门外开设珠宝店，实则是受贿收礼之处，这又使正义之士不齿。周延儒与吴不合，吴自恃有阁臣做后台，暗中罗织罪状，伺机参劾政敌。龚鼎孳善察政治风云变幻，感到吴势力更大，急忙"日趋吴辅门"，终于参倒周延儒。而当周延儒被罢官归乡时，他又长途送行，弓背哈腰在轿前温语劝慰，其险恶狡诈遂闻名政界。

龚鼎孳在兵科任职期间，前后弹劾了周延儒、陈演、王应熊、陈新甲、吕大器等众多权臣，以致"每遇早朝，则自大僚以至台谏，咸啧啧附耳，或曰曹纠某某，或曰龚纠某某，皆畏之如虎。"他在朝内左右言路，疏攻政敌，以崇祯十六年间最多，而这年正是他迎娶顾媚之时，女人的力量自可想见。他的两面三刀嘴脸和种种秽行，实可谓"政治娼妓"，可叹深居内府修道参禅的顾媚对此一无所知，反为丈夫的"豪侠仗义"而自鸣得意。

孰料乐极生悲，同年十月初七，龚鼎孳以参论故辅陈演庇贪误国一疏，冒昧无当，触怒崇祯皇帝而锒铛入狱。他在狱中罢职待审，夜不归寓，时交初冬，牢中冷似冰窖，无法入寐。此时，善持夫人持灯亲自至狱中探视，送来锦被酒食，更送来一股暖情，令龚鼎孳感激涕零，当即口占二诗："一、霜落并州金剪刀，美人深夜玉织（三寸金莲）劳。停计莫怨珠帘月，正为羁臣（被囚之臣）照二毛（头发花白）。二、金猊深拥绣床寒，银剪频催夜色残。百和自将罗袖倚，余香长绕玉栏杆。"敢为待罪狱中的丈夫冬夜送被，足显顾媚奇气侠骨、肝胆照人。但龚鼎孳此次因攻讦陈演获罪，而陈演却蒙在鼓里，反而仇将恩报营救其出狱，连事主本人都被玩弄于股掌之上而不知，顾媚自然更难知内中曲直，可见龚鼎孳在权术上的人鬼手法已臻化境。

他获释出狱后，正逢夫人婚后第一个生日（顾生于明万历四十七年十一月初三日）。顾媚既出娼门，又逢丈夫出狱，为此欣然泼墨画荷，以示出淤泥而不染、濯青莲而不妖的人生志向。龚鼎孳于危难中见夫人金玉之心，题诗酬答："花荷袅袅叶田田，露质烟心晚自怜。倩取墨光描鬓影，美人兼许号青莲。"其感铭之意，钦敬之情，溢于字里行间。

翌年夏间，李自成率军攻占北京，明王朝宣告覆亡，龚鼎孳率先投降。由于此时关外清军势力强盛，虎视中原，各地明军仍在抗拒新朝，又以山海关总兵吴三桂的势力最大，李自成出于立足未稳的考虑，未敢贸然称帝，而一班故明降臣忙于争恩宠，上表劝进，《劝进表》传为周钟撰写，建议农民政权"存祀存宋"，给故明王室一小片封邑，以安抚士民的不满情绪。龚鼎孳献媚恐落人后，到处鼓吹："此语出吾手，周介生（周钟字）想不到此。"李自成任他为直指使，命巡视北城。

数十天后，多尔衮率军在降将吴三桂的配合下，一举击败农民军，中原大政再度易手，龚鼎孳又降，其贪缘际会、圆滑善变的本领令诸多降臣望尘莫及。当有人指斥其屈节行为时，他竟以顾媚为屏障，推罪诿过道："我原欲死，奈小妾不肯何？"此事虽属笑谈，但当时几处史料皆载此事，可信为实录。对贪生怕死的龚鼎孳来说，夫人的劝阻正中下怀，乐得不死。而顾媚此举却非怕死，她平生嗜读老庄，婚后潜心佛理，并不以降"贼"降"夷"为耻，也不以复明复汉为荣，得酒且醉，得诗且吟，我行我素，活得洒脱。比起柳如是的刚烈、董小宛的纤弱、陈圆圆的机警、卞玉京的孤傲和昔日同行姊妹的言行操守，顾媚似乎更为超拔时俗，任情所为，可谓尽得庄禅三昧。

朝代易帜，冷观浮沉

凡是历史上沧桑巨变、朝代易帜的社会大动荡之后，雪泥鸿爪，每个人都会留下不同的历史印痕。短短的百余天之内，紫禁城头两度易帜，钱谦益被时人嘲之"两朝领袖"，龚鼎孳则成为"三朝元老"。

清顺治初年，清廷起用了一大批故明降臣。在汉族统治中国的历史上，屡用"以夷治夷"之法管辖广大边疆地区的少数民族，而此时满族统治者则反其道而用之，采用"以汉制汉"之策稳定政局，真乃莫大的嘲讽。龚鼎孳以降清有功，复职兵科给事中，再升吏科和礼科任职，对此殊荣，不免又作了许多官样文章以谢"龙恩浩荡"。但背地里，他与夫人密室私语，感伤时事，却写了不少持论公允的真心话。这些诗作虽出龚鼎孳之手，却更多地反映出顾媚的思想状况：

一

碧瓦朱楹半劫灰，曲池衰柳乱蝉哀。
飞虹桥外清霄月，曾照含元凤辇回。

碧瓦成灰，曲池衰柳，几度战乱毁坏酷烈。值得注意的是，"朱楹"已成劫后灰，朱即朱明，显指明亡。而"清霄月"映照含元殿，此处乃明皇后凤辇出入之宫，显然喻朝代巨变，犹思前明，直犯清朝忌讳。当时战乱未息，文字狱虽不及后几朝严酷，但这些字句泄露世

间，也定斩无疑，龚鼎孳既畏死又世故，显系顾媚才有此胆魄。

二

佳丽春残苑草荒，葳蕤金锁过斜阳。

门前谁系青骢马，争道新开政事堂。

残苑荒草，政地成为战场，逐鹿皇权者皆是马上英雄。"青骢马"则指一趣典，李闯王入北京后，曾对降臣降将们封职，但其中出京迎降者在城内出入可骑马，在京受降者却只准骑驴，以示优劣有别。龚鼎孳自然在骑驴之列，他被封为直指使巡视北城，跨驴而行，亦为谑事。

三

罘罳晓日旧曨曨，宝瑟尘生玉帐空。

座上休文愁不语，金狨对数落花风。

降臣中亦有龚鼎孳南方老乡，同乡又同降，相见不免难堪无语，唯"对数"随风吹落的满地散花，流露出降臣内心深处的矛盾。

四

万年枝上月黄昏，钟鼓沉沉掩涕痕。

海内旧游胶漆解，故宫无复奏云门。

月上枝头，钟鼓寂然，夫妻相对掩涕。龚鼎孳当然不会为"失节"伤心，只因此时南京已拥立福王，南明小朝廷对众多降臣缺席论罪，他的罪名是"首先降附，宜斩"。对此，他伤心再不能"复奏云门"，一旦南明政权卷土重来，后果凶险莫测。顾媚则伤心那些谊如胶漆的旧友，因耻其临危苟全而使友谊破裂，不由心绪黯然，夫妻对泣，却是"各有行藏两不知"。

五

柴车日夕碾春沙，紫凤骄垂白鼻䯄。

只有玉河桥畔柳，解吹飞絮入宣华。

清军骑兵在京城街巷横冲直撞，征集马草，骏马破鞍战衣汗，叱骂催逼，骄横无状。此时京城内一切大乱，只有玉河桥畔的柳絮纷纷扬扬，飘洒依旧。

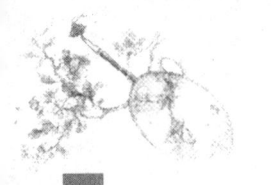

六

小叶疎花缀石斑，梳妆楼上隐烟鬟。

千年云物惊弹指，又过销魂万岁山。

风云骤变，千年汉族"正朔"转瞬间易主。明崇祯皇帝自缢的煤山（今景山），正位于紫禁城后，京城士民感念旧主，皆呼之为"万岁山"。龚鼎孳等大批故明旧臣每日上朝或退朝，总是路经这座令人销魂丧志的万岁山，不免忐忑不安，心怀鬼胎。此时，他感到万念俱灰，唯一可以让他心里感到安慰的人，就是梳妆楼上的爱妻，顾媚已被视为性命之物。

几首诗文感情抑郁，一波三折，喻意隐晦复杂，正是龚、顾夫妇心情的真实写照。

顺治二年七月，降臣中的南北两党为旧案再动干戈，大学士冯铨和龚鼎孳势同水火，摄政王多尔衮召集众官廷讯。龚鼎孳"斥铨阉党，为（魏）忠贤义儿"，冯铨反唇相讥："何如逆贼（李自成）御史？"龚鼎孳巧于辞令，以魏征归顺唐太宗之事自喻，使多尔衮极为反感，讥刺道："唯无瑕者可以戮人，奈何以闯贼拟太宗？"两月后，龚鼎孳调任太常寺少卿，在多尔衮摄政期间再无乱嚼舌头的机会。

第二年，他感到在朝不受重用，遂上疏"丁父忧，请赐恤典"，借故南返享清闲。不料朝内舆论哗然，工科给事中孙龄上疏参劾："鼎孳，明朝罪人，流贼御史。蒙朝廷拔置谏垣，优转清卿，曾不闻夙夜在公，以答高厚。惟饮酒醉歌，俳优角逐。前在江南，用千金置妓，名顾眉生，恋恋难割，多为奇宝异珍以悦其心，淫纵之状，哄笑长安，已置父母妻孥于度外。及闻父讣，而歌饮留连，依然如故。亏行灭伦，独冀邀非分之典；夸耀乡里，欲大肆其武断把持之焰。请饬部察核停格。"此疏言辞激烈，讨罪有据，龚鼎孳无言质答，被降二级调用。当时名妓众多，但公开见于朝廷奏牍者，只此"顾眉生"一处。

"曾经沧海难为水，除却巫山不是云"，在社会几经大动荡之后，顾媚对丈夫的宦海升沉更不介意。龚鼎孳在降职后携夫人南返守丧，心情郁闷，顾媚多方开导劝慰，甚至无视官员服丧的严规，依旧恣情

第六章
脱俗梅花顾横波

放纵、歌舞如故，对外间舆论不屑一顾。按当时制度，官员的双亲亡故后，须停职归家服丧守制，在服丧三年期间应戴孝茹素，甚至夫妻分居，更不准纳妾嫖娼，否则为悖礼不孝之罪。她全然不理睬这一套戒律，在守制期间携丈夫重游金陵故地，又沿江观景访友，在镇江、苏州、扬州、杭州等风景胜地四处游宴娱乐，广泛联络战乱中失散的旧友。于是旧日的众多文友、诸如顾梦游、邓汉仪、陈维崧、吴绮、余怀、冒襄等人重聚一堂，屡兴诗酒之会，甚至招艺妓轻歌曼舞，早把一个"孝"字丢在九霄云外。

更为怪诞的是，顾媚婚后多年不孕，"百计求嗣而卒无子，甚至雕异香木为男，四肢俱动，锦绷绣裸，雇乳母开怀哺之，保姆寨襟作便溺状，内外通称小相公，龚亦不禁。"当时龚、顾夫妇寓居西子湖畔，种种奇行怪事，多出人意料，乃至被杭州一带人士视为"人妖"。实际上，娼妓从良后多年受孕困难，乃常见之事，柳如是、董小宛也是多年才孕，陈圆圆则终生无嗣，这种情况的出现往往与她们早年的长期性紊乱有关。

顾媚的诸多奇行怪状外人多不解，龚鼎孳却对这位女知己感铭有加，佩服得五体投地，甚至表示"虎噬都无避，蛾眉那可捐"，意即自己宁遭虎噬，也不舍蛾眉。因此，他于顺治八年返京复职后，既欲一洗大节污垢，更为取悦于夫人之前，在政事上格外卖力，接连上疏言事，皆得清廷褒奖，顺治帝曾夸道："龚某下笔千言，如兔起鹘落，不假思索，真当今才子也。"于是，他接连加官进秩，从户部左侍郎直至都察院左都御史。一人得道，满门朱紫，其夫人也理应授品封诰，但礼部官员却为此大伤脑筋。

原来，龚鼎孳在娶顾夫人之前，在合肥老家早有一位原配夫人童氏，而且因丈夫当时居官兵部曾两次受诰封，成为朝廷命妇。但龚鼎孳经常在外追蜂戏蝶，童氏也一直未进京居住，自顾媚入京后，她更不愿去当"冷宫夫人"，索性独居合肥，甘守活寡。清入关后，仿效前明旧制，再为朝中官员的夫人封诰加品，但只有正室夫人才有此资格。按理说，童氏是原配正室，封诰乃名正言顺，顾媚虽擅专宠，却也只能屈尊为侧室。童氏颇为识趣，深知丈夫已推恩移爱于新夫人，颇有难言之隐，遂不无揶揄地表示："我经两受明封，以后本朝恩典，让顾太太可也。"此语极妙，既挖苦丈夫失节移情，又试探顾太太愿否做这种"变节诰命夫人"。顾媚对此淡然一笑，欣然受封，成为名正言顺的一品诰命夫人，这又意味着龚氏家族内的废嫡立庶，童氏对此做何感想已无可查证。

龚鼎孳再度青云直上，不免得意忘形，言语不慎，在顺治十二年间的上疏中先涉党争之嫌，又触满汉轻重之忌，于是祸事临头。此时顺治帝已亲政，他既深恶前明党争，又忌讳大臣议论满汉优劣，尽管此时朝中崇满抑汉确属事实。龚鼎孳的奏疏激怒当朝，被连降十级，从左都御史的赫赫官阶，一跤跌到上林苑蕃育署署丞，此职不过是皇家园林内的管理员，其地位还不及《西游记》中孙悟空初入天衢时的"弼马温"。

如此巨大的荣辱起落，对龚鼎孳打击沉重，顾媚却不以为然。她为使丈夫排遣愁闷，特于翌年安排了一次南返祝寿的活动，并声称是丈夫为自己贺寿。其实龚鼎孳正待罪苑署，哪会有心思远下金陵办寿事，然夫人用心良苦，他只能俯首听命。

这时，眉楼旧址早已易主，顾媚遂租下金陵著名的隐园中林堂，张灯开宴，大摆寿筵。实际上，顾媚是年才三十九岁，按旧俗每满十岁整寿才大事庆贺，此已属怪事，而此盛筵不在丈夫升官进爵时办理，偏选在他倒运背时之日称寿，此又一怪事。更可怪的是，在邀请客人的名单中，上至六部要员，中有社会名流，甚至将顾媚旧日妓业同行也列为"客人"，而非侑酒陪席的下等人。而且，被当时社会视为"贱业"的妓客多达百余人，其数量之众超过社会各界显贵，简直是召开了一次由诰命夫人主持、亘古罕见的妓业大会！

寿宴中的节目安排更为奇特，顾媚一改旧日宴会中艺人演戏、客人观赏的常规，而是安排了一场由客人们自演自赏的《王母瑶池宴》大戏。她特意指定客人中的部员和翰林们客串剧中角色，自己则"垂珠帘，召旧日同居南曲呼姊妹行者"饮酒观剧，谈笑品评。仕宦公卿们粉墨登场，而梨园戏子和妓女却成为台下观众，这又是顾媚安排的颠倒乾坤、惊世骇俗之举！

好戏还未结束，席间一位醉客摇晃起身，步履蹒跚地直趋众女客观戏的珠帘之前，"扑通"一声，跪地长揖，捧酒杯口称："贼子上寿！"众妓定睛一看，慌忙离席还礼，原来此公乃正会赴任的浙江监察司长官，原为朝中某尚书的门生，是一位炙手可热的人物。顾媚对此毫不惊怪，端坐受礼，"欣然为罄三爵（即喝光三杯）"，龚鼎孳见状乐不可支，早将谪官的烦恼忘在脑后。

古道热肠，侠女病逝

金陵寿庆之后，顾媚添喜，有孕在身，翌年生一女婴。已入中年的顾媚不禁喜上眉梢，孰料这位小千金出世未几个月，突然染天花而殇，夫妇为此大感伤心。龚鼎孳按照夫人之意，专在城外寺庙建醮场，超度亡女之灵。适值江南某士寓居寺内，趁机"打抽丰"，在幢幡上题一联曰："已现童女身，而无寿者相"。此联毫无意趣，更无文采，龚鼎孳在悲伤中竟赠其百金，顾媚的哀情更可想而知。以后，她因哀恸过甚而大伤身体，至死也未能再孕，那尊异香木雕刻的"小相公"遂成子嗣之梦的永远象征。

经此殇女的打击之后，顾媚的"凡心"更淡，视荣华富贵为过眼烟云。她经营眉楼多年，积蓄丰厚，比起当京官的丈夫更富有，未聘之前即以轻财好义、侠骨奇风闻名江南。既嫁之后，又逢世道大乱，她扶危济贫的种种义举在京师内外也享有美誉。在她十数年道义侠骨的影响之下，只知汲汲于功名利禄、倦倦于枕席之爱的龚鼎孳也广结善缘，干了不少仗义之事，但资费却多出夫人私囊。顾媚此时既怀殇

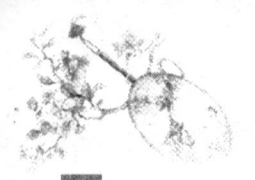

女之恸，更有愤世忧民之心，平时潜心于佛典道藏，以求内心痛苦的解脱之道，而赈济贫危之士，则为寻求内心解脱的行动。

当时得到龚、顾夫妇资助者为数众多，诸如江湖艺人王紫稼和柳敬亭、号称"易堂九子"之一的文人曾灿、著名思想家傅山、抗清义士阎尔梅、诗人朱彝尊和陈维崧等，连一些亡友的遗孀也收到过寄赠。而且，傅山和阎尔梅等人都是当时清廷张榜捉拿的反清要犯，对他们的资助无异同谋，若无顾媚那种敢于摧锋折刃的勇气和胆略，首鼠两端的龚鼎孳是断不敢出此义举的。当时诗人朱彝尊称赞顾媚的平生作为，有两句绝妙之语可谓形神毕肖，"风急也潇潇雨，风定也潇潇雨"。任凭世事多变，风急风定，我自潇潇洒洒，坦然自如，正是顾媚的突出个性。

顾媚极富才情，其水墨兰花在当时画界颇有盛誉，诗词作品也师法自然，淡雅成趣，尤以词作更佳。她的词作存世不多，但仅存的几首已足见其才华过人，其中有三首可为不同时期的代表作。

顾横波书法

其一，《花深深·闺怨》："花飘零，帘前暮雨风声声。不知侬恨，强要侬听。妆台独坐伤离情，愁容夜夜羞银灯。羞银灯，腰肢瘦损，影亦伶仃。"

既名"闺怨"，自然是待字闺中未嫁时。龚、顾眉楼初晤，情郎旋即北归，去留匆匆，不免黯然伤情。词中以散花为引线，寓情于景，风雨声和银灯影二句尤妙。当时眉楼虽生意火爆，眉娘艳帜高张，但她内心深处的隐痛又有谁知？唯孤灯寒影，勾起无限幽微心事。

其二，《虞美人·答远山夫人寄梦》："春明一别鱼书悄，红泪沾襟小。却怜好梦渡江来，正是离人无那倚妆台。朱栏碧树江南路，心事都如雾。几时载月向秦淮，收拾诗囊画轴称心怀。"

北嫁之后，江南旧日女友寄诗，顾媚以词"寄梦"，立意别致新巧。龚府内锦衣玉食的生活并未使她快活，而时刻心系江南的朱栏碧树,诗囊画轴,但这一切皆成梦雾。"几时载月向秦淮"一句可称神来之笔,她恨不能乘明月,飞秦淮,再回旧日梦境,颇得"始知锁向金笼听,不及林间自在啼"之意境。可见她志趣高远,不愿为荣华富贵所囚。

其三,《千秋岁·送远山李夫人南归》:"几般离索,只有今番恶。寒柳凄,宫槐落,明月芳草路,人去真珠阁。问何日衣香钗影同销幕,曾寻寒食约,每共花前酌。事已休,情如昨。半船红烛冷,一棹青山泊,凭任取长安裘马争轻薄。"

女友南归,不免牵动愁肠,将心里话诉诸笔端。全词立意精巧自然,手法铺陈有致,不露斧痕,已达到很高的水平。"半船红烛冷,一棹青山泊",将她此时惆怅复杂的心绪表现得尤为传神。而末句"凭任取长安裘马争轻薄",无疑是全词的警策之句,是指丈夫醉心于取裘马、争轻薄,几度宦海浮沉,顾媚则以"凭任"二字写尽对功名利禄的蔑视态度,余韵悠长,回味不尽,令人肃然起敬。

顾媚虽对时事变迁表现得格外超脱,但对个人名节却极为珍视,对于丈夫在三朝易帜、两度投降的奴颜媚骨行为,实则颇为齿冷,只是未形诸笔墨而已。清军攻占北京后,龚鼎孳再降,顾媚不堪忍辱,曾随旧友吴崖子南游,二人"登金焦,游虎阜,后至明圣湖,纵览孤山葛岭之胜"。当时她已是尽人皆知的善持夫人,此游名为避乱,实则无异于同旧友私奔。这件当时的风流韵事,不但可见顾媚独立不屈的性情,亦可见夫妇也曾有过感情上的裂隙。有趣的是,吴崖子后来公然将此次南游诗作赠给龚鼎孳,其中不乏他与顾媚的唱和之作,而龚鼎孳佯装镇定,甚至和诗作答。然而,龚鼎孳在以后的种种善举,与其说是为了弥补自己在大节上的罪愆,还不如视为重新取悦夫人,以弥合感情上的裂隙更为恰切,因为失宠于夫人是比任何失物都可怕之事,所谓道德和名节对他则不值一文。

顾媚殇女时,正值产后不久,哀恸过甚,从此染下病根。她颇重感情,此事在精神上的打击更甚于身体,"伤心抛下青螺管,懒向人间更画眉",不仅懒于妆饰,连诗画情趣也大不如前。康熙二年七月十五日，顾媚病死于北京，时年四十四岁。讣讯传开，亲朋故友致悼者甚多，又以阎尔梅等抗清义士们格外伤感，长叹："追忆善持君，每佐余急明友之难，今不可复见矣！"他邀集众友在江南为顾媚专建了一座妙光阁，每于清明时登阁感悼，长歌当哭，其中"化去魂归无色界，悲来佛是有情人"、"伤心青眼綦巾者，不见吾曹击筑歌"等句，慨叹她早年沦落风尘，死后归无色，既信佛理又难断情缘，更喜结识侠骨奇气的抗清义士，而以后却难觅此女侠客。"击筑"一句系出古时荆轲刺秦王，临行前在易水击筑悲歌的典故，写得尤为悲壮动人。

顾媚死后，龚鼎孳本属登徒子之流，自然不甘于枕席寂寞，又有娶纳新欢之举，并生得贵子。然平心而论，他对顾夫人的旧日恩爱仍镂骨铭心，感念于怀。顾媚生前对江南故里魂牵梦系，死后永葬北地显然有悖情理。康熙五年，龚鼎孳扶柩南返，将亡夫人遗骨归葬江南，聊慰二十余年的夫妻情分。葬毕返京途中，适逢顾媚生辰，感旧怀人，不由心生悲悯，写下四首情意真切的诗：

一

朔风篷转正天涯，云断乡山暮岭斜。
万事吞声成死别，君归黄土我黄沙。

二

生辰岁岁炷名香，幢盖莲华绣妙光。
今日客途钟磬香，梅花沁水酹空王。

三

慧业生天定不疑，蒲团灯火夜阑时。
伤心抛下青螺管，懒向人间更画眉。

四

月病云愁剩此身，青天碧海泪沾巾。
琐窗岂少闲花鸟，四海论心有几人？

诗虽情意缠绵悲切，痛失知心，终不免卿卿我我的小家子气。比起阎尔梅等人"老眼凭栏何恨事，三更杜宇五更霜"的诸多气势阔大、感情激昂的诗句，龚鼎孳只能愧对那座象征顾媚的妙光阁。

第七章

娇艳桃花李香君

桃花，媚而不妖，芳华鲜美。正如美貌的李香君，她生活在乱世，目睹大明政权风雨飘摇、岌岌可危；同时又目睹金陵的畸形繁荣。在这样的情形之下，她不是那种"商女不知亡国恨，隔江犹唱后庭花"的人；她不愿奴颜婢膝去侍奉权贵，看淡钱财。并且，为了为心爱之人守节，她血溅香扇，誓死不从，上演了一曲可歌可泣可赞可叹的爱情佳话……

乱世秦淮，畸形繁荣

公元1643年（明崇祯十六年）三月。

与明政权风雨飘摇、岌岌可危的国势相比，留都金陵（今南京）却呈现出一派畸形的繁荣。特别是秦淮一带，暮春时节，两岸柔柳如丝，杂花生树，河上画舫如织，橹楫咿呀。面对此境此景，侯方域顿时生起"商女不知亡国恨，隔江犹唱后庭花"的感慨。

"嗨，朝宗兄，临岸游秦淮，好别致的雅兴呀！"

侯方域一回头，见是同乡苏昆生，赶忙见礼。

"侯公子，与其临渊羡鱼，何如退而结网？"苏昆生一指画舫穿梭的秦淮河，语带双关地开起了玩笑。

这苏昆生也是一位奇人。他原名周如松，自幼学艺，专攻唱曲，曲艺精熟，各路词曲，经他唱来，无不字正腔圆，声情并茂。初到金陵，他被既蓄伶班且本人又有文名的文士阮大铖聘去，在阮家当教习，后得知阮大铖是阉党余孽，是金陵正派文人所不齿的人物，当即拂袖而去，到有名的烟花之地媚香楼当了教习。苏昆生到了媚香楼，收了个称心如意的女弟子李香，一待就是几年也不想再挪动了。

"侯公子，今日媚香楼做'盒子会'，何不去看看？"苏昆生见侯方域笑而不语，只得挑明了意思。

"什么是'盒子会'？那媚香楼不是苏师傅教习的地方么？"侯方域虽是复社人物，但毕竟是官家子弟，况且少年心性，怀春之心总免不了。尽管他还没有真正对哪一位青楼女子动过情，但与文友们一起挟妓遨游或与歌妓一起吟诗饮酒的次数却不少。

"盒子会么？便是秦淮旧院一带青楼的歌妓们，结成手帕姊妹，就

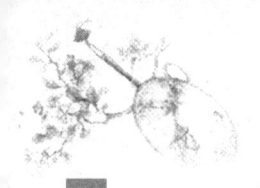

像香火兄弟一般，每逢时节，便做盛会。赴会之日，各携一副盒儿，都是鲜物异品。会期各呈技艺，或拨琴阮，或吹笙箫，众姊妹深锁闺门，不许男子入内，只许在楼下鉴赏。"苏昆生向侯方域解释，"侯公子要去便快走，边走边说也是一样。时候真不早了，晚了怕不能一睹为快呢！"

听说有这样新奇的场面，侯方域欣然与苏昆生沿秦淮河往旧院方向走去。

"要说我的徒弟，那真是我有福了。教了不知多少歌娘，还没有一个像如今媚香楼的李香这样聪慧的。她唱《牡丹亭》里《惊梦》中的那一段：'遍青山啼红了杜鹃，荼外烟丝醉软。牡丹虽好，他春归怎占得先。闲凝盼，生生燕语明如翦，呖呖莺声溜的圆。'真是绝了。"苏昆生谈起他的得意学生，兴味盎然，连侯方域也听入了神，浑然忘记了欣赏垂柳如烟、画舫缤纷的秦淮春景。

"这李香才艺高，悟性好，那容貌更是美如天人，这倒还罢了。烟花之地哪有丑如东施笨如猪豚的呢？难得的是人品。我教此徒三年有余，先不说是把我胸中的一点玩意儿尽数学了去。可有一桩，她身在青楼，卖笑生涯，却不肯随便对人唱的。遇有如公子这样的人物，她可以温柔婉转，终日不疲；若是骄蛮纨绔，或阉党子孙，她却是冷如冰霜，毫不赐一点颜色的。"

虽然侯方域、苏昆生走得不慢，但毕竟出门太晚。当他们赶到媚香楼时，盒子会已经散了，侯方域好一阵惋惜。

"侯公子不必太惋惜，下次再来鉴赏也是一样。"见侯方域一副怅然若失的模样，苏昆生劝慰他，"盒子会散了也好，这样侯公子倒是可以上楼聚一聚了。会会小徒李香，听她唱几支新曲，不知公子意下如何？"

听苏昆生介绍李香不仅才艺双绝，而且人品心性出众。侯方域当然很愿意一睹李香的芳颜了。

媚香楼是旧院一带有名的妓院，坐落在秦淮河畔离长桥不远的一片翠绿染就的杨柳丛中。媚香楼的鸨妓李贞丽，字淡如，也是秦淮烟花场的名妓。与复社著名人物陈贞慧关系特别好。

"苏师傅，这位公子爷是……"见苏昆生带来一位衣冠华美的英俊儒生，李贞丽因不认识，所以露出询问的神色。

"啊，这位是侯司徒的公子侯朝宗，是才高八斗的才子。他是敝乡世家子弟，与陈公子等一起并称南京四公子呢！"苏昆生向李贞丽介绍侯朝宗。

"小生听苏师傅说起盒子会，又闻令爱李香姑娘才艺双绝，贤淑无双，小生特来一会。"侯方域向李贞丽施礼，说明来意。

"久闻侯公子大名。公子能踏进媚香楼，真是幸事了。李香，李香！"听说是与陈贞慧齐名的贵公子，又是复社社友，李贞丽十分热情。

"妈，孩儿在这里呢！"珠帘一掀，走出一个光彩照人的姑娘。娇小的身材，媚而不妖。丽而不俗的脸庞，全然没有一丝儿青楼卖笑女的气质，倒像是藏之深闺的端庄温柔的小家碧玉。李香一出来，侯方域看得呆了。这倒不是因为呆在一个色字上，实在是因为风月场中这样气质的女子实属少见。

"李香，过来见过侯公子。"李贞丽见侯方域那一见钟情的样子，抿嘴一笑。

"妈妈，这位侯公子孩儿见过的。"李香说着，对侯方域福了一福。

"说呆话了，你何时见过侯公子？"李贞丽大为惊诧。李香十三岁跟苏昆生学唱曲，艺成至今，只在楼内以歌娱客。再说，侯方域的确是第一次见着李香。

"孩儿读过侯公子的大作的，那不就是见过面了么？"

"呵，这样就对了！我说呢，侯公子，李香姑娘这样喜爱公子的诗作，今日何不再吟一首，作个见面礼呢！"苏昆生也看出李香和侯方域这一对青年相互都有倾慕之心，就尽力从中撮合。

盒子会虽然散了，但几个手帕姊妹还没有离开，听苏昆生的提议，都想凑热闹，研墨的研墨，铺纸的铺纸，要见识见识大名鼎鼎的美公子侯方域的文才。这气氛，使侯方域技痒了。他环顾四壁，周遭的粉墙上，除挂有一幅《芍药春睡图》外，另有几处题咏，都是直接写在

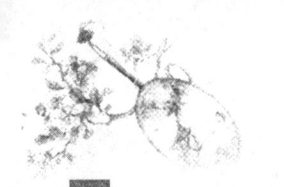

墙上的。侯方域逐一观去，被一幅《崇兰诡石图》吸引住了。图右侧有小诗一首："生小倾城是李香，怀中婀娜袖中藏。何缘十二巫峰女。梦里偏来见楚王。"再看落款：莆田余无怀诗，武塘魏子中书，贵阳杨龙友写。

"绝，绝妙，堪称三绝！"侯方域口中赞叹，胸中诗句已成，急不可耐地走到铺着宣纸的案边，提管挥毫，一气呵成：

夹道朱楼一径斜，王孙初御富平车。

青溪尽种辛夷树，不数东风桃李花。

"好，真是倚马可待！"苏昆生捋须点颔直夸奖。

"好，真不愧是名家风范！"李贞丽虽为鸨妓，却与文人长相濡染，也是识货的。

"呀，呀，你们都说好，我们看是偏心眼儿！"那个研墨的歌妓尖声笑着叫。

"是呀，我们都是那不美的辛夷树，独有香丫头香！"铺纸的歌妓笑咯咯地打趣李香。

侯方域向李香望去，只见她粉颊晕红，真如两朵桃花上脸。见侯方域看她，又听姊妹们打趣，李香抬起袖子，遮住那发烧的脸……

从这以后，侯方域就常到媚香楼去。先是借口拜望同乡苏昆生，后来干脆就是找李香，或促膝清谈，或吟诗唱曲。日浸月渐，这一对青年之间感情的温度，开始了明显的上升。这天，侯方域翻了几篇墨卷，又往媚香楼去。

"李姑娘在家么？"侯方域问开门的小丫头。

"不在。方才来了一位王将军，说是找公子吃酒的。见公子不在，硬是要约李姐姐游秦淮。李妈妈拗不过，也是撇不下面皮——那王将军出手好阔绰呢，就催李姐姐一同去了。这会子还只怕才开船呢！"

听了小丫头的话，侯方域好一阵失望，这失望引起一阵茫然，在茫然中他沿着秦淮河悠悠地走。

侯方域叫了一艘小游舫，船家便摆上几碟小吃，逐波寻访泛舟的李香。

第七章
娇艳桃花李香君

"那不是侯公子么？侯公子！"前面不远的一艘豪华画舫上，一个声音在喊。侯方域一听，知道是李贞丽，便吩咐船家靠上去。

"侯公子好雅兴，怎么独自一人游秦淮？寻诗么？"待侯方域上了她的船，李贞丽打起趣来，"李香，快给侯公子斟酒呀！"

李香因被鸨妈催逼不过，与这位王将军来游秦淮，浑身早就老大的不自在，现在侯方城只身游秦淮，她也知道必是寻自己来的，心里一阵喜欢，忙立起身来，撇下那王将军，笑吟吟地为侯方域递上一杯酒。

"在下姓王，南下公干。闻侯公子当世奇才，不惴愚鲁，竭诚拜谒，幸有此奇遇。"侯方域目不转睛地瞧着李香。忘了接李香递上来的酒，而那位王将军却插进来了。

"小生河南侯方域，一介书生，哪里谈得上才？将军谬奖了！"侯方域见李香樱唇一撅，回到桌边，自己出于礼节，只能与这位不识相的将军周旋，不能过去相劝。

"这位王将军，到公子寓所拜访未遇。寻到媚香楼来了，心可诚呢！"李贞丽毕竟是鸨妈，钱在她眼里总是很重要的。再说，这位王将军，一见面就是五十两白花花的银子呢！

"啊，啊，劳将军青眼，小生真是有幸了。"大家都重新坐下后，侯方域与王将军寒暄，"不知将军寻访小生有何见教呢？"

"哪里谈得上什么见教？只是从圆海公处听得公子才高八斗，他非常慕仰的，只是无缘常作竟日之谈。在下想，圆海公尚且佩服得紧，我等愚人，更应该拜谒了。"这王将军五短身材，白白的脸子，没有一点儿武人的豪气。

"将军从阮大铖那里来的么？"突然，默处在一旁的李香插了一句。

"是，是。在下与圆海公是世交了。"

"哼，那可荣耀了！阮大铖可是个大名人呢！"李香嘴角一翘，一声冷笑，"又会拜干爹，又能拜干妈，既作阉儿，又当'客氏子'，真正的大名人呢！"说着说着，李香把脸一别，再也不拿正眼看那位王将军。

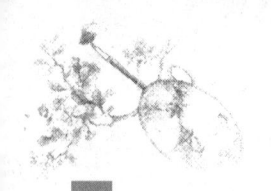

"嗯，将军不必介怀。阮大铖原也是极熟的，只是我等复社诸友，都鄙其为人，故绝交已久了。"见王将军经李香一顿冷嘲热讽，很是尴尬，侯方域只得出来打圆场，他心里对李香的嫉恶如仇由衷敬佩，但觉得对这位素昧平生的王将军，也不必太过刺激。

见话不投机，场面尴尬，王将军吩咐船家靠岸。

"侯公子、李香姑娘，三十年河东，四十年河西，但愿青山常在，绿水长流，后会有期。"临行，王将军抛下这几句不软不硬的话。

"青山一定常在，绿水肯定长流，吓唬谁呢？"待王将军走后李香又如绽开的梨花，笑靥盈腮。"公子，这个什么将军必是阮大铖的说客无疑。公子的耳朵可要长硬点呢。"李香此时完全不像刚才王将军在船上的模样。她斟了一杯酒，递给侯方域。

"公子，妾方才斟了一杯酒，给那人搅了没喝成。现在再敬公子一杯，妾方才所说。如有唐突，尚望公子鉴妾之心。"

"李姑娘哪里话。小生只是以为与人交，那温良恭俭让五个字，是少不得的。"

"孔圣人的话自然不错，却也要看是对谁才是。妾虽处青楼，总还明白物以类聚、人以群分的道理。"李香在温柔款款之中，藏着铮铮骨气。"妾早年和假母在一起就识得陈定生君，其人有高义，又闻吴应箕君尤有铮铮之气，此两君都与公子交好，岂能又与阮大铖之辈相交？且以公子家世名望，又读万卷之书，难道不明白妾都明白的道理！"

"李香，怎么这样说侯公子！"李贞丽担心侯方域不痛快。

"不，不。李姑娘说得对极，对小生真如醍醐灌顶。"侯方域打心眼里佩服，"李香，真是我的畏友啊！"

红颜铮骨，李香却奁

在丁祭的第二天上午，媚香楼的常客杨龙友正坐在楼上与李贞丽聊天。隔壁房里，李香在苏昆生指导下弹瑟。杨龙友是位书画家，且文武兼修，虽是凤阳督抚马士英的妹夫，但三十而不立，功不成名不就，于是放浪山水，时常流连青楼名场。他是个热心快肠的老好人，既与阮大铖有交往，也与吴应箕、侯方域等人很谈得来。昨天他在一位朋友家喝醉了酒，没有参与丁祭。因为听说阮大铖有新作《燕子笺》，很想一观，就到阮大铖家去了。到阮家后，杨龙友知道了丁祭时发生的事，口里没说什么，心里却有心想在阮大铖与复社文友之间调解调解。哪知阮大铖也有此意。杨龙友知道，吴应箕、陈贞慧这几个人，是绝不会宽恕阮大铖的。只有侯方域，既是复社中坚，又生性柔和。再加上媚香楼鸨妈李贞丽托他再三，说李香至今没有上头，又告诉他李香与侯方域两两有情，希望他能在侯方域那里说穿，早成好事。

"既然他二人你有情，我有意，我这月老就便宜了。"杨龙友手托茶盅，在观赏侯方域初见李香题的那首诗，"这真是才子佳人呢。朝宗兄满腹经纶，李香姑娘是正当其配啊！"

"那倒是。李香这孩子外表娇小温顺，不是叫她香扇坠吗，可骨子里头却硬得很。都破瓜之年了，还不肯轻易梳栊。这侯公子是她真正能看上的。杨先生不知道，他们一谈就是大半天呢！"

正说着，李香从房里出来了。

"杨老爷好！妈，您和杨老爷谈什么谈得这么热闹呢？讲出来让孩儿也高兴高兴。"杨龙友是常客，能书善画，平日来除了喝酒吟诗，是极规矩的。所以李香对他印象甚好，说话也就很随便。

"香扇坠儿，可真是让你高兴的事呢，"杨龙友也不掉文，向李香开起玩笑来，"你妈托我做媒，我向她要喜酒喝呢。"

"妈，你看杨老爷一向挺正经的，今儿是怎么啦？"李香走到李贞丽跟前，撅起樱唇，一脸娇羞。

"杨老爷是贵人，是在说正经的呢！"李贞丽见李香眉头一皱，赶忙说明，"孩儿别急，不是别人，就是侯公子呀！"

李香向杨龙友回眸展颜一笑，捂着脸进了里屋。一直在一旁静听的苏昆生，这时也开了口："杨老爷这可真是法眼呀，这是一对玉人呢！"

杨龙友见媚香楼这边一切满意，就趁热打铁，也不听李贞丽留他吃酒的挽留，当时就兴冲冲地跑到侯方域的寓处。

"竹外桃花三两枝，春江水暖鸭先知。蒌蒿满地芦芽短，正是河豚欲上时。"侯方域正面窗负手，口中吟哦有声。

"朝宗兄，好诗情！"

"哟，龙友兄，今日东风，吹得大驾至寒舍，我这里是满室生辉哟！"侯方域很钦佩杨龙友的才华，倒不像其他社友那样，认为杨龙友是骑墙的角色。

"先慢说生辉二字。你先排上几碟开胃口的菜，开一坛好酒，让我润润喉咙，那样，我说出来的话，还会让你满脸生辉呢！"

杨龙友是有酒必饮、有饮必醉的酒虫。侯方城虽量窄，但奉陪几杯还是没有问题的："龙友兄，小生客居白下，寓下恐一时难以周备，同上酒楼一醉如何？"

"不好，不好。杨某此来，非为酒也，在乎，嗯，在乎哈哈……"

南京媚香楼(李香君故居)

杨龙友卖关子，不愿一语点穿。

侯方域见一向爽快的杨龙友这副模样，知道有要事要说，急忙叫来客店小二："请费神，嗯，龙友兄，菜由你点的好。"

"嗯，马祥兴的'四绝'？好，四绝取一，就要美人肝！"杨龙友以其来的目的，想到了这一肴绝菜。

"美人肝"这道名菜，还颇有点传奇色彩。一次，一巨贾到马祥兴菜馆订席，一时厨师想破脑瓜子还是差一样菜，配不足菜谱。急切之间，这厨师灵机一动，点子动到平素人们从不做菜上席的鸭胰脏上。这鸭胰脏，南京人称"胰子白"。征得老板同意后，厨师加意烧制，上盘时取名曰"美人肝"。谁料这样从不上席的东西竟获得食客的交口称赞，并从此盛名传播，身价百倍而成为压轴的名菜。其实，这"美人肝"制作并非易事。一鸭一胰，做一盘"美人肝"，需鸭四五十只，且鸭既要肥嫩，又要新鲜，烧制也需极谨慎，火候不到，软而不脆，火候过头，皮而不嫩。一盘成功的"美人肝"，端上桌是极辉煌的：盘是翠绿的，菜是淡红的，另衬以葱白之类，油光透亮。晶莹悦目，很有点"万绿丛中一点红"的效果。

不多一会儿，客店小二带着马祥兴的两名堂倌，挑着一担食盒，抱一坛状元红，匆匆地赶来了。

"嗬，好一桌鸭席！"杨龙友是识货的美食家，待堂倌一铺排开，立即赞不绝口。

见小二们退了出去，杨龙友笑吟吟地问侯方域："朝宗兄，客居金陵，对此风土人情，感受如何？"

"山清水秀，人杰地灵。不说别的，就是这方言，也如糯米一般，又糯又甜，连下里巴人也是如此呀！来，喝！"侯朝宗指了指外间，说的是方才店小二与堂倌的如簧巧舌。

"下里巴人自然不消说得。在下久居金陵，总觉这六朝金粉地的意旨所在，全在裙钗之中。或许是灵秀的山水，养出一批玉砌粉堆的女子。别的不说，就是这十里秦淮的青楼河房，那李贞丽、郑妥娘、卞玉京……"杨龙友真可谓醉翁之意不在酒，说到此处，故意打住，观

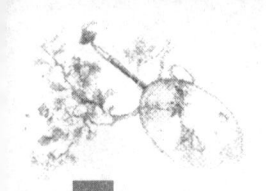

看侯方域脸色。

侯方域夹起一块"美人肝",停箸不食:"龙友兄文武兼修,文章丹青无一不精,小生如雷贯耳,想不到对金陵红妆也极有考究,看来学问也杂得很呢。"

"世人谈起学问,多在八股一途,就在下看来,天下之事,无一不是学问。那'世事洞明皆学问'我以为是极有道理的。就说金陵青楼脂粉队,也是大可考究的。也许侯兄会窃笑我,我则有自知之明。怎么说呢,对色,我是好而不淫,就是这个好字,我亦常常扪心自省,是不是会亵渎了。"

"杨兄清论,宏旨颇深,小生真是失敬了。"侯方域有些感动,觉得这位年方三十而鬓毛见斑的读书人不仅有学问,而且对他的境况,油然而生同情之感。"龙友兄洁身自好,小生实在佩服。然则饮食男女,人之大欲,淫之为过,好则人之常情也。仁兄不必太过拘泥。"

"朝宗兄有所不知,在下半生落拓,功不成名不就,空有抱负,于国事又有何补?人事纷纷,为人尚且不易,有何兴情去做风流客?常在风流场中,聊以混日,空负了风流二字。"杨龙友咽下一片鸭舌,把一盅酒一口灌下。然后,他很有点困难地睁开布满红丝的细长眼,盯着侯方域那略带瓜子形的俊秀脸庞。他看见,侯方域那微微上翘的圆圆的眸子布满了担忧的神色。

"朝宗兄,在下知道,不少朋友认为我是个骑墙派。在我,却看不见有什么墙。今天也不是无故扰你这一顿酒。我点这'美人肝',就是意在给你送个美人儿。你别打岔,这个美人儿,全南京没人有福消受。你是想问是哪一个?香扇坠儿呀!你难道不记得了:'生小倾城是李香,怀中婀娜袖中藏。何缘十二巫峰女,梦里偏来见楚王。'我是受李香之母李贞丽之托来保媒的呢!"杨龙友虽然已经有了七八分的醉意,但他对于自己的使命,却是清醒得很。

听了杨龙友的话,侯方域的眼前,又浮现出李香那婀娜娇小的身姿,那双飞入鬓的柳眉下秋水盈盈的杏眼,那玉雕般的玲珑的鼻,那熟透了的樱桃般的唇,那嫉恶如仇的快语,那温柔款款的情意,不由现出一副神魂出窍的呆模样。

"朝宗兄，点头还是摇头，都可以，就是不能呆呆的！"杨龙友是极机敏的人。于醉眼朦胧中看出侯方城意马心猿的神态，开起了玩笑。

"啊，龙友兄，真是多谢了。"侯方域自知失态，赶快正容喝下一口酒，"李香姑娘是脂粉队中不可多得的女子，小生哪有不肯亲近的道理？只是客居金陵，囊中羞涩，一应置办，仓促之间恐难周全。她虽是青楼女子，礼数总还是应该周到的。"

"朝宗兄何必太迂？在下虽不能夸富，一套妆奁，还是奉送得起的，只要朝宗兄不嫌弃就是。"杨龙友爽快地为侯方域解了难。

"既如此，那就不说多谢了！"侯方域本想谢绝，但又担心杨龙友说是瞧不起他，何况杨龙友方才还在感叹自己做人颇难呢。"只是，只是，以何物为表证聘礼呢？啊，有了，有了，香扇坠儿，香扇坠儿，何不将这柄香扇题上前日在媚香楼所作小诗送与她呢……"

当侯方域想好送给李香的表情之物，正准备研墨题诗时，抬头一看，杨龙友这个大媒人，已经伏在酒汁狼藉的桌上睡着了。

在杨龙友的一力操办下，侯方域与李香这一对钟情已久的青年，终于结成了鸳鸯之好。李香知道，自己是青楼歌妓，与侯方域的结合，并非从良，但作为豆蔻年华的青春女子，她能得到侯方域的爱，已经是感到莫大的幸福了。

"公子，妾身虽处青楼，可是给君的身子，还是洁净的。希望君不要辜负了妾身一片真情才好。"鸳鸯帐中，两情欢洽之余，李香真如一块温润娇小的香扇坠儿，偎依在侯方域的怀中。

"小生虽说不上学富五车，可情义二字，那是时刻装在心中的！"侯方域温柔地抚着李香的肩，信誓旦旦。

"公子，你身为富贵才子，为什么爱上青楼的妾身？"

"啊，这世上最说不透的，就是这个爱字。如若说透，就不成其为爱……"

且不说侯方域、李香两情融融，就是鸨妈李贞丽，也是喜滋滋的。李香色艺双绝，是棵摇钱树，但久不梳栊，就是鸨妈的一块心病。如

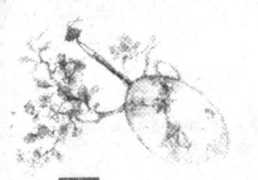

今多亏杨龙友这个凤阳督抚的妹夫，陪送了昂贵丰厚的妆奁，为李香找了个当今名士，治好了李贞丽的心病。所以，一大早，李贞丽就吩咐小丫头们准备梳妆打扮的一应物件，准备侍候李香、侯方域起来梳洗打扮，又叫准备宴席，好接待侯方域的一班朋友来贺喜。

"李妈妈，恭喜了，恭喜了！"日上三竿的时候，吴应箕人未进门，贺喜声就进了门。他是个细高挑的白面书生。别看高高瘦瘦的，为人却极耿直，说话行事大有儒将气度，那篇刺得阮大铖一类阉党余孽不敢出门的《留都防乱揭帖》，就出之于他的手笔。跟着吴应箕一起来的，还有陈贞慧、杨维斗、刘伯宗、沈昆铜、沈眉生几个人。陈贞慧与李贞丽是老相好，所以陈贞慧只是与她相视一笑，而其余几个儒生，却一改平日儒雅风度，一个劲地嚷着要喜酒吃。正热闹着，杨龙友也来了。

"哟，各位都在，那我就沾光有酒吃了。"杨龙友进门就打哈哈。他知道复社一班文士对他有成见，不得不虚应故事。

"龙友兄这就说反了。你是大月老，坐上席的人物，我们一与都是叨光的。"吴应箕对杨龙友确实有看法，但促成侯李良缘，吴应箕认为他是做了件好事。

"诸位社友仁兄，多谢赏步致贺了！"侯方域从房里出来与各位见礼。李香跟在后面，向大家福了一福。

"朝宗兄，'春宵苦短日高起，从此君王不早朝'。嘀嘀！"陈贞慧凑上前向侯方域、李香打趣。

"请各位到客堂入席，一醉方休呀！"李贞丽上楼来邀请众人。

酒席上，复社社友频频向侯方域、李香敬酒。侯方域担心李香喝醉，三巡之后，就为李香代饮，但他酒量本不大，一来二去，就有四五分醉意了。李香喝过几杯之后，脸上桃花，愈益显得娇柔无限。

"香姑娘，梳栊之后，再加如此锦绮绫罗，更是天人无比了。"吴应箕瞧了李香几眼，由衷地对侯方域说，"朝宗兄，粉妆玉琢，真乃珠联璧合，天缘也。"

"可不是么！这真亏了杨老爷，从中玉成，还陪送好一套妆奁！"

李贞丽接过话，"香香，还没谢过杨老爷呢！"

李香站起来，斟了一杯酒，袅袅婷婷地走到杨龙友跟前："杨老爷，水酒一杯，表妾谢忱！"

"酒是要喝的，谢是不能领的，嗯，不能领的。"杨龙友见复社众人谈得热闹，他插不上嘴也不愿插嘴，自顾闷头喝酒，现在，他已喝到九成，醉态可掬了。"对，谢字是不敢领的，要谢，就谢……谢圆海公……公。"

如果不是沉醉，杨龙友是决不会说出"圆海公"三个字的。尽管这三个字说得不连贯，但对酒席上的几位复社文士，已经是如雷贯耳般地震惊了。大家看看杨龙友，又看看李香，而侯方域，由于已有些酒意，却没有听清楚。

李香也十分震惊，见众人看着她，尽是询问的神色，她想问侯方域，而侯方域明显地不知道内情。她相信，侯方域决不会骗她。不要与阮大铖之流交往，是她早就叮嘱过侯方域而他也是刻骨铭心记着并称她为"畏友"的。

"杨老爷，为什么要谢圆海公呢？"见杨龙友的酩酊醉态，李香灵机一动，要套出真情。

"那妆奁，连姑娘身上穿的……戴……的，都是圆海公孝敬公子姑娘的，没别的……意思，他只是想……表白……表白……友情……情。"杨龙友虽说得结结巴巴，意思却十分清楚。

听了杨龙友的话，李贞丽倒是无所谓，但看到众人连李香在内，都把目光转向侯方域，她就有些着急了。她想说点什么缓和一下气氛，但陈贞慧拿眼光制止了她。她看得出来，众人的目光疑问中夹杂着愤慨和不屑。侯方域这次才听明白了杨龙友的话，也深感吃惊。他明白社友眼光的含义，又一句话解释不清楚，于是，就向李香示意，叫她再问问杨龙友。而杨龙友，又颤颤地吞下一杯酒。

"杨老爷，请吃这糖醋春笋片，最解酒的。"李香夹起一块春笋片，放到杨龙友跟前的碟子里。"送妆奁的事，您与侯公子商量过么？"

"商量……过，不……不过，他只知道是我送的。哈哈，香扇坠

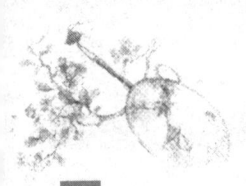

儿，你这几天可别告……诉我的朝宗兄……兄！"

李香深深地吐了一口气，坐了下来。

众人连同侯方域都吐了一口气，李贞丽也感到轻松了。

"春杏，叫辆车，送杨老爷回府！"李贞丽想把杨龙友先送走，让大家彻底轻松一下。

"慢，等等！"李香沉着脸站起来，转身朝楼上房间走去。当她从楼上下来的时候，已然不是刚才浓妆模样。只见她一身平日衣衫，身后的春杏、秋菊两个丫头，一人拎着个包袱，一人提着个箱子。

"杨老爷，您该回家了！"李香走到杨龙友跟前，杨龙友抬起红通通的醉眼，不解地盯着李香。"这是那套妆奁衣物，是谁的您就给谁。妾可要去好好地洗一洗穿戴过这些东西的身子了！"

看着春杏送走趔趔趄趄的杨龙友，看着李香如汉白玉雕成的端庄的脸庞，吴应箕大动感情。他走到李香跟前，深深地一揖："李香姑娘，你真是红颜巾帼，不让须眉，让人好生佩服！"

"朝宗兄，我等复社文友由衷地恭贺你，不独恭贺你得了一位佳人，更恭贺你有了这天字第一号的畏友！"吴应箕转身又对侯朝宗深施一礼。

见大家展颜相贺，李贞丽也劲头十足："来，重换杯盘，开怀畅饮！"

就在李香在媚香楼却奁的秋天，政局发生了很大变化。

中原一带，李自成、张献忠的农民起义军如星火燎原，以摧枯拉朽之势大败熊文灿、杨嗣昌、丁启睿、吕大器，李自成部所到之处，更是势如破竹，直逼北京。山海关外，清兵压境，正与吴三桂眉来眼去，觊觎北京。歌舞升平的留都南京，也不那么太平了。镇守荆襄一带的明将左良玉见天下大乱，以钱粮短少为借口，欲顺江东下直迫南京。由于侯方域之父侯恂于左良玉有恩，于是侯方域受托以父亲的名义致书左良玉，阻止他进兵南京。哪知凤阳督抚马士英是极其昏庸又承魏忠贤残害忠良一线的，他听了阮大铖夹愤藏私的挑唆，竟以私通左良玉罪名搜捕侯方域。在阮大铖向马士英进谗言的时候，杨龙友在场。杨龙友虽然是马士英的妹夫，又与阮大铖交厚，但要残害复社文友，他也是极不愿意的。所以，当马士英与阮大铖还在深谈的时候，杨龙友匆匆地赶到媚香楼向侯方域通风报信。

"哟，杨老爷，稀客呢！"自李香却奁之后，杨龙友一直没到媚香楼来，所以，李贞丽称他为"稀客"。

"侯公子在么?"杨龙友无心客套，单刀直入，"请快转告侯公子，有人告他私通左良玉，最迟明朝，就要捕拿他了。叫他速速避祸，越快越好！"不等坐下，杨龙友匆匆说完，转身就走。

夜深沉。秦淮河上，秋月惨淡。

媚香楼里，侯朝宗与李香灯下相对，离情别绪，使他们好长一段时间相对无言。

"我该走了，免得连累你，连累诸社友。"侯方域艰难地吐出这句话，站起来抚着李香柔弱圆润的肩头。

"阮大铖是记了妾的却奁之仇。公子放心地走，妾从今不下此楼一步！"李香玉齿咬唇，忍住那汪汪的泪水不让流下来。她转身打开箱子，取出侯方域送给她的那把香扇。这把扇子上，多了一个晶莹剔透的小巧扇坠儿。

"公子远走，归来无期，这扇坠儿就请带在身边。见了它，就如同见了妾身一般……"说着说着，那两汪清泪，终于涌出了李香的星眸，她终于控制不住自己，忘情地扑到侯方域的怀里，柔弱的双肩，抽抽搐搐地抖动着。

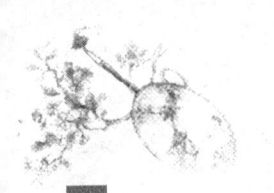

血溅香扇，桃花遗恨

早春二月，春寒料峭。

夜幕四合，黄河这不知名渡口的小镇沐浴在一弯残月惨淡的清辉里。临近渡口一家简陋客店的客房里，儒服素冠的侯方域负手临窗而立，久久寂然不动。清白的月光，映出了他清俊而又憔悴的面容。

这是公元1645年的早春。自侯方域避祸离开南京后，已经一年多了。这一年多的时间对于历史，本是极短极短的一瞬，但是，历史却在这极短极短的一瞬中发生了翻天覆地的变化。

去年五月，清兵在吴三桂的接应下，进入山海关，攻入北京，江山改姓，再也不复称作明朝了。清兵挥师南下，势如破竹。受史可法派遣到高杰军中协助防守黄河的侯方域，因高杰刚愎无能兵败而不能存身，乘舟沿黄河东下，欲回南京。他知道马士英这个奸臣容不得他侯方域，他也知道，当年的福王朱由崧如今建都南京的弘光皇帝，是绝对没有希望的。况且，在马士英当年议立福王写信征求史可法的意见时，侯方域代笔写了福王"三大罪五不可立"的回书，弘光帝岂能饶过他。但是，侯方域实在太想回南京了。他之所以想回南京，实在是想见李香，这种想念红颜知己的心情，促使他恨不得一步就能来到她的身边。哪知就在白天，在这兵荒马乱的黄河渡口，侯方域意外地遇见了浑身泥泞、衣衫褴褛、狼狈不堪的李贞丽和苏昆生。他们身上，带着李香给侯方域的信和那把作为定情物的香扇等物。尽管千里辗转，香扇馨香如故，诗句墨迹如故，只是诗行落款的左侧，添了一枝腥红活灵的桃花。桃花扇旁，李香的素笺摊在桌上，桌上摇曳不定的烛光，照亮了李香那娟秀的手迹：

第七章
娇艳桃花李香君

……落花无主，妾所深悲，飞絮依人，妾所深耻。自君远赴汴梁，屈指流光，梅花二度矣……妾之处境，亦如李后主所云：终日以眼泪洗面而已……远望中州，神飞左右，未裁素纸，若有千言，及拂红笺，竟无一字，回转柔肠，寸寸欲断。附寄素扇香囊，并玉笙、金钿各一。吁！桃花艳褪，血痕岂化胭脂，豆蔻香销，手泽当含兰麝。妾之志固如玉兰，未卜公子之志，能似金钗否也？

弘光元年二月，香手缄。

"侯公子，天时不早，请歇息吧！"

"香姑娘是女中人杰，公子想开些。"

李贞丽和苏昆生换洗毕，进来劝慰侯方域。侯方域转过身来，脸上依然一片忧戚。

"苏师傅，李妈妈，请坐。"侯方域剔亮烛光，招呼苏昆生和李贞丽，他想从他们嘴里，知道别后李香的一切。

自侯方域离开南京后，李香即不施脂粉、不扫蛾眉，不仅不出媚香楼一步，而且轻易不出房门。开始李贞丽看不过眼，先是旁敲侧击叫她接客，然后是催逼她浓妆娱宾，都被李香搪塞了过去。随着时局的变化，李贞丽也就不催逼李香了。李香素妆安处，除为鸨妈做些针指活计之外，就是对着那把香扇出神。这样度日，也算安稳。哪晓得树欲静而风不止。一天，杨龙友又来到媚香楼，李香没出房门，李贞丽接待了他。

由于是马士英的姻亲，加上议立福王时他投了赞成票，半生不得志的杨龙友居然得了个礼部主事的芝麻官。对于杨龙友，这说不上是喜还是忧，但对于李贞丽，如今的杨老爷真成了老爷，而且杨龙友每次来，必有大事。正如俗语说的，他属于"成也萧何，败也萧何"那类人。所以，李香可以避而不见，作为媚香楼的主人，却是非见不可。

"杨老爷，恭喜呀，恭喜。"因为杨龙友大小是个官，所以李贞丽再也不像原来对他那般随和，而是堆起了生意人惯有的那种笑脸。"升了官啦，该接妾身喝杯喜酒才是呢。"

"恭喜什么？官就是管，管就是官。在下既不想管人，也不想被人

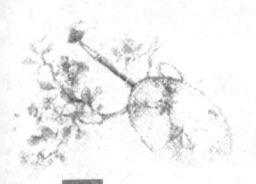

管。"杨龙友还是老性子，对李贞丽明显的冷淡做出了反应。

"官总是官，杨老爷管我们，哪还有不服的？"

"在下今日来，不是来管的，是受人差遣说媒来的。"杨龙友见话不投机，只好早早地切入正题。"在下的亲戚马士英先生的亲戚，也是我的亲戚叫田仰的，现任淮扬巡抚，听了圆海公的介绍，闻了李香姑娘的芳名，硬是托我来当这月下老呢。"

"杨老爷，李香这丫头亏了你当月老，与侯公子梳栊，自侯公子走后，她是足不出户，脸不见笑的。您这第二遍月老恐怕当不成呢！"李贞丽是实情实说，"杨老爷也该晓得，自今皇帝登基，秦淮歌舞，又哪一天歇过，可又有哪一处见到过我的香丫头？"

"是的是的。李香姑娘为侯公子守节之事，在下早有耳闻，只是，只是这差事怎生消得？"杨龙友很是为难。

"杨老爷，妾身这厢有礼了！"正在杨龙友搓手为难之际，珠帘一掀，李香款款地走了出来，手中握着把香扇。

现在的李香，温柔娇弱的风范依然还在，只是在这温柔娇弱之中，另蕴着一些庄重，全然一种使人一丝儿也不能生出狎近念头的模样。

"杨老爷，您的话妾身都听清楚了。自侯公子去后，妾心也已不在躯壳之中。眼下就这副躯壳尚且不得安生，又连累老爷为难，妾身也是不安。也罢，让杨老爷交差去吧！"

李香话音刚落，还没等杨龙友和李贞丽醒过神来，她几个碎步奔向楼柱，一头撞在那红漆的楼柱上！

"啊！"杨龙友与李贞丽同时一声惊呼。

李贞丽快步抢上，扶起李香鲜血淋漓的头，只见李香脸色如纸，呼吸急促，忙唤春杏秋菊抬进房里。

杨龙友呆呆地站在楼柱前，盯着地板上斑驳的血迹，忽然，他注意到了那把散开在地板上的香扇。这把记载着侯方域与李香爱情历史的素扇，侯方域题诗的墨迹新鲜如昔，那落款的左侧，醒目地一朵殷红。毫无疑问，那是李香的血，是这位青楼烈女的鲜血！

杨龙友捧起那把香扇，看着那滴表示李香抗争权贵而付出的代价

第七章
娇艳桃花李香君

的尚未全干的血,一时心潮难平。忽然,丹青高手的杨龙友灵感突至,疾步趋向桌边,抓起笔,几笔点染,勾出一枝腥红的傲骨桃花,待墨迹血迹稍干,杨龙友捧着桃花扇,进到李香的房内。

此时李香正躺在床上,头上沿额一匝包着素帕,素帕上沁出点点殷红,那是沁出的血。杨龙友进来,李香正要别过头去,但一见他手中捧着那把香扇,就没有移动受伤的头。

"李香容颜已毁,杨老爷正好以此交差,还要怎样呢?"李香启动着没有血色的嘴唇,下了逐客令:"妈妈,把扇子递给我!"

"啊,桃花!"李香看到了杨龙友点染的那支桃花,眼睛一亮。

"李香姑娘,在下心意,全在这枝桃花中了。就是将来朝宗兄归来,想必也能理解的。"杨龙友此时的语气极为诚恳,"李香姑娘,在下一生落魄,然胸中报国之志未失。姑娘的为人气节,更令在下胸中难平。姑娘保重,但愿后会有期,在下再不是今日这般模样!"

李香君孤坟

听得出来,杨龙友的话语中,有一些悲壮的味道。

听完李贞丽的叙说,侯方域抚着那殷红的桃花,一声沉重的叹息之后,他抬起头来:"李香怎么又进了宫呢?又是阮大铖那阉儿子捣的鬼么?"

苏昆生点点头,也长长地叹了一口气,对侯方域讲了李香进宫的始末——

李香的伤刚养好没几天,一群兵丁簇拥着一位清客模样的人来到媚香楼,说是新任光禄寺卿阮大铖宴客,请媚香楼名妓李香连同师傅苏昆生一同前往弹唱娱宾。见来者不善,李贞丽与苏昆生都劝李香去虚应一应。李香本是坚决不同意的,但她略一沉思,当即收拾丝竹琴阮,爽快地与鸨妈、师傅一同到了阮府。

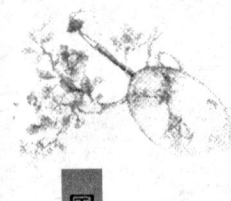

现今的阮府，虽然还是在裤儿裆里，但小人得志，气焰就分外嚣张。门外粉漆一新，门内张灯挂彩。那阉儿子阮大铖，居然纱帽紫袍，神气得不得了。

"苏昆生，你鼠目寸光，当年弃我而去，投到青楼，日子过得还好么？怎么，不说话？也罢，看在昔日的分上，先赏你的座罢。李贞丽，也赏你的座罢。李香，听说你是秦淮名妓，又是侯方域的婊子，我倒要你今天站着唱几支曲子。"阮大铖一边向众宾客打哈哈，一边挖苦李香三人。

"怎么，不开口？记不得词儿了？那算什么名妓！也罢，老夫近填一词，赏你唱罢！"阮大铖见李香不开口，就炫耀地从袖中摸一方素帛，抛向站在大堂的李香。

李香上前两步，有意无意地踏在那素帛上："妾自有新词，听妾唱来！"

阮大铖本待发怒，但见李香脸绽笑靥，心里一荡，忍住了，只听她唱："堂堂列公，半边南朝，望你峥嵘。出身希宠贵，创业选声容，干儿子重新用，绝不了魏家种！"

"大胆的婊子，骂得好，骂得好！来人呀！"阮大铖勃然大怒，把方才那一点邪念冲得干干净净，"拉下去，掌嘴！打死！嗯，且慢。这婊子正是要寻死殉情，我让你死也死不了，活也活不好。先关在马厩里，待明早送进宫去，看你敢不敢骂皇上？"

"砰！"侯方域一掌击在桌上，打断了苏昆生的叙说，也把流泪的烛火震得晃个不停。

"阉种不绝，国无宁日，家无宁日！"侯方域星眼怒张，看得出，如果阮大铖现在站在他跟前，他一定会活活地撕了他。

"是呀，好端端的世界，硬是让这班奸臣贼子给断送了。"苏昆生也发出了深深的感叹。

"侯公子不必心焦，要多保重才是。如今天下大乱，说不定南京失陷，树倒猢狲散，你与李香那孩子还有相聚的日子。"李贞丽心疼李香。这已经不是因为她失去了一棵摇钱树而心疼了，尽管李香不是她的亲生女，但国破家亡所激起的这种爱，总是真挚的。

　　李贞丽到隔壁房里安歇去了，苏昆生也在这房里睡下了。侯方域心潮难平，他又踱到窗前，负手而立，只是手心里攥着李香临别时给他的那个玲珑剔透小巧的香扇坠儿。此时，那一弯惨淡的残月，也被西山的夜色所吞没，只有桌上不到半寸高的泪痕斑斑的红红的烛光，勾勒出侯方域清癯的身影，也把香扇上那朵血红血红的桃花染得更红更艳。

　　李香，这个明末清初骨气干云的风尘痴女子，在天下大乱之年，究竟命运如何？有的说，清廷入关平定天下之后，她与侯方域再度相逢，见侯方域参加清廷乡试，衣锦得意，就一怒之下撕扇绝情而去。有的说，她见国破心灰，割断情丝尘念，到一座叫做栖霞山的道观中做了黄冠女真人……

第八章

傲霜菊花小凤仙

她生在乱世，又沦落风尘，却像那傲霜的菊花，孤标傲世。她得遇英雄蔡锷，演绎了一段美女与英雄的爱情佳话；她深爱蔡锷，可又以大义为重，义送壮士赴沙场；她见壮士一去不返，不禁又柔肠寸断，魂牵梦萦；她在英雄去世后，又悄然隐匿。是的，她正像那花中隐士，有松树般的风格，梅花似的品行。当百花凋零，她却能散发出沁人的香气，给肃杀的大自然以无限的生机与美感。傲霜菊花，再没有比小凤仙更合适的人了。

第八章

傲霜菊花小凤仙

南帮翘楚，得遇英雄

小凤仙 19 世纪 80 年代末出生在杭州。她是满族人的后裔。父亲是没落的满洲八旗武官。在那清王朝彻底崩溃前的苟延残喘的年月里，那个八旗洲官又突然落职了。小凤仙的幼年，生活在一个日趋贫困、后母对她很冷落的家庭中。

在小凤仙约十三四岁那年，她的父亲故去。由此家庭生活更为艰难。后母意欲再嫁谋生路，狠心要将小凤仙卖掉。

这一天，杭州的一条街上挤满一群人，围观一个身上被插了草标出卖的小女孩。一对男女走过来，仔细打量这个瘦弱的小女孩，见她虽衣衫褴褛，却浑身透着一股清秀和聪灵。这对男女当即以八十两银子的身价将小女孩买去。

这个被抛弃给陌路人的小女孩，便是后来闻名北京的艺妓小凤仙。可怜当时她被卖身时，连姓名也被卖得无从知晓。这对男女给她取名小凤。

小凤没有落到正经善良人家的枝头。买回她当婢女使唤的这对男女。据说男的是在宣统年间写过一本庸俗的自传体小说《鲁男子》的风流文人，叫曾朴。此人以寻花问柳为乐。女的叫彩鸾，是曾朴在上海清和坊"媚莲小榭"狎妓时宠爱的一个雏妓。后来曾朴花了一大笔赎身钱从鸨母手上赎她出来，并娶回家中。这两个男女成婚后双双来到杭州，在官场上谋了一个差事。

小凤在曾朴家里当了一年婢女后，已是一个十五岁的少女了。尽管吃的是残羹剩食，而又重活劳累，她仍然发育成熟了，出落得十分标致。当初买她时就不怀好意的曾朴，迫不及待地要摧残这支刚刚含苞的小花，他时常将贪婪的目光在小凤身上扫来扫去。天真纯朴的小凤不谙人事，对这些浑然不察。

这日一大早，小凤见主人曾朴和彩鸾忙着梳妆打扮完毕，便有说有笑地出门去了。她料想他们一时片刻不会回转，便想把自己身上穿的衣裳换洗一下。她走进自己的小寝室，刚刚闭门解了衣扣，便听见男主人急促地敲着她的门叫她。她以为主人突然转回来必是忘了带上什么物品或忘了吩咐什么事，急忙应声掩了衣襟开门出去。谁知男主人一头闯进门来，把她也拽进去，闩了门栓便行非礼之举。可怜小凤一个奴婢，哪敢有任何反抗？只得在惊慌和恐骇中任由男主人凌辱……偏偏这时女主人彩鸾不迟不早赶回家来，撞见了男主人的丑行。

原来，曾朴乃是故意骗彩鸾一同外出，然后借故甩脱彩鸾溜回家来的。但他却瞒不住彩鸾这个风流场所里滚出来的泼辣女人，她早就在暗暗提防他的言行举动。当初她花银子买下小凤是另有打算，想使唤她几年，再转手卖给鸨母赚一笔银子。她自然不容曾朴去狎昵一个婢女而冷落她。她急急忙忙赶回家中，拿着了把柄便醋劲大发又哭又闹。

小凤也挨了女主人的痛骂。听了一番不堪入耳的污言秽语后，她才知道自己宝贵的童贞被男主人强夺去了，不禁失声痛哭。

男主人恼羞成怒，索性公开地一再蹂躏起小凤来。小凤的身心遭到如此摧残，从此形成忧郁寡欢的性情。

正巧，这时上海清和坊"媚莲小榭"的那个鸨母忽然来杭州进香。她顺路到曾朴家看她过去的"女儿"彩鸾，撞见了这对男女的闹剧。

鸨母见小凤姿色不凡，暗忖可从这个年龄正合适的女孩子身上捞一把。便打定主意，故用半真半假的语气对曾朴说：

"当初老身为了成全你，狠狠心把老身最疼爱的女儿给了你，也是指望你们恩恩爱爱地过日子。你如今也该寻一个孝顺的女儿还给老身才好……依老身之见，不如让老身把这个小凤带回上海去。她一走，你们两口子也没事了。"

彩鸾一听正中下怀，自然是抢先满口应承。曾朴也不便再说什

第八章
傲霜菊花小凤仙

么。

鸨母回上海时，便像花钱买小羊羔似的把小凤牵走了。

小凤被带到上海，从一个火坑里被推进另一个火坑，被迫入了清和坊"媚莲小榭"为妓。她开始痛恨这世间的不公正，性格更忧郁而冷漠。鸨母给她易花名凤云，逼她立即接客。尽管小凤哭泣不从，怎奈老鸨冷眼凶脸，威逼利诱，她已是身不由己了。

从此，小凤（凤云）在上海沦落风尘。

那正是"二次革命"失败时期。革命志士或远逃他乡或亡命国外。官僚、巨贾、豪绅们却洋洋得意。一时间，冠盖京华，挥金如土。上海的名妓，也趋炎附势，纷纷北上"淘金"。凤云（小凤）也随着这股潮流漂泊到北京。

北京八大胡同，是达官贵人醉生梦死，妓女们强作欢颜的青楼之地。

凤云来到京城，就入在陕西巷南帮的云吉班。她改叫艺名小凤仙，开始卖艺生涯。

小凤仙的身姿、容貌可谓天生丽质。但在美女如云的八大胡同，她的相貌并不特别突出。她是凭自己非凡的气质而迅速引人注目的。命运对她不公道的摆布和折磨，倒使她在生活中熬得性情孤傲。她很不善于侍候客人，尤其不愿逢迎巴结，为此不知遭到鸨母多少次叱骂讥讽，可她仍我行我素。她很聪慧，颇能识文断字，癖好读书。这使她在艺妓群中超人一等。她本一口吴侬软语，进京后很快又说得好一口京片子。她擅长作歌缀词，更兼博览群书，很有思想，且有一副侠义心肠，被人称作侠妓。

所以，小凤仙在陕西巷挂的牌子很快名噪京城，成为南帮翘楚。

民国初年，北京官僚狎妓成风。革命党人也以烟花胡同作掩护，从事秘密活动。

蔡锷闻得小凤仙的名气，便到陕西巷云吉班探访，结识了小凤仙。这是在1913年至1914年之间（民国二年至民国三年）的事。当时小凤仙约十七、八岁。

小凤仙与蔡锷交往的背景很复杂微妙。

蔡锷是北洋军阀的滇系将领。年轻有为，军事才干卓著，深得云南将士的拥戴。以当时蔡锷身为云南都督的实力地位和影响，加之他敬重梁启超师长，被一心筹划称帝复辟的袁世凯视为大隐患。袁世凯便用民国大总统委以组阁重任或派往湖南率军的名义，骗蔡锷入京。蔡锷尚在进京途中，袁世凯已背信弃义，宣布了另外的组阁和治湘军人选。等蔡锷到京后，袁世凯委他以参政院参政员、全国经界局督办等重职，并赠予梅花胡同66号豪华公寓和一万元现金，以示大总统爱才重才，"上马赐金，下马赐银"。其实，封给蔡锷的都是空衔，他被软禁起来了。袁世凯专门指派长子袁克定，派出众多党羽，严密监视蔡锷的一举一动。

这些都是小凤仙和蔡锷深交之后才得知的。

蔡锷是一个爱国的热血壮士。他出生在湖南宝庆县（今邵阳市）一个清贫的农家。这个寒门学子，从小就立志救国，长大留学日本，寻求真理。后来投笔从戎，从重九起义到督军云南，屡建奇功。蔡锷的政治抱负，是巩固刚刚建立的民国基础，结束军阀割据的局面，安定天下老百姓的生活；训练一支强大的军队，用以对付日益贪得无厌的帝国主义列强尤其是日本。蔡锷对袁世凯的认识，经历了一个过程：由全心拥护、寄予幻想，到半疑半信、提高警惕，直至彻底失望，认清了窃国大盗的狰狞面目。

蔡锷遂与其师梁启超密谋反袁大计，极其隐蔽地与云南将士频繁联系。为了迷惑袁世凯，蔡锷宣称与其师梁启超政见不同，公开签名拥护帝制。为进一步麻痹袁贼，终日混迹八大胡同，纵情声色，不问公务，表现出一副沉沦丧志的庸倦形态。评价这段历史的人称之为"醇酒妇人计策"。

自然，此时的蔡锷目睹令人作呕的拥帝派丑行，叹满京城的文武官吏、学者名士中，竟难觅知音，也不无索性遁身歌楼酒肆，借以排遣积淤满胸的忧愤之心境。

一天，蔡锷易戎装为商贾服来访。他自称是商人，出言谨慎，对

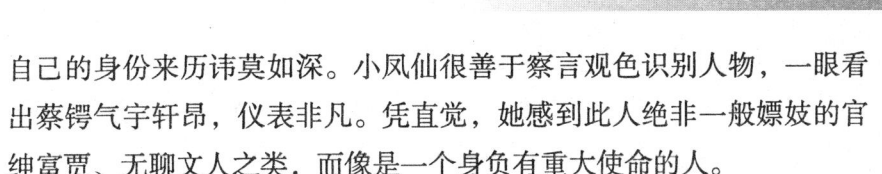

自己的身份来历讳莫如深。小凤仙很善于察言观色识别人物，一眼看出蔡锷气宇轩昂，仪表非凡。凭直觉，她感到此人绝非一般嫖妓的官绅富贾、无聊文人之类，而像是一个身负有重大使命的人。

小凤仙置酒款待蔡锷。应酬交谈中，小凤仙更见这人谈吐不凡，便说道：

"我自堕于风尘卖艺，几年来也接待了各色各样的客人。未尝有丰采似君，令人钦仰，今日可谓仅见斯人了。"

蔡锷忙答道："都门繁盛，游客众多。王公大臣，不知凡几；公子王孙，不知凡几；名士才子，不知凡几。我贵不及他人，美不及他人，才不及他人，怎得谓仅见斯人？"

小凤仙摇首道："如君所言，均非我意。试想当今举国萎靡，国将不国，贵乎何有，美乎何有，才乎何有？我独重君，因见君眉宇间有英雄气，不似那寻常人醉生梦死的模样。"

说得蔡锷半晌不言，暗暗赞叹小凤仙果然是娼寮中的特色女子，不愧侠妓名声。但他毕竟不放心直言自己的来历，只好言不由衷地转谈别的话儿。

小凤仙见蔡锷似有难言之隐，遂离席抚琴，奏一曲《高山流水》。委婉真切，情意淋漓。蔡锷为歌曲所动，也离席聆听。一曲罢了，他还愣在那里若有所思。

小凤仙见状，又为蔡锷满斟一杯酒。递给他说："细观君态，外似欢娱，内怀忧结。我虽弱女子，倘蒙不弃，或许能替君解忧。请勿视我仅为青楼浅薄女郎！"

蔡锷听罢，对小凤仙更为赏识，他接过酒，一饮而尽。这才仔细打量小凤仙，见她确实妩媚动人，衣饰妆扮却淡雅，眼神天真中透着孤傲和深沉，显得格外端庄清秀，全然没有青楼脂粉气。

小凤仙被他的眼光逼得垂下眼睑。但她很快举眸迎望过去。两人心里都有了一种碰撞般的震荡。

蔡锷看到小凤仙的箱头柜面上堆满了书籍和许多卷轴。他信手展阅卷轴，见多是文士赠联，便笑着问小凤仙：

"对联如许，何联最适卿意？"

小凤仙答道："我略谙文字，未通三昧。但觉赠联中多是泛词，不甚切合。不知君肯赏我一联否？"

蔡锷概允不辞。小凤仙当即取出宣纸，磨墨润笔。蔡锷不假思索，挥毫疾书，但见一联跃然纸上：

不信美人终薄命

自古侠女出英雄

小凤仙十分欣慰。当她看到蔡锷署下款"松坡"二字时，略微思忖，猛悟道：

"君莫非蔡都督么？"

蔡锷神情默然地点点头。

小凤仙欲问又止。犹豫片刻，仍旧问道：

"如今这都门系龌龊地方，君本在云南率军，何以轻身到京？"

蔡锷一惊，毕竟不敢轻易道出实情，便试探说："现在袁总统要做皇帝，哪一个不想攀龙附凤，图些功名。就连女界中也组织请愿团，什么安静生，什么花元春，都趁机出风头。我为你计，也不妨附入请愿团，借沐光荣。何必甘落人后？"

小凤仙却正色答道："你们大人先生，应该攀龙附凤，似我命薄，想什么意外光荣？君且休说得肉麻。"

蔡锷并不在意，又问道："你难道不赞成帝制？"

小凤仙反问道："帝制不帝制，与我无涉。但问君一言：三国时候的曹阿瞒，人品如何？"

"也是个乱世英雄。"

蔡锷的话音刚落，小凤仙立刻声色俱厉地接道："君去做华歆、荀彧罢，我的妆阁，不配你立足！"

蔡锷又是半晌不语。他对面前的小凤仙已是钦佩不已，不禁在心底吟诵起唐代诗人高适的名句："莫道前路无知己，天下谁人不识君。"一时竟有此番入京，不虚此行之慨。

从此以后，小凤仙赢得蔡锷的爱慕和信赖。

第八章
傲霜菊花小凤仙

蔡锷对小凤仙推心置腹，视为知己。小凤仙也爱蔡锷的将军风采和才华胆识，尤其敬佩他反袁护国的英雄壮志。二人更是相见恨晚，两情缱绻。

一时间，满京城流传开将军狎美人的风流韵事。

局外人却绝少知道，这是一对侠义情侣。小凤仙在大胆、机智地配合掩护蔡锷秘密筹划的反袁护国行动。小凤仙的妆阁内室，成为蔡锷收集情报、拟发密电、隐秘与反袁志士会见接头的安全掩所。

小凤仙与蔡锷形影相随，外界的议论沸沸扬扬。蔡锷的家里也风波迭起，夫妻反目。蔡夫人与他狠吵了几回，哭闹着要回老家去。蔡锷也不劝阻。风声都传到袁世凯的耳朵里去了。流言对蔡锷颇有贬责。其实，蔡夫人很贤惠而晓大义，她是在配合蔡锷演"苦肉计"。这是蔡锷巧妙筹划的"佯狂避世"迷惑袁世凯计谋的一部分。

起初，小凤仙尚不知蔡锷与夫人演的"双簧"。当有人指责蔡锷"宠妓灭妻"的同时，针对她的各种飞短流长也纷至沓来。这对小凤仙的为人是一大考验。她难堪，为蔡锷夫妇的不和而愧疚不安。她确实倾心于蔡锷这位英俊勇敢而又温文儒雅的将军，但为蔡夫人考虑，她准备痛苦地挥剑斩断情丝。她采取了理智、大义而富于同情心的行动，大胆去拜访了蔡夫人并博得蔡夫人的好感。

小凤仙拜访过蔡夫人之后，才把见夫人的经过，告诉蔡锷。

这天中午，蔡锷又来见小凤仙。小凤仙自与蔡锷结识后，虽未摘"牌子"，实际上已不再接待别的客人。所以蔡锷每次来访也不再通报，可以排闼直入，毫无顾虑。

小凤仙起床不久，刚刚梳妆完毕。见蔡锷进来，两人便手拉手来到套房，套房里有一张很舒适的小床，蔡锷喜欢在这里睡午觉。蔡锷往小床上一坐，把枕头垫到背后靠起来。小凤仙先向窗外望了望，然后挨着蔡锷坐下。她见蔡锷似无要紧事待开口，便握起他的一只手合在自己的掌中，若有所思地说：

"我到府上去过了，见到了蔡太太。"

蔡锷未免有些惊讶，说："我怎么不知道？"

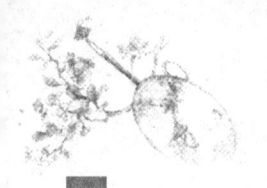

"我特意瞒着将军去的。"小凤仙说，"我是忍声吞泪去的。见了面才知蔡太太的大贤大德。"

接着她说了去见蔡夫人的经过。她决意去见蔡夫人表明心迹，事先打电话给蔡夫人道明了身份，说有话要跟太太谈谈，请太太约一个见面的地点。太太表示欢迎她直接到家里来说。

一见了面，小凤仙很坦诚地表示，她不愿意看到蔡将军与太太闹家庭纠纷，但也不能立刻与蔡将军绝交，以免激得蔡将军与太太之间产生更大的裂痕。她希望太太信任她，给她一段缓冲时间，让她设法慢慢地与蔡将军疏远。

小凤仙说着便流泪了：

"将军猜蔡太太怎么说的？真令人感动。她拉着我的手说：'好妹妹，别这么说，蔡将军不得志，正要靠你的安慰和帮助。你是聪明人，别的话我就不便多说了。'我回来整整想了一夜，才知将军的良苦用意。"

她哽咽着说："听太太说，趁袁世凯还没有看破，她近期就准备从京城这虎穴脱身回老家去。太太若一走，我得承担起照顾将军身体的担子……从此我追随将军也更无顾虑了。"

蔡锷默默听着，一直不语。待小凤仙说完，他慢慢抽出捧在小凤仙掌上的手，去抚着她的肩膀。两人挨得紧紧的，他都听到了她的心跳。

小凤仙这一番披肝沥胆的表白，使蔡锷进一步认识到她可亲可敬，有一副炽热而善良的心肠。

小凤仙巧妙地帮助蔡锷的反袁行动，很精彩的一幕，是智送热血青年金云麓投奔上海革命运动。

大学生金云麓，是小凤仙的云吉班姊妹雅梅的痴情恋人。他发誓要解救雅梅跳出火坑挣个自由身，雅梅也情深意笃地将终身大事期许在他身上。不料，金云麓因事暂离北京不久，袁世凯的爪牙突然闯进云吉班来捉雅梅进宫。

袁世凯的爪牙为什么要来云吉班捉雅梅？起因是这样的——

第八章
傲霜菊花小凤仙

袁寒云是袁世凯的二公子，以风流自许。又喜舞文弄墨，自命清高，常以曹植自诩。他与一心巴望袁世凯做了皇帝自己便好做皇太子的大公子袁克定不合，对父兄二人常有讥讽。这一日袁寒云又与某文人唱和了几首诗，被袁克定偷看了，便去向袁世凯告状说，家里有人造反，反对帝制。袁世凯听了大怒，令袁寒云搬到北海公园里去住，不准随便出入，"禁与当代名士唱和"，并派兵监视，软禁了袁寒云。

袁寒云倒无所谓，说不如

小凤仙

趁此机会潜心研究古钱，但他那"非正式"的夫人薛丽清却被激怒了，她对袁寒云说："我本没有做王妃的命，犯不着跟你一起被人关起来！今日正要与你好说好散！"

这薛丽清原来也是八大胡同清吟小班的艺妓。她被袁寒云相中，接回宫里同住了一年多，已给袁家生下了一个男孩，而她的身份却一直未被袁家认可。虽说袁寒云倒还温柔，不似其父其兄那么霸道，但她嫌他酸气太重，又受兄长挟制……凡此种种，使薛丽清这个个性很强的女子总觉此身如在金丝笼中飞不出去。她一直忍耐着。如今袁寒云竟被关进北海，她再也忍耐不住了，便不顾袁寒云百般劝阻，撇下孩子，毅然决然离宫出走了。

此事本来也就罢了。不料薛丽清走后年余，袁世凯庆贺他的生日大寿，提前三日举行家宴，儿女、孙子都去给他磕头。临到一个老妈子抱着一个襁褓里的婴儿去磕头时，袁世凯一问才知是二公子新添的少爷，便再问孩子的生母何在？老妈子搪塞说，"孩子的生母住在府

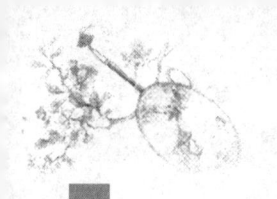

外，未奉皇上恩准不敢入宫。"谁知袁世凯这天兴致很好，随口就说："叫她搬进宫里来住，等候传见。"

这就难倒了袁寒云和几个管家。那薛丽清早已出走去了上海，据说又在那里重张艳帜，这事千万不能传到袁世凯耳朵里。几个管家便给袁寒云出主意说，不如赶紧到胡同里随便寻一个来充数，反正皇上并不认识孩子的生母，袁寒云说只好如此了。管家便随口报出八大胡同几个名角的花名叫袁寒云挑。连报了几个袁寒云都不中意，报到"小桃红"雅梅时，袁寒云便中意了。他以往到八大胡同去鬼混时，识得雅梅小巧玲珑如香扇坠，很是喜爱。于是厄运落到雅梅身上：进宫去为袁二公子李代桃僵，给薛丽清当替身蒙混袁世凯。

管家们马上吩咐军法处到八大胡同去要人。当军警们闯进云吉班气势汹汹地指名道姓要雅梅快快入宫时，雅梅慌忙从侧门溜进小凤仙的房里。小凤仙把她拉进里间藏起来。鸨母知道雅梅藏在小凤仙房里。她起先也装作不知道，假意诘问军警凭什么要抓人？其实她是在要价，当随后赶到的管家拿出五千银洋时，她的冷脸立即变作笑脸，帮着军警把雅梅从小凤仙房里拖出来。小凤仙气得满脸通红，却无力相助。雅梅悲痛欲绝，也无可奈何。她临走留下信物，委托小凤仙转交金云麓。金云麓从关外回京，看到雅梅留下的信物，悲愤交加，陷入不可自拔的苦楚中。

这天中午，小凤仙约了蔡锷一起，到东交民巷西口一家僻静的俄国餐馆，与金云麓交谈。小凤仙真诚地劝慰、开导金云麓。蔡锷鼓励他振作起来，去干一番事业。金云麓透露出他是革命党人，并说他有意南下，去上海投入反袁革命运动，只是犹豫会荒废了学业。

小凤仙和蔡锷都建议他以报国为重。他这才打定主意立即南下。谈到动身日程时，金云麓支吾其词，似有难言之隐。蔡锷猜到他必是囊中羞涩，没有盘缠又好面子，不以实相告。

偏偏蔡锷身上只带了些零钱。小凤仙打开手提包，取出三百元整扎的钞票，不容推谢地赠给金云麓。

他们当即商定，金云麓次日启程经天津坐海船赴沪。蔡锷有一密件要托金云麓带到天津。约定当晚六时，金云麓再来此处与小凤仙接头。

等金云麓照嘱换了一身漂亮西服按时赶到时，早候在此的小凤仙却取出两张舞票，邀他去六国饭店跳舞。上了车，小凤仙在金云麓耳边低语一声"靠紧我坐"，然后故用亲昵的语态与他调情说笑。到了六国饭店，小凤仙给了司机小费，叫他不要等，还故意关照司机：不要对蔡将军多说什么。果然蒙蔽过了一路上竖着耳朵偷听，并从反光镜中盯着他们的司机。事后，小凤仙听蔡锷说，司机倒劝他别太痴情，何苦大把洋钱给人去倒贴小白脸。两人忍俊不禁。

刚进入舞厅坐定，金云麓急切要小凤仙交代正事。小凤仙却谈笑风生。直到音乐声起，两人随众旋入舞池，她才低语道：

"座位上有可疑的人在偷听。我已放了一张纸条在你上衣左面口袋里。这曲舞罢，你借故去寻个地方赶紧记熟了便销毁。"

金云麓一摸，果然衣袋里不知何时有了一张纸条。他躲进一间单人房展开纸条，写的是一串阿拉伯数字，四个数一组，显然是电报密码。金云麓也很机灵，他把数字化作简谱，谱成一首曲子，顷刻背熟了。

他再返回舞池时，小凤仙才将收件人梁启超的地址告诉他。

金云麓很感激小凤仙和蔡锷的关怀、信任，自知受托事关重大，也急于早日投奔血与火的革命新天地，以斩却私情烦恼，他低沉、急促地告诉小凤仙：

"我决计提前启程，以防不测，连夜搭货车走。"

小凤仙默默点头嘉许，两人旋出舞池。她再次打开手提包，将剩下的五十多元倾囊塞给金云麓：

"一路保重！"语毕，她凝望着他义无反顾的背影，直至他消失在夜幕中。

深明大义，侠骨柔情

　　1915年（民国4年）秋。八大胡同里，依然日日是欢声笑语，轻歌曼舞。似乎在这繁华的京都，官僚富豪们能挥金如土、寻欢作乐，便能证明天下是一派歌舞升平景象。真可谓："商女不知亡国恨。"

　　然而小凤仙知道，袁世凯登基称帝的日子越来越迫近。在水深火热中煎熬的中国人民，面临着一场更为巨大的灾难。形势逼人，刻不容缓，蔡锷必须立即离京赴滇，率领将士们发动反袁护国的军事行动。

　　小凤仙还知道，蔡锷除了已与梁启超和各省反对帝制的人士有过周密计划外，早在九月间，还与革命党领袖黄兴秘密接上了头。蔡锷返滇向袁贼发难，时机也成熟了。

　　令小凤仙焦虑的是，怎样才能帮助蔡锷甩脱密探的监视离京呢？她看到，蔡锷成天陷入苦思冥想。有时她深夜一觉醒来，见蔡锷还坐在灯下反复思量，她也睡意索然，披衣起床，给他煲上红枣莲米香粥，或重新沏上一杯浓茶，然后，默默地陪坐到天明。

　　在小凤仙的慨然允诺下，蔡锷终于拟定了一条脱身妙计。

　　那是1915年（民国4年）11月11日。

　　小凤仙精心梳妆完毕，着一身格外惹人注目的华贵服饰，让蔡锷搂着她，二人卿卿我我地离开陕西巷云吉班，坐车来到中央公园（今北京中山公园）。小凤仙大声招呼司机把汽车开回去，她娇媚地说，"今日妾陪蔡将军在公园里好好散心。"

　　入得园来，两人徐徐散步。踱到大松柏树下的"来今雨轩"露天茶社前，便停步饮茶。

　　坐定以后，蔡锷将手上提的银丝网袋放到茶桌上，只听哐当一响。

网袋里白花花的银元十分显眼。

小凤仙又招呼蔡锷摘下巴拿马草帽,帮他脱下长衫。两人这才开始品茶。蔡锷点燃一支烟徐徐吐着烟圈,听小凤仙眉飞色舞地说着一件什么趣事。

跟踪而来的密探们见状,便松了一口气,都充作游客,坐在距离不远的茶座上。

少顷,蔡锷起身对小凤仙说:

"我去解手即回,你不要离开。"说着,便向厕所走去。密探们交换了一个眼色,见蔡锷身穿短衣去厕所,衣帽、钱袋都留在茶桌上,尤其是一向形影相随的小凤仙还坐着没动,断定他必然会很快转回来,所以没跟上去。

蔡锷佯作解手,绕过厕所,迂回走出中央公园,疾步直奔府右街石板房20号曾鲲化府中。

曾鲲化,时任民国交通总长。他是辛亥革命的前驱。从日本留学归国后,在袁世凯政府中任职。曾鲲化先生也是一位支持反袁斗争的志士。不过蔡锷在京两年,与他往来甚少,他便不为袁世凯的党羽们所注意。

早等候在家里的曾鲲化,急忙帮蔡锷换上曾夫人刘灿华的蓝衫和黑裙。男扮女装的蔡锷,钻进事先备好的轿子里,由曾府的一个湘籍厨师和一个北京籍的马车夫,一前一后抬着,径直抬到崇文门火车站。

当时北京火车站军警宪兵林立,严密盘查进出站的乘客。只有崇文门火车站是专供外国人和高级官员使用的,检查不甚严格。加之曾鲲化以交通总长之衔亲送家眷,轿上的"女客"便顺利登上了开往天津的火车包厢。

在"来今雨轩"茶社,一直盯着小凤仙守候蔡锷的密探们,见他迟迟未从厕所转回,慌忙去把厕所周围、公园内外搜寻了个遍,这才知道上当了。密探们气急败坏地返回茶社,围住小凤仙,逼问蔡锷的下落。

小凤仙由此判断,蔡锷必是安然脱身了,她一直惴惴不安的心情

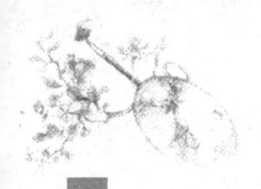

顿时宽松下来。她嘲笑地反诘密探们：

"各位大人一直在此监视小民，莫非哪位能证明小民藏匿了蔡将军么？"

密探们面面相觑。

这时，蔡锷已安全抵达天津，袁世凯闻讯惊慌失措。

小凤仙首当其冲地成了重点审查对像。密探们把她抓去盘问了一整天，她镇定自若。从她口中得不到一句有价值的线索，密探们不得不把她放出来。

为了推诿责任，密探们便向袁世凯谎报军情，说小凤仙坐马车去丰台，车内掩藏了蔡锷。蔡锷离京前一天，曾去密友哈汉章家里打牌，哈汉章为避嫌疑，也趁机大肆鼓吹说，小凤仙如何勇敢侠义，冒险走丰台，故意混淆视听。于是，小凤仙挟走风流将军的美谈，成了京城的街谈巷议。刘成禺在《洪宪纪事诗》中，有一首专叙此事：

当关油壁掩罗裙，

侠女谁知小凤云。

缇骑九门搜索遍，

美人挟走蔡将军。

送走蔡锷后，小凤仙的心境是复杂的。京城的议论使她欣慰，但她仍很不安。她想，蔡锷到了天津并非就是脱险，赴滇的路途上必伏满杀机。她还有一种强烈的失落感。两年来，蔡锷与她朝夕相处，心心相印。使她有希望、有寄托，生活富有了光彩。如今斯人一旦离去，她感到孤寂和无聊。

她只知道，蔡锷到天津后将住进日本人办的共立医院。她仔细从报纸上寻找蔡锷在天津的消息。报载，蔡锷称喉疾，向袁世凯请假赴日治病，袁世凯已照准。她思忖，蔡锷的确喉部有小恙，但事态绝非如此简单，其中必有险诈。她带着满腹的牵挂和思念，悄悄离京赴津，去寻蔡锷。

袁世凯果然是一方面假意照准蔡锷东渡治疾，一方面密令日本和云南等地党羽，不惜一切代价截劫捕杀蔡锷。蔡锷早有防范，他与梁

第八章
傲霜菊花小凤仙

启超密商后决定，绕道日本返滇。并事先派专人到云南向唐纪尧报告，同时与正在海外的孙中山、黄兴取得联系，以期沿途布置人接应保护。

小凤仙赶到天津，在蔡锷离津前夜，为他把盏饯行。别离愁绪，语重心长的叮嘱，都倾注在满杯满盏的送行酒中。

饮到酣畅之际，小凤仙起身趋前，哽咽道：

"将军此去，任重道远。本欲为君高歌饯行，但恐袁贼耳目甚近。愿拟歌词几阕赠别。"

当即找了笔墨来，蔡锷取出怀里揣着的一个笔记本，小凤仙便舒开纤腕，一字一句地默写着——

〔柳摇金〕丽歌一曲开琼宴，且将之子饯。（将军呵！）你倡义心坚，不辞冒险。浊酒一杯劝，料你食难下咽（蔡郎蔡郎！）你莫认作离筵，是我两人大纪念。

〔帝子花〕燕婉情你留恋！我这里百年预约来生券，你切莫一缕情丝两地牵。（如壮志未遂啊，）化作地下并头莲，再了生前愿。

〔学士巾〕（蔡将军呵！）你须计出万全,力把渠魁殄。（若打不倒袁贼呵，）休说你自愧生前，就是侬也羞见先生面，妾要见，到黄泉。

写着写着，涌满小凤仙眼眶里的泪珠断线而落，砸得满纸湿痕斑斑。蔡锷轻轻地为她拭泪，但自己的眼眶也通红了。

这是1915年（民国4年）12月初的一天深夜。寒风呼号，残月惨淡。小凤仙依依送别蔡锷，默望着他换上一套灰色西装，手提简单的行李，大步流星向塘沽港而去。

那里泊着一艘日商"山东丸"轮。即将启锚东渡日本。

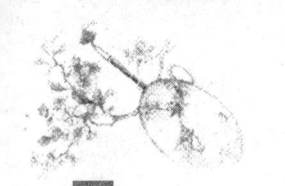

壮士不返，魂牵沙场

小凤仙怀着沉重的心情回到北京，回到陕西巷云吉班，竭力保持平静地挨过一天天时光。

但她的心一直激动难宁。这次蔡锷离京，她本愿跟随他去，哪怕山高路远，风吹雨打。想前一段时间，满京城里"风流将军狎美人"的议论沸沸扬扬的时候，曾风传蔡锷欲"置金屋以藏娇"。事实上，小凤仙与蔡锷之间，确实就小凤仙的归宿有过打算。蔡锷有心助她跳出风尘。她虽知蔡锷已有妻室，也愿以终身相许。有一次，小凤仙陪蔡锷去中学看望他收养的阵亡部下的孤女胡小静时，三人交谈中，蔡锷已有携小凤仙带了养女东渡日本的主意。

不料蔡锷因形势险迫而仓促离京，行前局势不允许他与她从容商计小凤仙的日后事。两人都是欲言又止，将万语千言滞留在胸臆。蔡锷只能反复叮咛，嘱她自珍，待他完成壮举重返京城时，再来相会。他认为这段时间不会很长……

小凤仙每天清晨做的第一件事，就是将京城所有的报纸都找来翻阅。其时，蔡锷已是全国景仰的人物，有关他的报道，相当详细。小凤仙将关于蔡锷的每条消息都剪下来，贴在本子上，不放过一鳞半爪——

蔡锷安全到达云南。

蔡锷与唐继尧等人致电袁世凯作最后通牒：取消帝制，惩治重要罪犯即拥护帝制派十三人。

最后通牒到期这天，云南通电独立，组成护国军。蔡锷任护国军第一军总司令。

第八章
傲霜菊花小凤仙

护国军兵分三路北上。蔡锷率中路直取川南重镇泸州,声势壮大。广大革命党人同时掀起强大的反袁革命浪潮。各省纷纷响应,通电独立。

……

但报道毕竟不能涉及蔡锷更具体的状况,而这是小凤仙更为关注的。

一天,小凤仙接到从袁府出走的雅梅的电话,约她去六国饭店见面。

见面后,雅梅告诉小凤仙:"我准备与袁寒云分手。等我与他的事了结,我们一起先去上海,我帮你去找蔡将军。"

小凤仙初觉这个主意好,但细细一想,又觉不妥,便说:

"我还是守在北京的好。他正在忙着打仗,我不能再拿不相干的事去扰乱他。"

"怎么不相干?这可是你的终身大事。"

"比起他的大事业来,我的事太小了。等到仗打完了,他一定不会忘记我,我相信他。"

雅梅不语了。其实,她偶然从别人口里听到了蔡锷的消息。蔡锷目前正在泸州、叙府一带作战。他的生活极其艰苦,经常几日几夜不能好好睡一觉,一身军服,从出师以来从未换洗过。原本不好的身体,益发瘦弱了。雅梅不忍将这些告诉小凤仙,免得她担心忧虑。

让小凤仙平静地期待战事平息的那一天吧,她想。

小凤仙期待的日子,到底来临了。

1916年(民国5年)6月上旬。袁世凯在全国人民的唾骂声中一命呜呼。黎元洪继任总统,段祺瑞组阁。护国军罢兵。

小凤仙开始急切地盼望蔡锷派人来,或者至少写信来。可是一天天过去了,她望眼欲穿,依然是音讯渺茫。她的一颗心,忐忑不安,滋生出无穷的忧愁和疑虑。

她竭力宽慰自己说,蔡锷还羁留在硝烟未散的前线,他眼下还没有工夫派人或写信来。

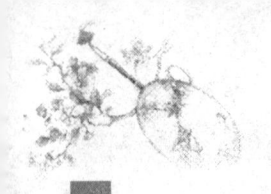

到了7月下旬，有消息说，蔡锷到达成都，就任四川都督。小凤仙更为期待而焦虑了。他怎么仍无信来呢？他该想到天涯有人魂牵梦绕的呵！

小凤仙终于盼来了一个人。这人便是她和蔡锷资助、鼓励赴沪投入革命运动的金云麓。他五天前由四川到上海，又匆匆赶来北京。原来，他自从离京南下后，一直受命往来于沪蜀之间，联络各地的反袁护国行动。

金云麓告诉小凤仙，他是二十天前与蔡将军分手的。将军郑重委托他来看望小凤仙，还捎来了口信："将军说，对不起你，请你不必惦念他。"

小凤仙听了此话，感到很费解。她欲再问详情，却见金云麓向陪他而来的雅梅递了个眼色，便匆匆起身说今日另有要事，要告辞。

不祥的预兆猛地袭向小凤仙的心头。她明白，他有些不便说的话，转而委托雅梅来对她说。她便不挽留他，只约改日再见。

金云麓一走，雅梅并不等小凤仙催问，主动按照金云麓的嘱咐说起来：

"蔡将军说，他不能派人来接你。他也拿不出一些钱来托金云麓捎给你。蔡将军和他的弟兄们苦得很，几个月发不出饷，伙食钱是找地方上的绅士东拉西借的……"

"难道我指望他给一大笔钱发财？"小凤仙听得不禁恼怒起来。

雅梅愣了愣神，迟疑着说下去："蔡将军的反袁壮举是成功了，却没人管他的事。弟兄们要解散，要补发欠饷，他拉了两三百万的亏空。"

小凤仙听了也一惊："竟拉了这么大的亏空？"

雅梅点点头，无意中又冒出一句："蔡将军的病，也更加治不好了。"她立即知道失口了。金云麓关照过，暂不要对小凤仙说蔡将军的病情。

小凤仙立刻惊讶变色，接二连三追问道：

"蔡将军何时患上了病？是什么病？有没有危险？"

第八章
傲霜菊花小凤仙

雅梅惶惑地摇摇头,她不敢再说,也说不清楚。

小凤仙赶紧向她问清金云麓的住址,向他挂通了电话,请他连夜赶到她的住处再谈。

雅梅陪小凤仙回到家里,表示要再陪她等金云麓到来。小凤仙谢绝了,她想独自静一会儿,理理纷乱的思绪。

送走雅梅,她虚掩大门,点燃煤油灯,仰头靠在窗前,紧闭双目。她凝听窗外,西风乍起,尖利地扯叫着,吹打起落叶,哗哗啦啦地,不知卷向何处……

金云麓很快赶来了。他见已隐瞒不住,便将真相和盘托出。

"……蔡将军率军入川时,只领了四个月的饷……他以三千饥卒,与北军四万为敌……与张敬尧在合江、纳溪之间,一连交战二十多天。他未曾好好睡一觉,未曾好好吃一顿饭,终致病倒了。不断发高烧,军医诊断不出病因,束手无策……

"幸亏当地有一座天主教堂,法国神父精通医理,诊断蔡将军咽喉部位的细胞畸形发展,蔓延极快,已属不治之症。若再不好好休息疗养,则最多只有半年时间了……"

蔡锷像

金云麓已泣不成声:

"将军恶衣废食,自戕其身,瘦得脱了形。说话要拿耳朵贴在他的嘴上才听得见。就这样,他还不躺下休息。我从未见过这样的硬汉子,一步一步往死里走,自己也知道,可决不泄气……"

小凤仙听得心如刀绞。但她还没流泪,她忘了哭,只顾死死盯着金云麓的嘴巴,不放过一字一句地听着。直到他说完,她还目不转睛

地望着他，但她的双眼已失了神，她的一颗心，早已飞到成都，扑到蔡锷身上。

她明白了蔡锷千里迢迢捎来的话的意思。将军必是在深夜病痛发作，剧疼失眠时，通前彻后地想过了，对他和她的恋情姻缘绝望。便托金云麓带信来，让她早早忘掉他，好减免许多痛苦。

体察到蔡锷之心，越发勾起她刻骨的思念。她痛苦地想象着蔡锷被病魔缠身的身影，也不知金云麓何时辞去了。

她终于涕泗滂沱。整整一夜，悲啼压倒了凄厉的风声。

痛失知音，悄然隐匿

蔡锷的病情日益恶化。8月9日，他被从重庆送到宜昌。一艘军舰全速驶来，载着他顺长江急下，沿途所经武汉、南京均不停留，直抵上海。他的行踪极为隐秘，以防有人去探望反而打扰了他。

但小凤仙还是打探到了蔡锷的消息，并知道他住在上海哈同花园。她急切地邀金云麓马上同她一道去上海，她要去探望、护理蔡锷。

金云麓以为小凤仙不去为好。但他一时难以劝说，便推说有急事要办，三日后再会面商量启程日期。小凤仙则催促他有事赶紧料理，三日后便启程。

金云麓陷入了沉思中。他早料知，蔡将军所托此行，使命艰难。而今小凤仙的念头果然难倒了他。为蔡锷考虑，以他危重病状之身，他感情上的负担，本已断然抛开。如果又玉人觌面，古井重波，对需要绝对静养的他来说，何堪承受这番巨大波澜的刺激？为小凤仙设想，一旦去见了蔡锷，目睹他形容枯槁，失音难语，连一吐相思都不能够。除了平添摧肝裂胆的巨大痛苦，于小凤仙的今后又有何益？

第八章
傲霜菊花小凤仙

第二天，小凤仙突然接到金云麓约她去明湖春吃饭的电话。她想，他提前约她见面，必有要紧话说，便准时赴约。

见面后，她见金云麓的表情很紧张，果然似欲相告要紧事的神态，便也不催问他赴沪的准备如何，听任他闲聊起他故乡的名胜古迹。

"我的故乡徐州，是当年楚霸王项羽镇守之地，古迹名胜甚多。有个燕子楼，不知凤姐听说过否？"

小凤仙答道："是不是关盼盼绝食的地方呢？"

"正是。"他趁机接着讲起，白居易如何应邀到张尚书家作客，如何认识了关盼盼。张尚书死后，关盼盼怎样誓死不嫁人，怎样在燕子楼独居十余载。她苦吟了思念张尚书的三首诗落到白居易手里的经过。

小凤仙伤感地说："我闲来读书时，也读过这三首诗，确实催人泪下。"说着，她不禁小声吟哦起来：

"楼上残灯伴晓霜，夜眠人起合欢床；相思一夜知多少，地角天涯不足长。

"这一首是说寂寞恨更长，纵天高路远，也不比一夜思念更长。第二首说是张尚书葬在洛阳北邙，她去谒墓：

"北邙枕柏锁愁烟，燕子楼中思悄然；自埋剑履歌尘散，红褪香消二十年。"

她闭目略为思忖了一会儿："第三首写得更是凄凉：

"适看鸿雁岳阳回，又睹玄禽逼社来；瑶瑟玉笛无意绪，任从蛛网任从灰。"

金云麓说："这三首诗落到白居易手上，他依韵和了三首。你可曾读过？

"未曾。你记得么？"

"我只记得第三首。"他说着吟道：

"今春有客洛阳回，曾到尚书墓上来；见说白杨堪作柱，争教红颜不成灰。"

小凤仙听了惊疑地问："白居易要叫关盼盼去死？"

"白居易另外有一首诗赠关盼盼，说得更明白：'黄金不惜买蛾眉，拣得如花四五枝；歌舞教成心力尽，一朝身去不相随！'"

"岂有此理！"小凤仙勃然变色，"难道教成歌舞，就应该身去相随死吗？"

金云麓并不停嘴，依然说下去：

"关盼盼看了白居易的诗便绝食而死。但她未绝食前，有一番解释的话。她说张尚书故世时，她不是不肯殉节，是怕人贬议张尚书重色，所以有姬妾愿意跟他一起死。这不是损害了张尚书的名誉？"

说到这里，他顿了顿，终于脱口说出最后一句话：

"我觉得，关盼盼的想法很对。这样爱惜张尚书的名誉，才是真正为张尚书好。"

小凤仙默然。她不再说话，只是低着头沉思。她完全明白了金云麓引出这个话题的用意。

好一会儿过去，小凤仙才猛然昂起头：

"上海，我不去了。蔡将军本是大人物，如今更是全国景仰，一举一动，都有人注意。我这个风尘女子去找他，被人传说开去，不是对将军不合适吗？"

她的话骤然而止，浑身的血都奔涌到脸上。她确实也悟到了，此时去见蔡锷，会使他激动，对他的病体不利。但她心中翻腾着更多的感慨。

"去不去上海，请凤姐再从容考虑……我断无意语伤尊敬的凤姐……"金云麓深抱歉意地说。

"我的主意已定。"小凤仙面色惨白，却很豁达地说。

小凤仙不去上海是绝望的决定。但她对蔡锷的期待还没有绝望，她默默祈祷他康复。

她依然仔细地从报纸上寻找蔡锷的消息，小心地剪贴在本子上。这时全国都关注着蔡锷的病情，报纸上的消息较为详细。报载——

蔡锷于9月初由上海东渡日本，在神户登岸转道福冈。一路由他在日本陆军士官学校时的老同学蒋百里护送。

福冈医科大学病院的医师们对蔡锷的病症进行会诊，一致认为：

第八章

傲霜菊花小凤仙

蔡锷的病已属不治之症。只能安慰病人使之保持良好的心境以拖延时间。

小凤仙对这残酷的诊断结论惊讶失色之余，仍在心里暗自祈祷：但愿蔡锷能因护国成功而感到宽慰。她想，这种宽慰能使蔡锷避死回生，天不应绝此救国救民的良将。

然而，蔡锷的心境是难以宽慰的。他不顾医嘱执意要看报了解国内政局。护国战争的告捷并未带来他预期的结果，军阀割据之势已形成。袁世凯死后继任大总统的黎元洪与总理段祺瑞钩心斗角，致成府院对峙……这一切对蔡锷都是刺激。

这些坏消息，折磨得小凤仙柔肠寸断。但她的心里还是抱着苦苦的希望。

11月中旬，一个噩耗从上海传到日本：黄克强以四十三岁的英武年华，忽于一天傍晚口吐狂血，致当夜2时气绝身死。蔡锷闻讯顿足捶胸，痛呼国家于用人之际失却一栋材。他由此愁闷益增，病势更为沉重……

小凤仙泪流满面地读到这些消息：

至11月8日，蔡锷感觉天旋地转，自知死神临近了，他以低得几乎听不见的声音对蒋百里说：

"我不死于保卫国家的疆场，死有余憾……古来大臣临终，必有遗奏。人之将死，其言也善……我要尽最后的言责，请你代我拟遗电。"

他艰难地口述起来，一字一句都凝聚着满腔的爱国情义。这就是历史上著名的蔡锷四点遗电。其中有一点就是要求北京政府令饬四川有关当局，将护国军将士在四川作战的阵亡及有功人员，核实请恤请奖，他临死尚念念不忘他的将士。

他喘不成声地口述完最后一句遗电，说他"以短命未克尽力民国，应以薄葬"。

护国运动的主将，一颗耀眼的将星，陨落了。

蒋百里急电回国报告噩耗："……公恶衣菲食，以戕其身……临终之际，犹以未能裹尸为恨，然蔡公身虽未死于疆场，实与阵亡者一

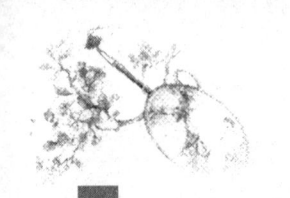

例也……"

急电传到北京,传遍全国。

小凤仙彻底绝望了,她痛不欲生。她摘掉云吉班门前她那块早已是虚挂的"牌子",几日几夜把自己反锁在内室卧床不起,拒食拒饮。

蔡锷的灵柩于1917年(民国6年)元旦的第二日运回国。扶送到湖南长沙。依照不久前公布的"国葬法",蔡锷获当时民国的最高哀荣,国葬于巍巍雄峙的岳麓山。

不久,在北京举行了隆重的追悼会,公祭蔡锷灵堂四壁挂满了政界军方文坛名流的挽联祭文。而小凤仙的一副挽联,却特别引人注目:

不幸周郎竟短命

早知李靖是英雄

此联运典浑成,而又以红拂自拟。于极简十四字之中,凝注了无穷无尽的感慨和悲哀,使参加悼念的人赞议、叹息不已。

但人们并未看到小凤仙参加追悼会。挽联是小凤仙请人送去的。新闻记者由短命的英雄联想到飘零的红尘,急忙赶到陕西巷云吉班去采访小凤仙,谁知早已是人去楼空了……

小凤仙离开京城后,人们长期以来对她的去向猜议纷纷。有人说她经上海乘舟去了湖南。说蔡锷临终前留有给她的遗书,她照蔡锷的遗嘱,捧了蔡锷遗书去蔡锷的原籍寻找到蔡锷的母亲,在那里度过了清苦而不失宁静的一生。又有人说,小凤仙不久后重新返回了京城。说她不得不斩断旧情,嫁给了一个富商,改名易姓做了寂寞尚且安逸的富贵妇人。这些都是捕风捉影的猜测。其实,小凤仙远远地去了东北。她痛失知音,万念俱灰,唯对蔡锷的音容笑貌难以忘怀。在东北,她在对蔡锷的永久悼念中隐居至老。全国解放以后,据说,梅兰芳先生于20世纪五十年代初期赴朝鲜民主主义共和国演出归来,途经东北时,还曾见过小凤仙的。

第九章

护国奇葩赛金花

赛金花是中国最后一位"红倌人",是一个充满传奇色彩的女性。她曾经沦落风尘,红极一时;她曾经成为状元夫人,随夫访英,得到很高的待遇;她曾经生活不检点,对丈夫不忠贞;她曾经是庚子勋臣,利用美色媚惑八国联军统帅,令其撤军,使国人免于涂炭;她曾经涉嫌命案,被捕入狱;她曾经屡次改嫁,身为贵妇人;她曾经穷困潦倒,付不起房租,生活靠来访者救济。就是这样的一位女性,使我们无法盖棺而定。她毕竟是来自社会的最底层,她仅仅是一个妓女,无法去用功过来评论她。但历史会铭记下她的名字:赛金花。

第九章
护国奇葩赛金花

文卿苦读，彩云投石

　　大清光绪十八年（公元1892年），天下太平，风调雨顺。苏州河畔的下游，靠近太湖山湾的城北之外，入秋之后，两岸垂柳，已呈现一片金黄色，间或有几株绿枝，参差其间，迎风轻舞，河岸的沙滩上，因落叶的坠覆，已看不到往日人们留下的脚印。

　　这时，河畔的南岸，有一对少年男女在追逐中，身后扬起纷飞的落叶。突然，少女似乎发现了什么，略一滞疑，被追来的少男抱个正着。

　　"放开我，阿四！"少女叫着。

　　"不要！"少男仍将她抱得很紧，却带点央求的口吻说：

　　"我不容易把你逮着，除非你和我好。"

　　"去你的！"少女不屑地说，"癞蛤蟆也想吃天鹅肉，快放开我，不然以后再也不理你啦！"

　　少男略略一怔，终于泄气地松开手，少女露出一脸胜利的微笑，俯首从地上拾起一粒卵石，光滑圆润，有着青白相间的斑纹，玲珑小巧，可爱极啦！

　　"原来你喜爱这个，我家公子书房有的是！"阿四不经意地说。

　　少女眼珠一转，笑着说："真的？"

　　"当然是真的啰！彩云妹妹！不相信我下次领你去看。"

　　"好哇！"彩云略显惊喜地说："我知道，你家公子足不出户，哪来这些可爱的玩石呀？"

　　"还不都是我捡来的。"

　　"哦！"彩云随后向下坠的夕阳看了一眼，"太阳都下山了，我们

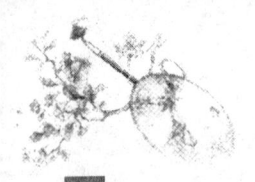

快回去吧！待会儿我姐姐找我，你家公子也要找你呀！"

"管他呢，只要和你在一起就好啦！"

彩云嫣然一笑，径自走去，阿四立即尾随着她，并一面嘀咕着说："真倒霉！白耗了半天，回去定挨公子的责罚。"

"你刚才不是说，只要和我在一起就好啦！"

"可是……可是……"阿四讷讷地说。

彩云回过头，神态娇媚地说："你呀！人小鬼大，一天到晚就没安好心眼儿。"

阿四心神一荡，抢前了一步，一把拉住她的玉手，并说：

"我可不小呀！比你还大好几个月哩！"

这会儿，彩云由他牵着，内心似乎在想着心事。

"彩云妹妹！听人家说，你姐姐在……"

不想，彩云杏目一瞪，满面不悦地放开他的手："怎样？"

阿四一怔，忙赔笑着说："对不起，我不是有意的，但是，人们都说，你们家也是官宦之后，本来就不姓傅。"

彩云一听，不禁一愕，终于泛起一朵稚幼的微笑："走吧！"

"那你们原来姓什么？"

"我爹姓曹，我的名字叫梦兰，傅是我娘的姓。"

"不！我想听听你的身世。"

彩云忽然双眉一蹙，显出无限忧伤，一面走着说："我爹原是徽州的一名太守，听我姐姐说，好像是洪秀全作乱，我爹被杀了，我娘带我们迁到苏州，没有多久，我娘也死啦！"

"为了生活，你姐姐便沦落到娼门之中。"

彩云点点头，双眸已浮现出泪珠。

"原来如此。"阿四说着，两颗小眼珠一闪："彩云……不！梦兰妹妹，我看你长得比你姐姐还标致，迟早也会被客人看中的，那就成全你阿四哥吧！"

彩云大为一惊，柳眉一扬："哼！休想。"说着，便向岸上飞奔而去。

第九章
护国奇葩赛金花

"梦兰妹妹!梦兰妹妹!我非抓住你不可!"阿四一面叫着,也随后追去,瞬间,两条人影,已消失在南岸堤湾之中。

夜,来得很快,城北的洪家庄,这时已灯火通明,洪阿四由于没追着傅彩云,怏怏地回来,刚走进庄院,便被老管家训斥了一顿,罚他前往柴房劈柴,阿四愈想愈窝囊,计划了多久,好不容易把彩云诳到河岸,不想天鹅肉没吃到,反而惹来一夜的劳役。

在书房中,洪家的独子洪文卿,为了赶应今年的秋试,已寒窗苦读了好几个春秋,他并不是想象中的书呆子,只是洪家的传统上,都入试中第,他不能给自己的父母丢脸。

有一次,阿四在河岸拣来不少卵石,形状不一,非常可爱。从此,便常命阿四去捡拾,后来他发现这些卵石,品质上有很大的差别,而且长年河水冲洗,经日月风霜之陶冶,石上居然显出各种彩纹,令人产生无限遐思。

于是,读书倦了,他便玩这些卵石,也有相当的乐趣。

这天午后,他本想命阿四去找卵石,却不见阿四的影子。晚餐之后,有点困倦,和衣躺在床上,醒来已是深夜了。

洪文卿怕父亲闯了进来,赶忙爬起,正襟危坐地打开书本,朗朗地念起书来。

"唉!还有半月才到南京,这日子真难挨!"洪文卿独自思忖着。

又读了一会儿书,也不知为什么,心情有点烦躁起来,想起父亲常告诫他的话:"孩子!古人说:'书中自有黄金屋,书中自有颜如玉'你只要用心苦读,一旦金榜题名,便有享用不尽的荣华富贵。"

"黄金屋何在?颜如玉呢?"洪文卿内心升起埋怨的意念,这样想着,嘴巴虽念着书,却没有了声音,书上的字更是一片模糊。

正逢此时,恍恍惚惚窗外传来步履声。洪文卿抬起头,忽见花丛中飞来一团白影,迎着灯光,发出闪烁的光耀。

洪文卿大感一愕,仓促间头一偏,却有一物掉在书桌之上,迅即跳落地面,滚进床底。

"谁?"洪文卿叫着,窗外没有丝毫反应,他大感奇怪,离座俯下

身子，掀开床单，看到一粒斑纹卵石，伸手摸了出来，借着灯光，不禁心头一阵狂喜。

这卵石实在很少见，青白相间，光泽透明，真是稀世之彩，洪文卿一时爱不释手。

蓦然，他感到身后似乎有一股气息的压力，猛然转身，他愕然失惊，张口结舌，竟说不出一句话来。

敢情，就在窗台幔纱旁，俏然卓立一名天仙般的小佳人，年约十二三岁，柳眉如画，一双水汪汪的秋波，黑白分明，含情脉脉；深陷的梨涡，配合那张樱桃红唇，全身披着一袭轻纱，衬出粉红色紧身内衫，裹着她那玲珑曲直的体态，令人不禁有魂飞魄散之感。

"我乃七仙女是也，因与公子有一段凡缘未了，奉玉帝之命，送来千年精石，以为媒凭，今乃合苞之期，黎明之前，妾身将离人间，良宵苦短，尚望公子珍惜。"说着，仙女含羞低首，娇不自胜。

洪文卿几乎不相信自己的耳朵，稀世之宝，来得太过突然，房中多出一名绝色的女子，更显得神秘莫测，且听她自称是七仙女，仿佛他真的进入梦幻之中。

洪文卿惊愕之余，猛然咬着自己的手指："啊唷！不是梦！"洪文卿自语着。

既不是梦，必然是真，果然是七仙女下凡来了，看到美女当前，娇声如莺，洪文卿身不由己地向美女走去，大胆地将她一搂，居然身轻如燕，却感到一股绵绵的热力，透过他的四肢百骸，美女的面颊，和他是那样地贴近，吐气如兰，令他感到目眩昏花，不自觉地吹灭了灯，将她抱入床中。

洪文卿昏昏沉沉地睡去，也不知过了多久，依稀听到耳旁有人窃窃私语："文卿！我走了，如想我，可将千年精石摸抚，连唤三声彩云，妾身必来。"

许是太疲倦了，洪文卿实在睁不开眼睛。等醒来，朝阳已自窗外透入，他猛然一惊，坐了起来，身旁哪有仙女的影子，披衣下床，讶然发现床上片片落红，他有点疑惑起来，"难道仙女也是凡俗之体？"

他百思不解，忍不住将手伸入枕下，内心一喜，那千年精石仍在那里，然后摸抚一阵，闭上眼睛，口中念着："彩云！彩云！彩云！"

可是，当他睁开眼，精石并未灵验，他又自解地说："人间白昼，天上深夜，定要等到晚上。"

于是，他开始盼望日落，并希望夜幕早早降临，偏偏时光是那么的缓慢。

午后，阿四来了，小心翼翼地走入房中，洪文卿居然毫无所觉，坐在书桌旁，两眼发直。

"公子！你在想什么？"

洪文卿一愣，见阿四站在一旁，半天才淡淡说："你回来了。"

阿四应了声，内心暗喜，公子没有责罚他，似乎忘记他已一日一夜不见。

"公子！老爷说，再过十多天，就要进京啦！问公子需要些什么，小的好去准备。"

"进京？"

"是呀！秋试！"

"哦！"洪文卿应了声，却答非所问地说，"什么时辰了？"

"今天是八月初二。"

"胡闹！"公子双眼一瞪，忿然地说："谁问你什么日子！"

"哦！哦！小的听错了，现在刚过未时！"

"嗯！你下去吧！不用打扰我。"

阿四惑然不解，看公子好像中了邪，心想：管他呢，落得个清闲。

好不容易，日落西山。夜，一直延伸到次日黎明，洪文卿不知念了千百遍，心仪的仙女却渺无踪迹。

如此三天，洪文卿均未能如愿，转眼动程赴京，阿四一路上照顾着公子。

一天半夜，阿四被公子的梦呓惊醒。

"彩云！彩云！……"

阿四大吃一惊，暗忖："公子怎会知道我认识彩云。"

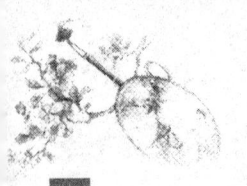

可是，仔细一听，又不对，似乎公子的呼唤，有一种迫切的思暮和亲昵之情，阿四悄悄地爬了起来，燃上灯，发现公子手中那颗卵石，更是愕然失色。

"公子！公子！"

不想，洪文卿一骨碌坐了起来，两颗眼珠，梦幻似地盯着阿四说："你……"

"公子！我是阿四！"

洪文卿全身一震，如梦初醒，并说："你为什么叫醒我？"

"我听公子呼唤彩云姑娘！又看到这块卵石，所以……所以……"

洪文卿愕然地问："你认识七仙女？又如何知道这块千年精石？"

"嗳！公子！什么七仙女？彩云姑娘就是城南官妓傅秀云的妹妹，这块卵石，是几天前在苏州河边捡来的。"

"你怎会知道？"

"不瞒公子说。"阿四略显尴尬地，"彩云姑娘常到河边去拣卵石，小的也常去，就这样认识了。"

"她是什么模样？"

"十二三岁，挺标致，比天仙还美，心思灵巧，还常问到公子呢？"

洪文卿愕然一怔，久久，忽发出一阵朗笑："哈哈……好个小妖精，等我回来，定饶不了你。"

"公子怎么啦？"阿四讶然地说，"您也认识她！"

"没什么！快睡，明天早起，进京赶考吧！"

阿四更是如坠五里雾中，也不敢再问，只好怀着满腹狐疑，灭灯安歇。

第九章
护国奇葩赛金花

状元夫人，随行访英

洪文卿中第了，并且是头名状元，奉旨出巡各地，先后约两年，一直到光绪二十一年的春天才返回北京，忽闻父丧，乃告假归来，守孝百日，方将阿四找了来。

"打听出来没有？"

"在苏州河舫，已张艳帜，美冠群芳，人们都称她为'花国状元'。"

"哈哈！"洪文卿洒然地笑着说，"真状元来也！"

洪文卿对阿四又耳语了一阵，阿四随即领命而去。

此时的苏州河畔，已和往昔大不相同，沿岸都是一排画舫。入夜之后，更是灯火辉煌，人声嘈杂，成为狎客、妓女的会集之地。

其中有一艘"彩云画舫"，高悬着两只大灯笼，上书"彩云画舫"字样，室内陈设，也与众不同，富丽堂皇，无人不知，名妓傅秀云、傅彩云两姐妹，便是这艘画舫的主人。

约莫酉时刚过，正舱花厅中，高朋满座，傅彩云周旋于宾客之间，谈笑风生，如蝴蝶般地穿梭，成为整个宴会的焦点。

这时的傅彩云，更为成熟了，整整十五年华，一口的吴侬软语，仪态万千，不知倾倒了多少后生。

忽地，傅彩云的贴身丫环湄娘走了进来，在她身旁悄语了一句，傅彩云立即对客人们说：

"各位贵宾稍坐，我立刻就来。"

"别跑呀！"一名俏公子说，"没你多扫兴！"

"放心！最多一盅茶的工夫！"

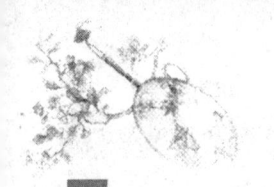

傅彩云说着，一闪腰肢，已出了花厅。门外，傅秀云站在那里等着她。

"彩云呐！今晚不能接客。"

"为什么？"

"有人包了。"

"谁？"

"听说是河南来的一名绸缎商人。"

"多少银子？"

"一千两！"

"喔！"傅彩云倒抽了一口气，近年以来，很少有这样的阔客了。

傅秀云见妹妹高兴，索性取出一只布袋："瞧！银子都送来了！"

"姐姐！财不露白，快收起来吧！"

"我知道，不过，你要赶快打发那些客人，这位贵宾，不知何时到哩。"

傅彩云嫣然一笑，显然信心十足地说："我理会得。"

又过了一个时辰，花厅客人走了，两姐妹立即命湄娘收拾花厅，傅彩云走上自己的阁楼，刻意地修饰了一番，静等贵宾的到来。

渐渐地，河上的灯火稀少了，预定的贵宾，却没有一点影子。

子时已过，岸上传来初更的梆鼓声，傅彩云倚窗凭座，皓月当空，天上万里无云，清风徐来，显得一片寂静。

湄娘悄悄地走上阁楼，并说："小姐！我看客人是不来了。"

"那不是更好，白白送来一千两银子！"

"听说明朝的王金龙，第一次见到玉堂春，只饮了一杯茶，就丢下三百两银子。"

"那是乐妓盛行的时代，现在是一年不如一年了。"

"可不是，难怪大小姐见人送来一千两，便喜笑颜开了。"

"湄娘！"傅彩云笑着说，"你哪里知道，大姐年岁大了，想脱籍，多存点银子。"

正说着，傅秀云匆匆走来，并悄声说："彩云！你看，河堤上来了一辆马车，说不定是那位贵宾了。"

三人走往靠河岸窗口，显然看到一辆马车，正沿着河堤向这边驶来。

终于，马车停了，从车中走出一名文士，迎风卓立，长衫飘忽，略顿了一顿，便走下堤岸。

"错不了！湄娘！我们下去。"傅秀云显得很兴奋地说。

"姐姐！你们去吧！既然来夜宿，就直接带到阁楼好啦！"

傅秀云和湄娘点点头，随即下楼而去。傅彩云在窗口看得很真切，一直等客人走上画舫，乃将窗口虚掩，并吹灭银灯，使月光透入，显然更富有神秘而诗意的情调。

楼梯响了，只有一个人的脚步声，傅彩云不知接待过多少恩客，此时，却突然有点紧张起来，坐在床沿，像新娘子等着新郎，内心有点忐忑不安。

客人掀帘而入，修长的身材，使阁楼看来很矮狭，却见他略一巡视，便向床沿走了过来，傅彩云虽然看不清整个面目，但显然发现来客额下，有五缕胡须，判断年龄应在三十上下。

客人止步，并沉声说："为什么灭灯？"

傅彩云原想增加点气氛，以打破彼此之间的陌生感，没料到对方有此一问，立时感到心头一恼，冷冷地说："我很丑，见不得人！"

"哈哈！花国状元，岂是浪得虚名，再说，七仙女降世，又如何能与凡夫俗子相比。"

傅彩云大吃一惊，诧然间，不想对方突然伸出手，又说："彩云仙子！应该认识这粒千年精石吧？"

这会儿，傅彩云不是诧愕，而是惊喜。一头扑入对方的怀里，居然饮泣起来。

自然，这会儿的绸缎商人，正是洪文卿了。

翌晨，洪文卿回到家，做了一番安排，使傅彩云脱籍，并赠给傅秀云一万两银子，同时将"彩云画舫"卖掉，从此，傅秀云便在苏州安居下来。

洪文卿在苏州又停留了半月，偕同彩云返回北京。刚刚回京，新命发表了，奉旨出任德、俄、奥、荷四国钦差大臣。

官宦出身的傅彩云，本来便养成良好的气质，又聪明慧黠，为了适应丈夫的外交生活，对语言颇下了一番功夫，因此很快地能操俄、德、英三国的语言，应对之间，颇为得体，周旋在国际外交场合，更是雍容华贵，名重异邦。

有一次，洪文卿临时出任英国的钦差大臣，驻节伦敦，维多利亚女王举行一次宫廷宴会，邀请各国大使参加。

"彩云！"洪文卿满面肃然地说，"英国是个礼仪之邦，最注重礼节，女王年高位尊，雄长欧洲数十年，千万不能失礼。"

"文卿！"彩云笑着说，"中国才是真正的礼仪之邦，尽管维多利亚是位雄才大略的女王，我们身为外交大使，也不能过于卑恭，你放心，我知道如何应付的。"

这天，傅彩云打扮得极为明艳，传统式的中国套装，高领宽袖，全身雪白锦缎，嵌绣着一簇簇淡红雏菊，云髻后垂，鬓边斜插一朵深红海棠，三寸金莲，走起路来摇曳生姿，看起来婀娜动人。

赛金花

洪文卿的装束，也显得很特殊：长袍马褂，项上悬着一串玲珑透明的朝珠，圆帽缕顶，左旁插着一支彩色羽翎，脑后拖着一条长辫，身形移动，左右闪摆，看来特别庄重而斯文。

这对俊男艳女，在宫廷石阶前一出现，便引起各国大使们的瞩目，并纷纷议论。

进入宫殿，维多利亚女王高高在上，内宫侍奉，循例要唱呼名衔，俾让女王知道是何国大使觐见。按照一般外交礼仪，男子必屈膝为礼，仕女应低首跪叩。

"中国大清皇朝钦差大臣洪文卿先生和夫人！"

内侍唱着，众人循声看去，只见傅彩云挽着洪文卿的手臂，缓缓走入，随即引起一阵惊呼！

按照年龄，彩云与洪文卿相差十余岁，洪文卿的步履，在稳健中略显迟缓，但彩云艳光照人，年轻美貌，莲步轻移，依靠在洪文卿的身旁，俨如父女，满脸闪耀迷人的稚笑。

女王举目一看，不禁双眼一亮，近臣立即在女王的耳边悄悄私语，女王亦不时点点头。

这时，洪文卿抢前一步，单膝一屈，躬身低首，不想傅彩云却左足后移，两腿交叉，略一屈身，双手交握，置于腰胁，仅仅施了个万福，姿态优美，实令人有耳目一新之感。

然而，众国大使夫人，亦不禁相互愕然，没料到这位年轻的大使夫人，居然未向年高位尊的女王施行叩拜，连洪文卿本人，亦略显诧然神色。

果然，女王的双眉一皱，似乎不悦，但仍然做了个手势，暗示免礼。

宫宴之后，循例有一场宫廷舞会，尚未开始之前，女王突然单独宣召彩云。

洪文卿大为一愣，彩云向丈夫笑了笑，便随内侍进入内宫。

女王正在内寝换妆，彩云应呼走入，仍如法炮制，施了万福，女王对着菱镜说："这是贵国庄重的礼仪吗？"

"不！"彩云以流利的英语说，"敝国君臣朝觐，需三拜九叩，大礼参拜，但也仅限于自己的国家，同样大礼，施于其他君王，必失于忠贞之心！"

女王悟然了一声，立即转身过来，并笑容满面地说："你是位可爱的淑女，今后有空，请常来宫中相聚。"

女王说着，顺手自玉指取下一只翠绿环戒，为彩云套上。

"洪夫人！"女王又说，"为了出入方便，有了这枚戒指，宫廷禁

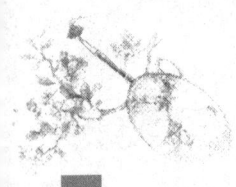

卫不会再为难你了！"

"谢谢女王！"

"来！舞会快开始了，我们一道出去。"

彩云有点意外，掩饰不住内心惊喜，微笑点头，便跟随女王身后。

当女王偕彩云进入大厅，各国大使夫人，无不投以羡慕的眼光，洪文卿更注意到彩云中指上的那枚环戒，内心更是暗暗欣喜。

舞会开始了，彩云成为各国大使争邀的对象，洪文卿本来就不善言谈，也对这种宫廷舞会并无兴趣，反而落个清闲。

忽地，一名年轻的德国军官走了过来，礼貌地向彩云躬身说："夫人！我有这个荣幸吗？"

彩云一愕，望着丈夫，洪文卿笑着说："彩云！他是德国驻英国的武官，瓦德西中校。"

彩云嫣然一笑，并说："中校！我跳得不好！请指教。"

瓦德西立即高兴地说："夫人！我知道，你的舞，可以当我的老师。"

这是一首华尔兹，音乐优美，节奏明快，瓦德西的舞，确实精湛，只见两人在舞池中回旋不已，尽管彩云穿着窄裙，但三寸金莲，却有芭蕾舞的灵巧，快速的轻步移转，如凌波微步一般，瓦德西一点也不吃力，翩翩起舞，更有心怡神驰之感。

这次的舞会，傅彩云不但受到女王的荣宠，并大出风头。从此以后，彩云时常出入英宫之中，女王不但喜欢她，并和她合影留念，这在英国宫廷中，也是很少见的事。

第九章 护国奇葩赛金花

彩云偷欢，孕育男婴

四月，春暖花开，朝阳已自英伦海峡缓缓上升，浓雾渐渐散开，海上已能清晰看到点点舟航，古老的伦敦宫殿，巍然出现在阳光之下，靠海岸有一栋蓝白相间的别墅，屋前一片花圃，百花齐放，门前喷泉正喷着水柱，这里是中国钦差大臣洪文卿的私邸。

自从宫廷舞会之后，瓦德西便常邀她参加交际宴会，彩云拒绝了好几次，瓦德西却一点也不放松。

瓦德西，是一位迷人的德国军人，英姿焕发，兼具彬彬有礼的绅士风度，他有男子的豪放和热情，也有儒雅的谈吐和风趣。

十多天前，当洪文卿因公偕阿四离开伦敦，她无法抗拒瓦德西每天好几个电话的邀宴，终于接受了昨晚的约晤。

在伦敦郊区，瓦德西偕同彩云，游遍了所有的名胜，最后在一家乡村小店共进晚餐，醉人的苏格兰音乐，使得两人又翩翩起舞，昏暗的灯光下，她依偎在瓦德西宽阔的胸膛上，几乎被他的热情所熔化，一直到小店打烊，瓦德西方送她回家，在门前花圃旁，瓦德西大胆地向她吻别，并说："亲爱的夫人！如果我的衷情尚不能感动你，我明晚会再来，我知道，你的卧室在那座阁楼中。"

瓦德西也不等彩云回答，露出痴迷的微笑，轻松而惬意地，转身跨上马车，扬长而去。

德国虽然是个保守的国家，但德国的男士，却有着热情而开放的胸襟，对女士，除了保持绅士的礼貌，亦肯表现自己的坦率的挚爱，这和中国绅士是截然不同的。

异国的风情，使得彩云在灿烂的外交生活中，经不起瓦德西的诱

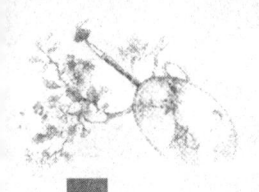

惑与挑逗。

于是，这天晚上，彩云情不自禁地，接受了瓦德西的巫山盟约。男女贪欢，一直到正午，瓦德西才翻窗而去，偏巧被一人所窥见，那便是刚刚奉命回英，打算接夫人前往德国的阿四。

阿四自然认识瓦德西，他做梦也没想到，彩云会背着主人和德国情人幽会。

垂涎彩云，阿四已非一日。但，自从做了状元夫人，他只好放弃了这个念头。

现在，机会来了，阿四眼珠一转，终于有了主意，为了怕惊扰湄娘，阿四仍自窗口翻入。

"谁？"彩云惊叫着。

"我！"阿四沉声说。

"阿四！"彩云大吃一惊，"你和相公什么时候回来的？怎可以翻窗进入我的房间。"

阿四嬉皮笑脸地走近床沿，并说："别人能翻窗进来，我为什么不能。"

彩云一听，暗暗叫苦，眼看阿四一双色迷迷的眼睛，向她上下打量，更是惊魂失魄，不住地拉着棉被，往床里躲，并一面叱喝："放肆！还不给我出去！"

"嘻嘻！你不用担心，公子仍在德国，只有我一人回来，彩云妹妹！你就成全我吧！"

阿四说着，冷不防拉开棉被，阿四一时惊愕如呆，眼睛冒出了火焰，心跳也加速起来。

敢情，彩云全身赤裸，雪白的肌肤、玲珑曲线的胴体、高耸的乳房、起伏的小腹……

蓦地，阿四像一只凶猛的野兽，扑在彩云的身上，疯狂地吻着。初期，彩云尚作挣扎，终于，她静止下来，双眸泛现着泪水，任由阿四摆布。

由英国到德国，水陆交通方便，但彩云选择了轮船。主仆二人，换了装束，俨如夫妇，彩云愈来愈发现，阿四天赋异禀，完全能满足她在性饥渴上的需求，短短旅程中，几乎须臾不分，这是彩云万万意料不到的事。

在德国和丈夫会合后，没有停留多久，洪文卿夫妇便携阿四回到英国，由于洪文卿出使几个国家，外交事务忙碌，一向跟随着丈夫的傅彩云，却借故留在英伦，并设法促使阿四留在身边一段时日，好彼此苟合，久而久之，甚至连贴身的湄娘也不避讳了。

又过两年，洪文卿奉旨返国，拜兵部侍郎，回到京城，洪府耳目众多，阿四不敢明目张胆，只好暗地往来，终于，主仆二人的不轨行为，被洪文卿发觉。

一天深夜，洪文卿正打算宽衣就寝，彩云满面兴奋地对丈夫说："文卿！我们成婚几年了？"

"三年多了。"洪文卿漫不经心地说。

"你想不想要个儿子？"

洪文卿略略一怔，便笑着说："怎会不想呢，不孝有三，无后为大，洪家总要有后人承继香火的。"

彩云内心一喜，忽低下头，羞怯地说："文卿！我们可能会有个儿子，我已经有身孕了。"

洪文卿却并未表现出预期的惊喜，反而脸色一沉，默然地自床上站了起来，缓缓地走向窗旁去。

彩云大感意外，亦披衣而起，走近丈夫的身旁，讶然地说："怎么？你不高兴？"

"几个月啦？"洪文卿头也不回，冷冷地说。

"快三个月了。"

蓦地，洪文卿猛然回头，一把抓住彩云的双肩，使足手劲，目中闪现出愤怒的火焰，全身颤抖，竟然是那样的激动，难以自制，似乎要活生生地将彩云捏死在面前。

彩云吓坏了，感到全身澈心肺腑地疼痛，咬着牙，双眸泛现了泪花，凄凄地说不出一句话。

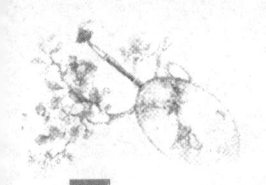

一瞬间，彩云那副楚楚可怜模样，使得洪文卿的双手卸去了力量，眼神也趋向温和，随后叹了口气："唉！孽缘！快告诉我，是谁下的种？"

彩云一听内心起了一阵战栗，黑澈的双眸流转，忽然低泣着说："你为什么这样冤枉我？"

洪文卿像一只斗败的狮子，神情黯然，痛苦地说："彩云，不要骗我，坦白告诉你，我是不能生育的。"

彩云头顶一轰，不禁愕然失惊，原是一件喜事，反而弄巧成拙，暴露了自己的行径，终于，她哇地一声，转身疾扑在床上，放声大哭起来。

洪文卿愣住了，半响方走近床沿，坐了下来，用手轻抚自己的妻子，满面凄苦地说："孩子会要他，我一定要知道，谁是孩子的父亲。"

彩云哭得更厉害，猛摇着头，洪文卿将她翻过身子，却见彩云像一朵带雨的梨花，哭得那样伤心。

"快告诉我，是谁？"

"阿四！"

洪文卿为之一愣，双目怒火渐渐升起。

第二天，阿四便被放逐了。

第二年，彩云产下一男，洪府举家庆贺，洪文卿更是喜笑颜开，视如己出。可惜，洪文卿的命不长，到第三年，终于一病不起，临终之时，洪文卿似乎预知彩云不会为他守节，因此以恳求的话气说："彩云！我不期望什么，万一你要离开洪家，请把孩子留下来。"

彩云含泪点点头，洪文卿方释然瞑目而逝。

正如洪文卿所料。彩云在洪文卿去世之后，守孝百日，便偕湄娘离开了北京。

第九章
护国奇葩赛金花

缓颊出面，联军撤军

苏州寒山寺的山麓下，有一户瓦房人家，多年以前，住的是已脱籍的名妓傅秀云。去年的冬季，傅秀云因疾而终，为她主办丧事的，是从北京赶回的妹妹傅彩云。

现在，这幢瓦房已焕然一新，人们都说，当年"彩云画舫"的名花，又将重操旧业了。然而，彩云并未复出，和她生活在一起的，竟是状元府中的童仆阿四。

彩云离开洪府，并未带走多少财产，除了一些细软，便是她的过房婢妇湄娘。

一天，傅彩云感觉自己命不好，就算了一卦，游方和尚说她命犯桃花，不可明媒正娶，否则克夫。

一点不假，原本身体健壮的阿四，就无缘无故，在一天深夜死在傅彩云的身旁。

这件事给彩云很深的刺激，心一横，决定重张艳帜，使用本名曹梦兰，将旧居重新装修，并打起"状元夫人"的旗号，一时王孙显要，趋之若鹜，但因此也惹恼了地方乡绅，由于洪文卿也是苏州人，便群起反对。彩云被逐往上海，同样遭太守府驱逐。

这时，彩云相识的一名恩客，他是浙江巡抚德晓峰，一名标标准准的满洲显要。

德晓峰很欣赏彩云的才华，更为她的美色所吸引，便打算收纳为妾，但彩云拒绝了。

"不是妾身不愿，只是命中带克，以免损了大人的前程。"

德晓峰很感动，便说："好！我要调任津门，我们抛弃名分，作

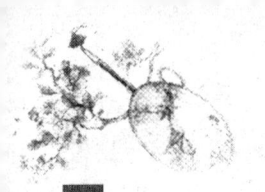

为外室如何？"

彩云答应了。

在津门，德晓峰未停留多久，便偕彩云北上京城，但不久奉旨出巡河南，这次，彩云不愿再走了，德晓峰便留下一笔巨款，赠给彩云，酬谢她相知之情。

这时候的京师，因受南方佳丽的影响，北国胭脂的声誉，已趋向没落，恰好有一座颇负盛名的"金花班"妓院出让，彩云灵机一动，便将"金花班"顶了下来，并重返上海，物色一班能操吴侬软语的雏妓携往北京，聘请老师教习歌舞，重振旗鼓。

"金花班"开业了，拥有娇小玲珑的苏州美女，更响亮的招牌是"状元夫人赛金花"！

一时，"赛金花"的名号，震动北京，甚至连坐驾皇宫的西太后，也时闻其名。

有一天，西太后早朝归来，对太监总管李莲英说："小李子！你有没有听说，咱们北京城有个叫赛金花的女人。"

"禀太后老佛爷！"李莲英小心翼翼地说："听说原是兵部侍郎洪文卿的夫人！"

"洪文卿不是死啦！"

"前年去世的。"

"敢情倒是名副其实的状元夫人，小李子，有人禀奏，这赛金花的小曲儿唱得不错！"

李莲英大吃一惊，想到当年西太后便是以一支小曲儿，赢得先皇的临幸。于是，他一点儿也不敢大意，立即躬身说："禀太后！尚无所闻！"

"哪天把她宣进宫来，让我瞧瞧！"

"这……"

"怎么啦？"

"启禀老佛爷！这赛金花不过是一名乐户的名妓，以老佛爷之尊，召她进宫，万一传出去，恐怕……"

"嗯！"西太后点点头，又说，"当年传闻，她在英伦颇出风头，又能操好几国语言，咱们现在受外国人的气，指派一个人去探听，如有必要，可旨派她和外国人打打交道。"

太后老佛爷口中的打交道，李莲英自然懂。但是，由于义和团的首脑们正想走李莲英的门路，向西太后进言，因此，李莲英一时无法回奏。不想，西太后又说："你看，谁能当这个差？"

"刑部主事吉同钧！"

"好吧！交给你办，三天内呈奏。"

"遵旨！"

刑部主事吉同钧，也是一位满洲人，说起来更是皇亲国戚，一向以风流自负，诗词歌赋也极为擅长，但和李莲英却是沆瀣一气，李莲英在情急之下，想到他，果然太后同意了。

次日黄昏，金花班来了一位贵客，正是刑部主事吉同钧，尽管他是奉旨而来，但李莲英曾对他耳提面命说："务必不能据实呈报。"吉同钧因常闻赛金花的艳名，也就乐得来逛逛这久未涉足的金花班，并希望借机和赛金花相晤，一亲芳泽。

金花班还有部分老人，都认识吉同钧，立即派人通知赛金花，在陈设雅致的花厅，赛金花摒去了左右，单独和吉同钧见面，吉同钧愣住了。

真是名不虚传，赛金花不但人如其名，更没想到，这位状元夫人，年龄看来不过二十许，娇艳动人，婀娜多姿，使得吉同钧大觉意外。

自然，赛金花并不知道他是奉旨而来，但倾谈之下，居然文采风流，大有晚唐名仕的遗风，真是惺惺相惜，彼此都有相见恨晚之感。

吉同钧当晚宿在金花班，基于权势和政治的因素，他没有再和赛金花见面，但一夕夙缘，却使他终生难忘。

如果当时不是李莲英作梗，也许赛金花的命运，又进入另一个转折点。但，赛金花的才华，被李莲英抹煞而埋没了。

不久，西太后果然听了李莲英所进谗言，引进了义和团。同一时期，李莲英更饬令京师禁卫，严格取缔设在内城的乐户，赛金花不得

不率领全班，移师天津，盛名仍然不衰。

　　光绪二十六年（公元1900年），义和团创导扶清灭洋，荒淫昏庸的西太后，听信邪说，猛力排外，发起暴动，焚教堂、杀洋人、掘铁路、毁电信，整个京师闹得不可收拾，导致八国联军之乱，破京师，连陷保定、张家口、山海关等地，西太后偕光绪帝逃往西安去了，指派奕䜣、李鸿章与各国议和。

　　联军初期只是一项军事行动，但入京师之后，军纪败坏了，奸虏淫杀，无所不用其极，采取全面报复行为，一时北京成为恐怖之城。同时封锁水陆交通，使粮食断绝，饥饿与病疫接踵而起，京师一带，民不聊生，居住在京师贤良祠内的和谈代表李鸿章，更是一筹莫展。

　　天津同样被占领，金花班的雏妓们，被联军捉去大半，大门紧闭，人心惶惶不安。

　　"夫人！"管事对赛金花说，"京师的情况，更为严重，据说：联军统帅怎么也不肯妥协。"

　　"德国是一个很固执的民族，蛮不讲理。"一名雏妓犹有余悸地说。

　　"这也怪不了外国人，都是白莲教害的。"

　　"偏巧又是德国人当统帅！"

　　众人你一句，我一句，赛金花却沉思不语。

　　"市面上的店铺都被外国人抢光了，城头上到处都是死尸，城门上还贴着联军统帅的布告呢！"

　　"怎么说？"

　　"凡是反抗联军的，一概格杀。"

　　"那个统帅叫什么来着？"

　　"瓦什么的？"

　　"瓦德西！"赛金花双眸一亮地说。

　　"对！对！夫人！你怎么知道这个名字？"

　　赛金花脸上浮起笑容，双眸一转，随即说："准备车辆！"

　　"夫人！"管事讶然地问，"您要去哪里？"

"北京！"

"不成！不成！出去不得，从天津到北京，都是德国兵。"

"不要紧，给我纸笔。"

大家相视一愣，但众人都知道，他们的夫人，向来有神通广大之能。因此，有人将纸笔准备好，赛金花提笔一挥，谁也不认识这螃蟹爬的字。

"夫人！这是什么意思？"

"驻德国公使夫人傅彩云！"赛金花缓缓地说，"把它悬挂在马车上。"

管事有点相信了，立即备妥马车。说也奇怪，赛金花的马车一出现，德国兵纷纷让开，并向坐在马车上的赛金花频频致敬，万劫余生的百姓们，无不啧啧称奇。

没想到凭着这几个螃蟹爬的字，赛金花居然畅行无阻，一路上平安无事地到了北京，整个北京城都轰动了。

马车进入皇城，一名德国军官走了过来，向赛金花敬了一礼！用德语问："夫人！你要见谁？"

"瓦德西将军！"赛金花以纯正的德语说，"他是我的老朋友！"

德国军官立即躬身肃然说："请到仪銮殿。"

"谢谢你，少校！"

赛金花向德国军官嫣然一笑，只见他立时喜形于色，浑身都有点轻飘飘之感。

仪銮殿中，瓦德西早已接获通报，他做梦也未想到，当年的旧情人，会在这个时候，出现在北京紫禁城，立即命侍卫，领赛金花直接进入内室。

六年了，两人终于又见面，瓦德西略略一怔，她仍是那样的美丽、高贵，如一朵盛开的玫瑰；艳丽、娇媚，吐露着芬芳，瓦德西忍不住张开双臂，赛金花如蝴蝶般投入他怀中，彼此拥吻，紧紧不放。

斗室春暖，在充满戏剧性的场合下，一对久别重逢的异国鸳鸯，再度相聚。一个是意外的惊喜，燃起复炽的旧情了；一个是蓄意地挑

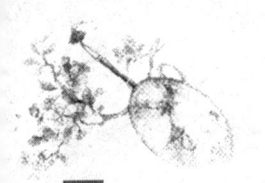

逗，献上无限的娇媚和奉承。两人在一阵缠绵之后，拥卧在曾经属于帝王之尊的龙床上，彼此都有一种说不出的喜悦和感触。

　　这和英国伦敦别墅的偷情，是截然不同的。现在，瓦德西是八国联军的统帅，赛金花则是退职的公使夫人。但是，她的美艳、娇媚，比六年前丝毫不见逊色，而且更成熟、更温切，使得瓦德西在重逢的欢乐中，有一种如醉如痴的感受。

　　"曾经想过我？"赛金花躺在瓦德西的臂弯里，偏过头，如小鸟般低唱着问。

　　"想过！"

　　"你知道我已更名为赛金花？"

　　"不难想象，人们传说北京有位赛金花，拥有状元夫人的头衔，我一猜，便知道是你。"

　　"为什么不来找我？"

　　"来了，可惜是率领八国联军！"

　　"后来呢？"

　　"所有的妓院，没有赛金花的影子。"

　　"你就算了？"

　　"不！"瓦德西深情地说，"我下令烧掉北京城所有的妓院。"

　　赛金花无言了，望着瓦德西，双眸涌出一片激情来，突然，她眼角浮现了泪光，不纯是感动，而有着一股隐藏的凄恼和悲怨。

　　"小心肝！你怎么啦？"

　　赛金花忽然闭上眼睛，长长的睫毛之下，掉下几颗泪珠，摇着头，似乎感慨地自语着："是我甘愿的。"

　　"为什么这样说？"瓦德西显然不解。

　　"中校！"她亲切地喊着他以往的官衔，"我是中国人，一个既平凡、又卑贱的残花败柳。可是，我仍然有自尊和羞耻之心，而我最钟爱的人，却有不同的观念和想法。"

　　"你是说我吗？小心肝！我从来不曾想到你是尊荣贵妇，或者是什么残花败柳，我只知道，你是我心目中的女神，我爱你！"

第九章
护国奇葩赛金花

赛金花一愣,破涕为笑,笑得那么迷人,笑得那么自在,一骨碌翻过身子,散乱的秀发,垂落在他的前额,以无限热情和期盼的语气说:"爱人!如果我要提点小小的要求,你可答应?"

"我会答应的!"瓦德西如中邪般,深蓝色的眼睛里,显出一片痴迷,"小心肝!无论你要求什么。"

"撤军!"

瓦德西一怔,脸上的痴迷,已渐渐消失,换来一股凛然的严肃,并想挣扎起身。

赛金花在他身上腰肢一闪,突然他感到如触电般震撼,一直传进他的心房,刹那间已失去了一切力量。

"答应我!"

瓦德西又恢复刚才痴迷的表情,进一步,双眸中凝聚着强烈的欲火……

久久,赛金花方从他的身上滑了下来。

"听我说,小心肝!我说答应,一定答应。但是,我可以降低和议的条件,把时日往后延续下来,这样,我们可以有更多的时间住在仪銮殿,过一段帝王生活,这是一生难忘的日子,以后可能永远也享受不到。"

赛金花心头一喜,却面不改色,以一种嗔怨的语调说:"我们可以安乐,但是,占领地区的中国老百姓,受到蹂躏、贫困、饥饿、中校!我如何安心与你共效于飞之乐。"

瓦德西笑了:"军纪败坏,是主帅的纵容,我会找两个替死鬼,砍他们的头,杀一儆百,我保证,撤除一切不利禁令,中国百姓,可以恢复以往的秩序。"

"真的!"

"但是,小心肝!"瓦德西采取了主动,伸手抚向她的玉颈、脸颊……使得赛金花发出忍俊不住的娇笑。

"但是什么?贪婪鬼!"

"你要答应我一个小小要求。"

"做你的情妇！"

"不！中国人应供应一切军需品；食物和蔬菜，由你负责，不然……"

"不然怎样？"赛金花以挑逗的语气说。

瓦德西没有讲话，滑动的手掌一曲。

"哎唷！"赛金花娇呼了声，也不知道搔了何处。

"我会饶不了你。"

赛金花也不说什么，两条玉臂如灵蛇一般，绕着瓦德西的脖子。

一会儿，两人又纠缠在一起。

这期间，一名风尘女子，表现了出奇的爱国情操，白日折冲于清廷和议代表与联军之间，并网罗地方人士，供应联军的食品；到晚上，她又必须以另一种柔情的姿态，使得瓦德西在石榴裙下称臣，做若干难以妥协的退让。

北京城在和议气氛中，渐渐恢复往日的繁华，人们感激赛金花的奔走和牺牲，没有一个人轻视她曾经是一名乐妓，如今又以色相迷惑一名侵略者的首领。

丫环悬梁，涉嫌入狱

慈禧太后过惯了京师奢靡的生活，偏安西京，才知道那些不堪一击的义和团，差点送掉她的大清王朝。渐渐地，她开始不能久耐，想到颐和园广阔的宫廷，豪华而奢靡的生活享受，下旨李鸿章，屈辱求和。

和议达成的第二天，八国联军开始撤军。但是，当瓦德西返回仪鸾殿，想和赛金花度过最后一个春宵时，赛金花却已失踪！像晴空流星，来得快，消失得也快，唯一令人感慨的是那曾经出现的光彩，是

第九章
护国奇葩赛金花

那么灿烂,那么闪耀,又那么令人怀念。

瓦德西卸除了联军统帅职务,在京沪一带,遍寻赛金花的踪迹,一无所获。他是个多情的男子,想到赛金花的温情,难以释怀。最后,他不得不以失望的心情,离开了中国。

地方人士募集了一笔巨款,打算捐给赛金花,希望她能从此安享余年,摆脱皮肉生涯。但是,无人能知赛金花藏身何处。

在清宫,西太后的嬖臣李莲英,差点丢掉了脑袋。

"该死的东西!"西太后愠然地说,"我大清王朝,如不是一名妓女的投身挽救,险些葬送在你们这批奴才的手上!你说,赛金花明明在北京城,为什么你偏偏找不到?"

李莲英心里有鬼,一时为之语塞,跪在地上,嗫嗫地说:

"奴才该死!这实在是……实在是……"

"别说了!给我拉下去!"

李莲英大吃一惊,冷汗直冒,眼见两名殿前武士走过来,连连叩头,并哭泣着说:"太后饶命!请念在老奴侍奉太后,忠心耿耿,一辈子都……"

"启禀太后!"

朝班中走出一人,李莲英一看,大喜过望,正是京师刑部主事吉同钧,当时便是派他去找赛金花,耳提面命,取缔了内城的妓院。

"嗯!吉同钧!你有何本奏?"

"禀太后,当时派往查访赛金花的,正是卑臣。"

"怎样?"

"赛金花那时期确实不在京师,事后方知已迁往津门去了。"

"此话当真?"

"卑臣岂敢欺蒙太后。"

西太后略略一忖,扬手一挥,殿前武士立即退下,李莲英吓得裤裆湿了一片。

其实,自从安得海被诛之后,西太后的嬖臣中,只剩下一名李莲英了。新崛起的小德张,年纪还轻,哪有年近花甲的李莲英,懂得如

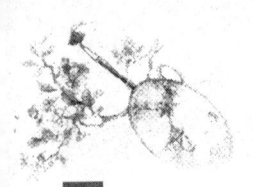

何奉承，太后本想吓唬他，见吉同钧禀奏，也就借机下了台阶，将李莲英赦了。

"说不定她又回津门去了！"西太后平和地说，"找到她！咱们要给她一点报赏！"

"遵旨！"

吉同钧未料到，为李莲英进奏，反而招来钦命，不得已前往津门，找到金花班曾经居留过的地方，赛金花早已人去楼空。

吉同钧为了慎重，找到津门太守，修牒具证，回朝复命，太后也从此不再追问赛金花的下落。

吉同钧离去之后，赛金花再度出现了。

"小姐！"湄娘说，"朝廷追得紧，如果你不想接受宣召，还是不露面好。"

赛金花也认为不无道理，思忖了半响："我还是不死心，想另外组织一个班子。"

湄娘深深了解赛金花，她是不甘寂寞的："唉！小姐！你在仪銮殿这段时间内，她们都走光了，只剩下一个玉菁。"

提到玉菁，赛金花不禁暗自欣喜，这孩子今年才十五岁，长得很清秀，玲珑乖巧，由于湄娘上了年纪，升为总管，玉菁便成为赛金花的贴身丫环。

赛金花是比较开放的，有时候当着玉菁面前，和男人调笑搂抱，玉菁总是红着脸，一溜烟跑了出去。

赛金花很疼她，把她当成自己的女儿，其他的人，都烟消云散，没想到玉菁仍守着她，忠心耿耿。

为了组班，赛金花决定再往上海，挑选一批雏妓，打算改名换姓，仍在津门，重张艳帜。

途中，她寄宿在一家客栈，遇见了一名琴师，竟是当年北京的老狎客，陕西缫缎商人黄三郎。

黄三郎也看到赛金花，立即别过头去，显出黯然神色。这时候的京沪一带很流行京剧，其中以秦腔为主调，赛金花的记忆中，黄三郎的秦腔高昂而婉转动人，却不知道他也会操琴。

元清的新曲，由早期的小调，转为套数，一出戏，已分生、旦、丑、末、净，由秦腔演变到京剧，分得更细，加上花面，台上五光十色，很热闹，因此更为流行。由于西太后的喜爱，不少京剧的名角，甚至受到朝廷供奉。

赛金花灵机一动，想到将来挑来的雏妓，如果加以京剧的训练，一定会招来更多的狎客。

同时，还有一事她大感不解，当年挥金似土的黄三郎，不但风流倜傥，一夕凤缘，给她留下深刻的印象，如今，何以来到这家小客栈操琴？

一曲终了，黄三郎收拾了胡琴，正准备下楼，赛金花叫住了他。

"三郎！还认识我吗？"

黄三郎并不讶然，苦笑道："认识！状元夫人！"

由于有很多客人来往，赛金花深恐被人知道自己的身份，略略一怔，便拉住黄三郎的衣袖，穿过走廊，进入自己的房间。

门一开，赛金花趁黄三郎低着头，双眸一转，显得很兴奋地，抱着黄三郎就是一吻。

黄三郎大感意外，几乎将手中的胡琴掉落地上。

三十出头的赛金花，正是徐娘半老，风韵不减当年。

"三郎！"赛金花亲昵地叫着，"为何沦落如此？"

起初，黄三郎尚以为赛金花把他当成当年的绸缎商人，经如此一问，内心不禁一酸，眼泪几乎夺眶而出，更低下了头。

"不要说！"赛金花体贴地说，"我想象得到，三郎，你现在是不是靠操琴度日？"

黄三郎点点头："今非昔比，状元夫人！"

"叫我彩云！"

"彩云！"黄三郎期期地说，"我……我是落魄了。"

"跟着我，你愿意吗？"

黄三郎又是一怔，半晌才说："做什么？你的……"

"不要想歪了，我正准备组班，到上海挑一批雏妓，你可以教她们京剧，如果你我情投意合，三郎！我愿意和你在一起。"

赛金花说得很坦率，也很挚诚，想到虽然是妓院，从事教席，比为人操琴糊口，还是强得多。

黄三郎随即说："只恐怕拖累了你。"

"不会的！"赛金花嫣然一笑，"你我相逢，总是有缘。"

赛金花说着，又送上香吻。

赛金花新设的妓院开张，定名为怡香院，她不敢挂出状元夫人的头衔，但久而久之，人们发觉妓院的女主人的吸引力，仍胜过所有雏妓。

怡香院的年轻姑娘们，能唱整出的京剧，士人们常邀请唱堂会，但目的仍在一亲女主人的芳泽。

从前的恩客，慢慢发现了她的底细，"赛金花"三个字，过去名闻遐迩，至今仍是响当当，加上她灵活的交际手腕，达官显要，更是趋之若鹜。

怡香院中，赛金花停留的时间反而不多，白日睡到日上三竿，午后略事周旋，便出席堂会，总在三更半夜，甚至次晨才回来。

人们都知道，黄三郎在怡春院中，名为琴师，实是赛金花供养的面首，而黄三郎和赛金花的欢聚，也日渐稀少，黄三郎听到讥讽冷语，已开始有些抱怨。但是，赛金花对他的感情，并未减退，只是每次回来，已疲惫不堪，实在过意不去，便和黄三郎勉为应付，这就差得很远了。

这天，赛金花回来得早些，初更刚过，意外地发现，黄三郎不在房中，她本想问问湄娘，又深知整个怡香院都是她在照顾，白日辛劳，不忍去吵醒她。

"死丫头玉菁，难道……"赛金花心头忽感到一阵紧张，最近一阵子，由于缺少对黄三郎的关爱，便嘱咐玉菁，对他多照顾点，暗想："此刻不在，会不会……"

赛金花立即点燃一支蜡烛，悄悄地走向玉菁的房间，一进门，她不禁诧愕地愣住了。

敢情，玉菁和黄三郎，居然拥卧在一起，由于烛光的射入，他俩被惊醒，玉菁花容失色，黄三郎也大吃一惊，却丝毫没有惭愧的神色。

赛金花冷冷地哼了声，扭头就出了房间，气得全身发抖，想起黄三郎，如非是她，何来今日？纵然有点冷落他，但是他也做得太过分了。第二天，黄三郎不声不响地离去，玉菁则关在房间里，茶饭不进，暗暗地饮泣。

到第三天，赛金花在湄娘的询问下，告诉了实情。

"都是黄三郎的不是，玉菁小小年纪，懂什么。"湄娘气愤地说。

"看情形，他们不是一天了。"

"这孩子生长在妓院，情窦初开，难免经不起诱惑，不如干脆让她梳栊算啦！"

"情窦初开！"赛金花在内心暗念着这四个字。其实，她自己也有责任，经常当着玉菁的面前，和狎客打情骂俏，搂搂抱抱，想到她在苏州的时候，不也是受姊姊的影响，终于促使她勾引了洪文卿，何况玉菁已经十五、六岁了。

将心比心，赛金花同情玉菁，实在也是自己太疼她，既然黄三郎已走，不如让她照湄娘的意思——正式梳栊。

"叫她出来吧！我不会责备她的。"

湄娘一听，想到侍奉赛金花一辈子，难得小姐在一个"情"字上，给人宽恕，内心也不禁一喜，急急跑了出去。

可是，不一会儿，湄娘发出一声尖叫，惊动了院中的姑娘们，纷纷走进玉菁的房间。赛金花也赶了来，大吃一惊：玉菁已悬梁自尽！

惭愧、羞愤，加上感叹自己不幸的身世，玉菁想不开，走上了极端。

但是，人命关天，嫉妒的同行，暗中散布流言，指控赛金花谋杀了黄三郎，逼死了贴身丫环，原因是赛金花发现了他俩的奸情。

流言愈传愈盛，惊动官府，赛金花被关进了牢狱，虽然百口莫辩，却也证据不足，地方官无法定案，赛金花系狱整整十个月，什么时候

得以昭雪，还是遥不知期。

不久，京师指派一位刑部主事，循例审理旧案，偏巧是和赛金花有一夕之缘的吉同钧。

吉同钧也大感烦恼，深夜提审了赛金花，听她娓娓道来，虽然谋杀的嫌疑，但又不能徇私结案。

许是赛金花命不该绝，黄三郎因不能忘情赛金花，居然又回到怡香院，闻悉赛金花冤狱，挺身而出，供承一切经过，真相大白，赛金花乃得开释。

等她出狱，群莺又散尽，但经过这次打击，赛金花决心下嫁黄三郎，感念他的恩情，不再经营妓院。

三年之后，黄三郎无疾而终，赛金花四嫁上海魏姓商人，又克死。等移居苏州，已一无所有，仅仅只余湄娘相伴，生活潦倒，一直到民国二十年，垂垂已老，无以为生，军阀吴佩孚获悉，曾予周济。

由于赛金花的一度爱国表现，京沪各报，曾发起募捐，所获能度余年，终于民国二十五年去世，享年六十五岁。

赛金花死后，最流行的文字是《彩云曲》，出自名家樊增年的手笔。抗战期间，有人根据曾朴的著作《孽海花》，改编为话剧，名噪一时，香艳生动。刘半农亲访赛金花，著有《赛金花本事》。

美人迟暮，再度成名

这是由刘半农担纲，由刘之学生商鸿逵执笔完成的《赛金花本事》的最终煞尾之语，写于公元一九三四年。

公元一九三四年，距魏斯炅去世之一九二一年，已有十三年之遥。十三年了，年近古稀的彩云，还"最爱谈嫁魏事"，而且"每谈

第九章
护国奇葩赛金花

起"，就要"刺刺不休"，以至于那位记述她的谈话，为她作传的商先生厌烦嫌鄙之情如此溢于言表，这是因为什么？

这是因为她珍视。

她珍视这短短的三年。

她珍视她的丈夫魏斯炅。

她珍视这一次真正建立在理解她、尊重她、珍爱她，把她当作一个有人格有尊严的人而不是玩物的基础上的婚姻。

不错，相比她以往的三十年，她与他所过的那短短的三年，实在真是够"极为平凡"的了。她不再倾倒众生，她不再四处招摇，她不再奉迎豪门大阀，她不再结交达官贵人。她洗尽铅华，恢复她年过半百"知天命"的本相；她深居简出，消淡了强出人头的虚荣心；她收心敛性，改正了挥金如土的奢靡陋习。她心甘情愿地衍化为一个小家庭里的主妇、一个小官僚的眷属、一个封闭在一座小小四合院内只不过干些洒扫庭院做饭晾衣之类琐事的微不足道的细小老妇。她已人老珠黄，她已貌不惊人，她已失却魅力，她已急流勇退，她已畏首畏尾，她已成为"捧不起的刘阿斗"，她避之不迭地远离尘嚣，她完全失去了"红倌人"、"名妓女"、"赛二爷"的轰动效应。她成了一个再普通不过的平民女子，一粒凡尘。

赛金花故居归园

可是她恢复为人，再不是物。

人的意识一旦觉醒，维护自身尊严的战斗力自然增强。

魏斯炅的葬仪在"江西会馆"举行时，来了许多乡里乡亲。有在京城谋事居住的，也有闻讯而特意从老家赶了来的。葬仪很隆重，也

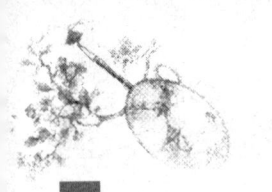

很气派，彩云不惜重金操办，而且遵从魏氏家族的意见，在开吊之前就包租了一只南下航船，打算在做完七七四十九天的道场之后，即与众乡亲、包括那位父亲死后也天天哭得昏天黑地的瑞芳，一起运柩回赣，让丈夫入土为安。

顾妈曾劝她不必随柩同行：

"江西地方，太太人生地不熟的，怕要受欺侮呢……"

"我不怕！"彩云说，"我是举行过婚礼的正宗太太，由我扶柩回乡，理所当然！"

"乡下人不开窍的，太太……你只要看家里这位姑奶奶就知道了！"

"再厉害也不过就是这个样了吧？"彩云说，"魏先生尸骨未寒，他们总不见得马上就撕破了脸皮，拿我这未亡人开刀吧？"

她还是太天真。

还没等到她大无畏地扶柩返乡，魏氏家族就真的拿她这未亡人开了刀。

她一步踏进灵堂，就赫然见到了一副长长的挽联，悬吊在厅堂两侧的粗大立柱上。

毕生德高望重名流建业垂竹帛

一时情长气短英雄受惑成悲端

横梁上有条横批：

呜呼哀哉天不假其年

这是什么挽联？挽联有这样写的吗？斗大的字，就挂在魏斯炅的灵柩上方，竟然写什么"英雄气短"、"儿女情长"之类，甚至用出"受惑"这样的詈词来，这不明摆着是在斥骂人，不但是斥骂逝者，更是斥骂她吗？

岂但是斥骂，简直是要向所有的人证实：是她蛊惑了他害死了他，又使他背上"不假天年"的"罪名"！

她的心一下子冷成了冰。

她扶柩南下的决心即刻便动摇。

第九章
护国奇葩赛金花

她对魏氏家族的怨怒和忿恨再也克制不住了。

几乎是不假思索,她立即从前来吊唁的人中,喊出一个魏斯炅在世时比较相熟的朋友,请他记下她脱口而出的一副挽联,并找来纸笔墨砚,书就挂出,也一样挂到了那两根粗大的立柱旁边。

她的挽联是这样的:

英灵逸作蓬莱客仙去天国

乘凤鸾挥别尘界万千污浊冷酷

遗孀苦为未亡人苟存地狱

受煎熬盼望下世仍结秦晋之好

横批:

呜呼哀哉唯吾痛吾夫

她以此哀哭了她的亲夫和自己的不幸命运,詈骂了地狱般的尘世的污浊,尤其是痛斥了世情的冷酷。那句"唯吾痛吾夫"的横批,毫不留情地横扫了只重名利不重人情的全堂屑小。

挽联挂出,她任由那灵堂里的人说什么喊什么哭什么嚎什么,就只是端坐在魏斯炅的灵柩前,闭着眼睛,让泪水汩汩地畅流了一会儿。她的嘴喃喃地动着,只重复一句只有她自己听得见、而且她深信去了天国的魏斯炅也一定听得见的话:

"我守你一辈子,我守你一辈子,我守你一辈子……"

她有前车之鉴,故而秘密收拾了一应金银细软,让顾妈分批带出,同时在天桥北区三教九流五方杂处的"居仁里"租下了一套平房,让呆憨但并不完全痴傻的阿方先去住着,然后就在为魏斯炅做完了七七四十九天的道场、魏氏家族即将上船扶柩南下的前一天,通知那位姑奶奶瑞芳、还有从江西赶来的一个什么族中长老说,她决定离开魏家,另迁他处了。

魏家人在惊愕之余正中下怀,说,随你,可是魏家的东西,一样也不许带走!

彩云冷笑着说,我明白,我还能不明白这个?

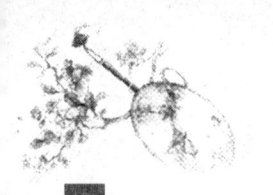

于是她走的时候只不过让顾妈为她拎了一包替换衣裳。

果然不出所料,那瑞芳到这个时候也不肯轻易放她过门,在顾妈扶了她即将跨出魏家大门时,大喝一声道:

"等等!"

彩云站住脚,吩咐顾妈说:"把包袱给他们打开。"

顾妈于是蹲在地上,将手中的包袱解开,摊平,还很主动自觉地掀起了那只小小的首饰盒的盖子。

魏氏家族好几个人都随了瑞芳凑了过来。

她冷冷地看着他们。

他们竟还好意思真的蹲下,翻捡,甚至掏一掏衣服的口袋,最后,那肥大的姑奶奶显然是不甘一无所获,从首饰盒里捏走了一副小小的并不值几文大钱的珍珠耳环。

"这也是用我爸的钱买的,应该留下来。"顾妈实在忍不住,一面叹着气,一面说:

"唉唉,少奶奶呀,你也实在真是太赶尽杀绝了……"

瑞芳立起了眼睛吼道:

"用得着你管吗?你不就是一个老妈子吗?"

顾妈一面重新扎起包袱,一面嘟囔了一句瑞芳听不懂的上海话:

"老妈子也没你这么下作、讨饭相!"

彩云这时候已经头也不回地走出门外了。

其实她留给魏氏家族的,不过是一套空房。

她带走的金银细软,成为她以后十五年余生的唯一经济支撑。

顾妈和她的兄弟阿方,分文不取地紧随着她,一直到她老死。

"赛氏晚年,特别珍视他们所照的结婚相,悬挂在房中,逢人指点。在这张照片中,魏着大礼服,赛氏披纱,绣花服,面色苍老。"——《赛金花故事编年》 (刊于一九五一年上海《亦报》,作者:瑜寿)

瑜寿的这份"编年",是迄今为止最为详尽的有关赛金花的资料综述。其中这一小节，上半部所描绘的"逢人指点"的场景，显然不但是作者亲历，而且还是参照了许多人的访谈录确认整理出来的，而下半部对于那张被彩云"特别珍视"的结婚照的叙述，则完全是作者自己的评议。

真的如瑜寿所说，她逢人便指点她和魏斯炅的这张结婚照，叙说她与他当年的婚礼盛况。

公元一九三三年，她年届六十时，北京大学著名学者刘半农带了学生商鸿逵来采访她。交谈不数句，她就忙着领了客人看她挂在床边的这张早已发了黄的旧照片。

鸡皮鹤发的她，津津乐道地向这两个年轻人说：

"……六月二十日便在上海新旅社举行婚礼，那天贺宾来的还很不少，有沪上名人倪鸿楼等，证婚人是信昌隆报关行的经理朱先生。婚礼纯是新式，用的还是花马车，军乐队呢……"

次年，一个名叫"曾繁"的报人，多次来到"居仁里"她那凌乱简陋的住所，意在收集有关她传奇性经历的材料。此时的她，又老又病，但话题只要一涉及魏斯炅，她立即精神抖擞，一如既往地又指点起了她的这张相片。

"先生，你看，"她说，"这就是我们结婚的留影，影中最末一人就是顾妈。那时我年四十四，斯炅四十六。我们度了几年安生日子，魏先生待我可好了……"

顾妈则在旁作证道：

"是啊，魏先生的脾气，真是再好不过的了！"

她吸着客人递上的香烟，久久地凝视着相片上的丈夫和自己，叹着：

"唉，往事如轻烟浮云，如今我眼见少年们的秦楼笙歌、楚馆笛舞，觉得真不过是一刹那的风流而已呵……"

她在自己的大门上钉了一块木牌，上书：

"江西魏寓"

她还为自己印了一张名片，粉红色的，在需要向陌生人自报家门时，递上：

魏赵灵飞居仁里十六号

"您好，我是魏赵灵飞……"她说。

到死她也不再自称"赛金花"。

为她写"编年"的瑜寿用白描手法描写过已达年过六旬的她：

"她的居仁里十六号住屋，原是单院独住，而很小，不是北京普通四合院式，而是齐眉罩式。赛畜袖珍猫四、叭儿狗二，都很秀俊华美，和她全院的穷困气象不相称。她的宿室是左手朝里一间，破木床，帐被都已变色，桌上除破花瓶、火柴、茶壶、黄历及杂报一叠外，无他物。近床一张几上，放了一座金色双面小自鸣钟，是她所有陈设中最漂亮的。她所着为拷绸裇裤，蓝面鞋子已很旧。身矮、面瘦、有烟容，头发白得却不很多。说话带八成北京口音，对客谦和而不猥琐，很注意保持她的身份，顾妈旁立打扇，完全习惯地在领受着。纸烟瘾很大，统计一小时中，她吸了五支烟或六支烟，她自己吸一种名叫'万宝山'的牌子，但当来客敬给她一支较高品级的，她立刻熄灭了自己的而换上那一支，面上并微微流出一些满意的笑。她的邻室，是佛堂，因为深闭，只从窗口看出里面正燃着一盘香。"

她再也没有嫁过。

更遑论重入娼门为妓为鸨。

她实现了在魏斯耿灵柩前立下的誓言：

"我守着你，我一辈子守着你……"

她隐名埋姓，沉入民间最底层，她燃香供佛，从此与青楼无涉。

走马灯般的社会于是一度彻底忘记了曾经有过的"赛金花"。

她隐去过十二三年。

十多年的日子过下来，虽节俭度日，虽非但不用付顾妈工资甚至还耗去了她的积蓄，居仁里十六号内的三个人，终于还是到了山穷水尽的地步。

"时天已甚冷，无钱加煤，炉火不温，赛拥败絮，呼冷不已。顾妈伴赛，同居此室已十五年，赛有卧榻，顾妈则对榻睡于一极狭极狭之春凳上，十五年如一日。此时却唯有与赛同卧偎抱以取暖……"（陈毂《赛金花故居凭吊记》）

这是一个亲见彩云穷困窘况的人对她的描述。

她已付不起一月八角的房租。

她面临了房东的控告和驱逐。

她不得不请一名同情她的户籍警为她写了一份请求蠲免的呈文，递交公安局。

这份呈文概述了她的一生，说明她曾为名人，非同一般，尤其是在庚子年间有功于社会，因此应特准免捐。

呈文一进衙门便如石沉大海。

但是那呈文让一名善于挖掘和利用新闻题材的记者发现，被全文登了出来。

题目取得很扎眼：

《八角大洋难倒庚子勋臣赛二爷》

时值"九一八事变"后三年，日军已顺利攻进长城，华北地区岌岌可危，只要对三十多年前的"庚子事变"有记忆有常识的人，都会产生比较式的联想。在这样的时候，报上突然出现了"赛金花"这么一个名字，恰似往本已不平静的水中又扔入了一大块石子，那成圈的波纹，刹时就生成、激荡、扩散了开来。

彩云在她生命的最后三年里，再次成为名人。

来访者络绎不绝。

大多是新闻报业出版界的文化人。

许多活动邀她出席——大多也是文化活动，如某新戏开演、某教授设局之类。

那几年里，已经成为或后来成为文化名人的胡适、张恨水、徐悲鸿、王青芳、冰心，甚至幼小时期的吴祖光，都曾见到过她。他们中

的有些人，直至八九十年代，都还写过回忆性的文章。

偶有商业活动，如某饭馆开张等，她也出席，请她的人，当然是为了广告宣传。

报上有关她的访谈源源不断。

访谈的内容不外乎她的传奇式的人生。

传奇式人生的重点有二：一为做"红倌人"时的旧事艳闻；二为当"赛二爷"时的历史功勋。

前者是文事卖点，挖出来写出来足可迎合小市民读者的休闲需要；后者是时局需要，用的是"以古喻今"之法，隐含了对重视这"过期美人"的解释。

"太太，有人求见。"顾妈说。

"唉，这样的车轮大战，"彩云两眉间的川字纹深深皱起了，"昨天来的那记者，一坐就是两三个钟头……我怎么吃得消呀……"

"昨天那记者，临走留下了五元大洋呢，太太。"

沉默。

"太太，等在门口的这个客人，手上提着好大一包……好像是点心……"

沉默。

"面包，上次开会时带回来的面包，已经吃完了。"顾妈又补充道。

"那就……请进来吧……"她恹恹地从床上挣扎起来。

顾妈忙着为她捋一捋头发。

她最后三年的生活，全靠来客的救济。

一旦抖擞起精神，她依然健谈。

她吸着来客递上的香烟，啜着别人赠送的顾妈泡好了端上来的茉莉花茶，时而望一望来客，时而目光透过前方破败不堪的窗棂，飘飘忽忽地不知去向了何处，轻柔地回答着来客的问题，流畅地叙谈着自己的历史。

她的面容苍老憔悴。她的已经变得尖削的脸上，布满了细细的但是密密的皱纹。她的气色晦暗，乌乌地像是总蒙着一层灰白尘土。只有她的一双眼睛，还是明亮而灵动。她的声音尤其显得年轻。已经堪称地道的北京话里，还是可以依稀听得出吴侬软音。

她不慌不忙地谈着、谈着……

重复的话题，大同小异的内容，不同的询问方式，不同的探究角度，闪闪烁烁的引导，显而易见的先行主题……就这些，还能难倒早已经历过千锤百炼的她吗？

她虽已年过六旬，但思维依然敏捷，鉴貌辨色的功夫不减当年。她能一眼就辨明来者的身份，几句应酬中就清楚来人的目的，并且十拿九稳地确认本次访谈的核心。她顺着来访者做出的引导，调动她记忆的库存：有时短谈，突出重点；有时铺陈，详叙细节；纵横捭阖，左右逢源。她有这个本事：让客人高兴而来，满意而去，且多少留下些对她的接济。

经济的功利主义需求，扭曲了她回忆的真实性。

她常常免不了大事夸饰，自吹自擂，像她幼年时她的祖母对着她津津有味地叙谈曹氏荣耀一样，津津乐道地向来人描绘她的已逝辉煌。

有时她又刻意遮掩、文过饰非，迎合着来人的需要，或突出作为"红倌人"时的"业绩"，或强调与八国联军总司令关系之密切，将自己装扮得既非同小可又清纯高尚，乃至于像是个功不可没的社会功臣。

为投人所好，引起社会关注而获得更多一点的接济，她甚而至于会胡编乱造。

来的人多了，说得多了，有的内容像背书一样，出口便成章，无论对谁说都如出一辙，连词句都几乎无二致。

有的内容则因为是应人之需即兴创作的，前说后忘记，闹出了不少的笑话。

最显明的实例，莫过于谈及与瓦德西的关系了：

"瓦德西与我虽有十年阔别，但我的容态仍不减当年贵为使节夫人的时候，瓦德西隐约间还认得我……"（与曾繁的谈话）

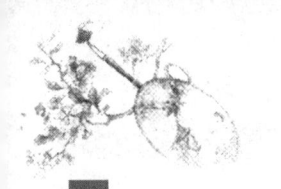

"到了他们兵营里，见着他们元帅瓦德西——我同瓦以前可不认识——他问我：'到过德国吗？'我说：'小时同洪钦差去过。'……"（刘半农、商鸿逵的记录）

"我跟洪文卿先生出使德国，不仅学习了一些德国话，在公开宴会场合也结识了不少德国执政文武官员，瓦德西将军就是其中之一。"（在北平"世界学院"答德国记者问）

"他们都是胡说呀，我哪里会和他（指瓦德西）认识呢！"（对瑜寿说）

其结果是，历史上的"瓦赛公案"，至今也无定论。

"含情不忍诉琵琶，几度低头掠鬓鸦；多谢山东韩主席，肯持重币赏残花。"

这是她在接到了山东省主席韩复榘资助给她的一百大洋之后所作的谢诗。诗后注道：

"金花老矣，谁复见问？昨蒙韩主席赏洋百元，不胜感铭，谨呈七绝一章，用申谢忱。"

诗写得不伦不类，字里行间还遍布了肉麻寒酸的低三下四。

一百大洋，不是小数目，她和顾妈阿方三个，不但可以数月不愁温饱，甚至还可以尝尝她最喜欢吃的酥糖，到像样一点的医生那里去诊治一下她常常发作的上吐下泻的胃肠病了，她能不从心底里感激这个"大亨"的慷慨大方吗？

她管得着你韩复榘是谁！

吃了人家的嘴软，拿了人家的手短，六十岁的贫病老妪，早已不会坚守那"威武不能屈，贫贱不能移"道德信条了。

"太太，门口是商先生……"

"咳咳，哪个人……咳咳，今天都不见！"咽喉肿痛了好几天的彩云哑着嗓子说，"这些人，还让不让我活了？"

"商先生，就是给太太写书的刘教授的学生……"

"啊啊，是他……咳咳，请进来……快请进来！"她说着，挣扎着走到橱边，端出了那盘都已经有点干瘪了的葡萄。

葡萄是她自己院里栽的，老而枯，结实不多，只有来了好友贵客她才端出来招待。

为写成那本定名为《赛金花本事》的传述，刘半农与她长谈过多次，还从书局预支了不少钱款作车饭费资助费。刘半农不同于那些一心从她那里猎奇换钱沽名钓誉的人。他对她多有同情，写书动笔之前就确定了一个原则：以"我"——即彩云做叙述人，尽量忠实于她本人的回忆。这是为了让她自己向社会发出点自己的声音，她明白。

她没料到刘半农急病暴卒，商鸿逵来报了凶讯。

她痛哭了一场。

晚间，她以那盘干瘪葡萄作供品，点了三炷香，洒了三盅酒，祭奠了她所敬重的刘教授。

刘半农的丧仪在北京大学景山二院的大礼堂内举行时，彩云献上了一副挽联：

君是帝旁星宿，下扫浊世秕糠，又腾身骑龙云汉

依惭江上琵琶，还惹后人挥泪，谨拱手司马文章

旁注：

不佞命途崎岖，金粉铁血中几阅沧桑，巾帼须眉，愧不敢当，而于国难时艰，亦曾乘机自效，时贤多能道之。半农先生，为海内文豪，偶为不佞传轶，其高足商鸿逵君助之，未脱稿而先生溘逝，然此作必完成商君之手。临挽曷胜悲感。魏赵灵飞拜挽。

这副挽联虽有可能由别人代作，但还是极为真切地表达了她对刘半农的敬重和哀悼。

在中国的近现代历史上，很少有像她这样的人，尚未离世就有许多人为她写书作传，而且还可以或誉或毁，随心所欲，并足以各取所需，借题发挥。在她生命的最后一年里，由于日军的不断进逼，抗日战争濒临爆发，两个著名的剧作家，一个是夏衍，一个是熊佛西，英雄所见略同地几乎同时，以她在庚子年间活动的史实作素材，编写出了同为《赛金花》剧名的多幕剧来。夏衍的那个本子写得早些，一面世就由当时极为活跃的"四十年代剧社"搬上了舞台，据说为了争演

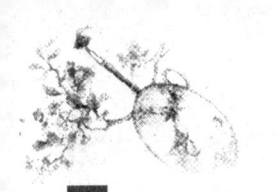

女主角赛金花，好几个当红女星还闹得不可开交。夏衍写此《赛金花》，意在用一个"以肉体博取敌人欢心而苟延性命于乱世"的女子，对比那些"高踞庙堂之上，对同胞昂首怒目，对敌人屈膝蛇行的人物"，创作的基本思路，循的是莫泊桑之《羊脂球》的轨迹，结果自然是不见容于当时的"高踞庙堂之上"的人物了。"四十年代剧社"在南京上演赛剧时，那位后来当了宣传部部长的张道藩带人捣乱，一个茶杯砸向台上"如花似玉的姑娘"赛金花，演出只好中止。不但如此，因为该剧为了突出"国防文学"的主旨，对女主人公的历史作用免不了多有艺术加工，还惹得当时提倡"民族革命战争中的大众文学"而与"国防文学"有"两个口号"之争的鲁迅先生大不满意，写了文章讽刺道："作文已经有了'最中心的主题'：连义和团时代和德国统帅瓦德西睡了一些时候的赛金花，也早已封为九天护国娘娘了。"一时里，有关赛金花的争议，升温到了白炽化的地步。

彩云对这些已无甚兴趣。数年前，她为了报复在《孽海花》中首创她种种艳闻的曾惠照，向媒介公布了曾惠照吊她膀子的逸事，弄得那儿孙满堂桃李满天下的曾老先生狼狈不堪，逢有机会就极力为自己声辩。她像个玩过恶作剧的幼童，暗暗高兴过许久。后来传来消息说，曾惠照死了，她心中却又免不了产生了点负疚。

"唉，说到底，人家也是个读书人，当年出入洪府，怎么说也算个朋友啊，"她对顾妈说，"我把他年轻时候的事这么一抖搂，还添了油加了醋，就好像往他的脸上甩了一把狗屎，实在也有点过了分了。"

顾妈劝她道："太太你也别太懊恼了，那本书把你糟蹋得这么厉害，你就是说他几句，也是他自找的！"

"我跟他的这段公案，就像我跟瓦德西之间到底有过什么事一样，恐怕是永远也说不清楚的了……"

"太太，"顾妈笑了起来说，"说不清楚不是更好吗？让那些喜欢管闲事嚼舌头的人去争去，去查去，去闹去，去写去——来这里探望和送点东西来的人，不也就格外地多了吗？"

"倒也是……"彩云说。

第九章
护国奇葩赛金花

她想起了那笔拖欠已久的高达数百元之巨的房租，心事重重，发炎的喉头，好像立即令她窒息了。

除了生存，她还能有什么其他想法？

为她申请免交房租的呈文，只起了重新将她从历史的沉淀中挖掘出来的作用，嗣后不久，房东还是因她积欠房租而向法院起了诉。法庭判决很快下达：

被告务于民国二十六年（1937）旧历端午节前迁出。

她有幸死于那个被逐上街头流离失所的端午节之前。

她死于公元一九三六年。那一年死了好几个名人，其中有革命家章太炎，一代文豪鲁迅，政治风云人物段祺瑞，还有一个就是她这个中国娼妓史上的最后一个红倌人。

她死得很不安详。

她上吐下泻。她呛咳不断。她数日不进粒米，顾妈喂她几匙汤水也尽数呕出。她时而清醒，时而昏迷。她清醒时常常闭口无言，闪闪的目光凝视着乌黑破旧的帐顶似要洞穿而去；昏迷时则喋喋不休，枯干皲裂的嘴唇不停地蠕动着，像是总在与人诉说着什么，倾吐着什么，或者是争执着什么。守在她身边的只有顾妈，还有痴呆的阿方。他们都听不懂她。

据顾妈后来说，她临死前突然异常清醒，口齿十分清晰地说了许多话。

她向数十年如一日地追随着她的顾氏姐弟致歉，说是"实望一旦得志，厚报你们，今此愿成泡影矣"！

她感叹人生在世，可一言以蔽之，即"眼望天国，身居地狱"。

她在最后的时刻目光发直，说她看见了"教主、阿弥陀佛、观音菩萨"，还有她的"洪老爷"、"魏老爷"，"一起来接我来了"。

说完这些，她瞑目气绝。

顾妈有关她最后时刻的陈述，见于报刊，令不少人发笑。

有人说这都是顾妈编造出来的，其目的是想最后利用一下她主子的知名度，"不劳而获"地讹取钱财，因此顾妈实在是一名十分狡黠

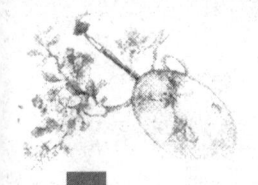

的女人。

也有人分析道，一个人临死会产生许多幻觉，顾妈乃"下层阶级"，无知迷信，才会相信她主子的这种呓语。此人并据此而著文嘲笑顾妈道："汝诚思之，使洪魏果真有知，安得遂汝主之满愿，演此三角恋爱之趣剧乎？"

彩云临死，亦成笑料。

经各界捐助，她落葬于陶然亭。

她的墓表，原拟请《孽海花》一书最初数章的作者金松林撰写。金松林深以为耻，说"赛之淫荡，余不屑污笔墨"，"我有我的身份，不能为老妓谀墓"，断然拒绝。